Serena, oder:
Wie Menschen ihre Schule verändern

Bibliothek Schulentwicklung
Band 6

Redaktionelle Betreuung:
Bianca Ender, Michael Schratz, Elfriede Sponring

Michael Schratz, Lars Bo Jakobsen,
John MacBeath, Denis Meuret

Serena, oder:
Wie Menschen
ihre Schule verändern

Schulentwicklung und Selbstevaluation in Europa

StudienVerlag

Innsbruck
Wien
München
Bozen

Die Deutsche Bibliothek - CIP-Einheitsaufnahme

Serena, oder: wie Menschen ihre Schule verändern : Schulentwicklung und Selbstevaluation in Europa / Michael Schratz .... - Innsbruck ; Wien ; München ; Bozen : Studien-Verl., 2002 (Bibliothek Schulentwicklung ; Bd. 6)
ISBN 3-7065-1587-3

© 2002 by StudienVerlag Ges.m.b.H., Amraser Straße 118,
A-6010 Innsbruck
e-mail: order@studienverlag.at
homepage: www.studienverlag.at

Buchgestaltung nach Entwürfen von Kurt Höretzeder/Circus, Innsbruck
Umschlag und Satz: Studienverlag/Karin Straßer
Karikaturen: Friedrich Schwarzenauer
Übersetzung aus dem Englischen: Siegfried Winkler (Kap. 1-8), Paul Resinger (Kap. 9-14), Michael Schratz
Originaltitel: Self-evaluation in European Schools. A story of change (John MacBeath, Michael Schratz, Denis Meuret and Lars Bo Jakobsen)

Gedruckt auf umweltfreundlichem, chlor- und säurefrei gebleichtem Papier.

Inhalt

Vorwort

Dies ist ein besonderes Buch. Es handelt von Menschen, die an unterschiedlichen Orten Europas einem gemeinsamen Anliegen verbunden sind: Evaluation als das Bemühen zu leben, die Qualität von Schule und Unterricht zu verstehen und sie weiter zu entwickeln. Daraus entstand eine Geschichte, die sich aus den Erfahrungen an 101 beteiligten Schulen in 18 Ländern speist. Anders Hingel, Leiter der Abteilung DGXXII bei der Europäischen Kommission war der erste, der uns anregte, ein Buch über dieses besondere Projekt zu schreiben. Seine Unterstützung während unserer gesamten Arbeit war ein wichtiger Faktor für den Erfolg des Projekts bei Brainstorming, Schreiben und kritischem Überarbeiten in der Phase der Entstehung dieses Buchs.

Die Idee für Serenas Geschichte entstand während einer der vielen Brainstorming-Phasen, angeregt durch eine Schülerin, Chloe, die ihre Schule anlässlich der Eröffnungskonferenz in Luxemburg alleine vertrat und sich durch anwesende LehrerInnen, Schulleitungspersonen sowie VertreterInnen aus Politik und Wissenschaft nicht einschüchtern ließ. Diese Pionierleistung hat uns von der Bedeutung der Einbindung von Schülerinnen und Schülern überzeugt. Und das führte dazu, dass Chloe bei der Abschlusskonferenz des Projekts in Wien nicht mehr allein war, sondern auf mehr als 20 weitere SchülerInnen aus anderen Ländern traf.

Wir können hier nicht jede einzelne der über hundert Schulen erwähnen, die sich mit uns auf den Weg machten. Wir waren angetan von ihrem Engagement und freuten uns immer wieder auf den gegenseitigen Austausch, der auch zu dauerhaften Freundschaften führte. Dasselbe gilt für die kritischen Freundinnen und Freunde, die mit den Schulen kooperierten und uns viele wertvolle Einblicke in Schulqualität und Evaluation gaben. Die nationalen KoordinatorInnen taten das Ihrige, damit die Erfahrungen aus dieser großartigen Arbeit auch in den nationalen Qualitätsentwicklungsprogrammen Niederschlag finden konnten.

Von all diesen Personengruppen haben wir ungemein viel gelernt. Dafür wollen wir hier unsere Anerkennung ausdrücken. Sie haben unser Denken beeinflusst und das Vertrauen in das Projekt gestärkt. Nicht zuletzt das hat uns bewogen, mit dieser Veröffentlichung einen anderen Weg zu gehen, der seinen Ausgangspunkt in der Erlebniswelt der Schülerinnen und Schüler nimmt.

Nachdem die englische Originalausgabe ein großer Erfolg geworden ist und sogar die Top-Position im renommierten *Times Educational Supplement* erklimmen konnte, sind wir zuversichtlich, dass die deutsche Ausgabe von *Serena's Story* ebenso Geschichte machen wird. Dies wäre aber nicht möglich, hätten nicht mehrere Menschen ihre ganze Kraft in die Entstehung dieses Buches gelegt: Elfriede Sponring und Markus Hatzer vom Studienverlag, die sich von Anfang an von Serena begeistern ließen; Paul Resinger, Siegfried Winkler und Susanne Thurn, die sich heroisch den sprachlichen und pädagogischen Herausforderungen stellten, das englische *Setting* einzudeutschen und dem Buch auch im Deutschen den ihm eigenen Zauber verliehen haben.

Allen herzlichen Dank!
Michael Schratz, Lars Jakobsen, John MacBeath, Denis Meuret

In diesem Buch ...

... geht es darum, wie Selbstevaluation dazu beitragen kann, dass Schulen sich weiter entwickeln und bessere Schulen werden können, als sie es heute sind. Eine große Anzahl von wissenschaftlicher Literatur wurde für dieses Buch aufgearbeitet. Hauptsächlich stützt es sich aber auf ein einzigartiges Europäisches Socrates-Projekt, das sich „Evaluation der Qualität von Schule und Unterricht" nennt. 101 Schulen aus 18 Ländern haben an diesem Projekt mitgearbeitet. Sie haben alle ein gemeinsames Ziel verfolgt, zugleich aber haben sie das Nachdenken über ihre Schulen und die praktische Arbeit an ihren Schulen im Rahmen ihrer eigenen Kultur und Geschichte betrieben. Alle diese Schulen haben viel über jene Prozesse erfahren, durch welche Schule und Unterricht verändert und verbessert werden können. Alle diese Schulen haben Türen weit aufgemacht, die bis dahin verschlossen oder nur ein Stück weit offen waren. Alle diese Schulen haben uns dabei geholfen, besser zu verstehen, was Schulqualität wirklich ist und wo und wie sie am besten verwirklicht werden kann. Über diese Schulen haben wir auch erfahren, welche interessanten, oft auch aufregenden Dinge passieren können, wenn man die Hauptbeteiligten an der Schule – Schülerinnen und Schüler, Lehrerinnen und Lehrer und die Eltern – mit einbezieht.

Die Geschichte dieses Projekts wird auf zwei Arten erzählt – auf eine konventionelle Art und auf eine eher unkonventionelle. Der eine Text ist eine ausführliche Darstellung aller Schulen und des gesamten Projekts; der andere Text spielt auf der Mikro-Ebene der persönlichen Erfahrungen von wenigen Personen. Der eine Text beschreibt Strukturen und Bedingungen, die die Voraussetzung für eine messbare Veränderung von Schulen darstellen; der andere Text versucht, in die Atmosphäre einer konkreten Klasse, einer konkreten Schule und von konkreten Familien einzudringen und möchte darstellen, wie diese Personen die Reise in Richtung Veränderung der Schule erlebt haben. Ein Text bietet die schrittweise Darstellung von Prozessen und wie sie eingeleitet werden, er stellt Werkzeuge vor, mit denen Evaluation betrieben werden kann und er beleuchtet die wichtige Arbeit von ‚kritischen Freunden'; der andere Text deckt auf, wie Schülerinnen und Schüler, Lehrerinnen und Lehrer und Eltern langsam den Sinn und die Bedeutung einer solchen Entwicklung für sich persönlich empfinden.

Nachdem in diesem Buch zwei verschiedene Texte dargestellt sind, kann man an zwei verschiedenen Stellen zu lesen beginnen: Der erste Text beginnt mit der Geschichte einer Veränderung, wie sie mit den Augen einer Schülerin gesehen wird; sie heißt Serena und ist sechzehn Jahre alt. Einerseits ist dieses Mädchen eine Fiktion, eine Erfindung, andererseits ist sie aber sehr wirklich. Durch die Darstellung ihrer Erfahrungen an der Schule wird der Leser zu wichtigen Erkenntnissen und Fragen darüber angeregt, was wirklich zählt. Dann wird Serenas Schule aus verschiedenen Blickwinkeln dargestellt – aus der Sicht ihrer Mutter, ihrer Lehrerinnen und Lehrer, aus der Sicht der Schulleiterin und aus der Sicht der kritischen Freundin, die mit dieser Schule zusammenarbeitet. Schließlich stellt Serena ihre Fragen an die ‚Experten‘, die das europäische Projekt, in dem Serena eine kleine, aber wichtige Rolle spielt, begleitet haben. In diesem Gespräch mit den Experten erkennt man, dass es eine Möglichkeit gibt, wo sich diese zwei so unterschiedlichen Welten treffen können: die der europäischen Politik und die einer einzelnen Schülerin.

Serena, ihre Familie und ihre Lehrer werden nicht an einer bestimmten Schule oder in einem bestimmten Land angesiedelt; in gewisser Weise könnte das jede Schule sein und ihr Zuhause und die Gegend, wo sie wohnt, könnte überall sein. Auf diese Weise ist das also eine erfundene Geschichte, aber als solche Geschichte ermöglicht sie den Lesern erst Zugänge und Einsichten, die man durch konventionelle Forschung kaum gewinnt. Angeregt dazu wurden wir durch die Rede von Elliot Eisner vor der Amerikanischen Gesellschaft für Erziehungswissenschaften, wo er die Frage stellte „Kann ein Roman gute Forschung sein?" Eisner bejahte diese Frage und verteidigte seine Meinung damit, dass man der menschlichen Wahrheit durch einen solchen Zugang oft näher kommen könne als mit anderen Mitteln. Wir hoffen, dass sich Serenas Geschichte als anregende Lektüre herausstellt, aber auch, dass es mit Hilfe dieser sehr persönlichen Geschichte gelingt, mehr Klarheit darüber zu bekommen, welche Prozesse Selbstevaluation an Schulen auslösen kann und wie dadurch eine Weiterentwicklung von Schulen möglich wird.

Man kann natürlich ebenso gut mit dem zweiten Text zu lesen beginnen, der sich um wissenschaftliche Genauigkeit bemüht, viele Forschungsergebnisse mit einbezieht und viel vorsichtiger mit Werturteilen umgeht. Dieser beginnt mit einem weiten Überblick über das Problem der Globalisierung, die die Märkte der Welt öffnete und das Leben von uns allen, aber auch die Schulsysteme beeinflusst. Vor diesem Hintergrund wird das europäische Projekt dargestellt, sein Ergebnis und welche Schlüsse man aus den Erfahrungen der einzelnen Schulen in den einzelnen Ländern ziehen kann. Dann werden die drei Schlüsselbereiche des Projekts beschrieben: das Selbstevaluations-Profil, die Methoden und Werkzeuge, die eingesetzt werden können, und die Rolle des kritisches Freundes. Die letzten drei Kapitel sind Fallstudien einzelner Schulen in Frankreich, Österreich, Schottland und Schweden.

Wo immer Sie als Leserin oder Leser beginnen, wir hoffen, dass Sie beide Texte lesen, weil einer durch den anderen jeweils besser verstanden werden kann. Beide aber beleuchten, reflektieren und vertiefen – einander ergänzend – unser Verständnis von Schulentwicklung im dritten Jahrtausend.

1
Serena

Serena betrachtete sich im großen Spiegel ihres Hotelzimmers. Vielleicht war sie doch recht hübsch. Erst kürzlich hatte sie zufällig mitbekommen, wie ihre Mutter zu Frau Reyna – diesem Tratschweib von einer Nachbarin – sagte, sie – Serena – habe sich zu einer ‚bildhübschen jungen Frau‘ entwickelt. Serena sah sich ihr Make-up an. Mutter war natürlich dagegen, dass sie sich schminkte – ‚in ihrem Alter‘ – und vor allem an gewöhnlichen Schultagen! Aber das Make-up verdeckte vor allem den Pickel unten auf ihrer linken Wange. Und der Augenbrauenstift unterstrich das Braun ihrer Augen. Serena überlegte, ob sie sich vielleicht doch noch gefallen könnte.

Serena ging vom Spiegel weg und zog die Vorhänge auf. Alles, was sie in der Dunkelheit sehen konnte, waren die Weihnachtsbeleuchtung draußen in der Stadt und die Lichter, die den winterlichen Garten unter ihrem Fester erhellten. Es war erst das zweite Mal, dass Serena ohne ihre Mutter verreist war, und sie beschloss, jede Sekunde in dieser märchenhaften Stadt zu genießen: den Weihnachtsmarkt, die Schatzkammer der Habsburger, den Besuch in der Hofreitschule.

Serena ging zum Spiegel zurück. Aber sie betrachtete nicht ihr Bild, sondern sie sah gleichsam durch den Spiegel hindurch, in der Hoffnung, dass sich dort auch das eine oder andere von dem widerspiegeln könnte, was sie hierher nach Wien gebracht hatte: Morgen würde sie vor 300 Leuten über ein Thema sprechen, von dem sie vor einem Jahr noch nicht gewusst hatte, dass es so etwas überhaupt gab: „Selbstevaluation", ein Begriff, der heute für sie voller Bedeutung war und mit dem sie vieles verbinden konnte.

Serena hatte gerade die vierte Klasse in ihrer ‚neuen' Schule hinter sich. Sie ist im achten Schuljahr. Ihre Mutter verwendete noch immer diesen Begriff – ‚neue Schule'. Dies war wohl ein Versuch, sich hartnäckig an jene Zeit festzuklammern, als Serena noch die „kleine Serena" und alles neu war. Serena schien es wie eine lange Reise seit diesen ersten Tagen und Wochen vor vielen Jahren, diesem Hochgefühl damals: neue Lehrerinnen und Lehrer, neue Gegenstände, Bücher fast ohne Bilder, wie sie auch Erwachsene lasen, und ‚richtige' Hausaufgaben.

Serena erinnert sich noch ganz deutlich an ihren ersten Geographieunterricht. Eine zarte, fast zerbrechlich wirkende Frau mit einem Kneifer auf der Nase hatte sie damals auf die Reise mitgenommen – auf die Reise zu allen möglichen Orten bis ans Ende der Welt. Mit geschlossenen Augen – und das war Frau Kiesels einzige eiserne Regel – führte sie sie durch einige große Städte dieser Erde. Dort begegneten sie Menschen und sprachen mit ihnen – mit Bürgermeistern, Stadtplanern und Architekten, mit Journalisten und Obdachlosen. Sie fuhren in einem Bateau mouche die Seine hinab, und als ihre Augen wieder in jeder Hinsicht offen waren, sprachen sie darüber, wie Paris wohl aussehen würde, wenn nicht ein Fluss durch die Stadt fließen würde.

Heute noch, vier Jahre später, konnte Serena ihre Augen schließen und diesen Ort wieder besuchen: Sie erinnerte sich sogar an die Geräusche und Gerüche, die Frau Kiesel in ihrer Vorstellung erzeugt hatte. Im zweiten und dritten Jahr, Frau Kiesel hatte leider die Schule verlassen, war Geographie immer langweilig. Alles Leben und alles Lebendige hatte dieses Fach verloren. Es war nur mehr Papier- und Bleistiftarbeit. Verschnörkelte Linien sollten auf einmal Flüsse sein, von denen Serena noch nie etwas gehört hatte; Namen von Hauptstädten wurden auswendig gelernt, von denen sie nichts wusste; sie schrieb Aufsätze über Dinge, die sie nicht verstand. Aber Serena bestand die Tests, und wenn sie gefragt wurde, brachte sie meistens irgendwie die richtige Antwort heraus.

Es gab nichts, was Serena hoffen ließ, dass das vierte Jahr in dieser Schule anders sein würde. Sie konnte sich an den Beginn dieses neuen Schuljahres erinnern, so als ob es gestern gewesen wäre.

Eröffnung

Das vierte Jahr an dieser Schule begann zuerst auch wenig aufregend: Einige neue Lehrerinnen und Lehrer, viele alte und all die anderen längst bekannten Gesichter. Serena sah schon, wie sich die Wochen hinziehen würden bis zu den Ferien, weit hinten am Horizont. Sie freute sich zwar schon darauf, aber es gab auch Höhepunkte, erinnerte sie sich. Die Zeichenstunden waren immer ein Vergnügen. Während sie arbeiteten, hörten sie Musik. Sie redeten viel miteinander und lobten gegenseitig ihre Arbeiten. Irgend jemand hatte immer wieder eine neue Idee und setzte sie auch gleich um. Serena versuchte herauszufinden, was das Besondere an diesen Stunden war. Vielleicht lag es daran, dass Frau Hopp immer wieder sagte, dass jeder und jede von ihnen ein Künstler, eine Künstlerin sei, und in dieser Klasse waren sie wirklich alle Künstler.

Die Wände im Zeichensaal wurden mit ihren Arbeiten dekoriert. Ihre bunten, oft eigenartigen Kreationen hingen von der Decke und das, was an freier Fläche verfügbar war, glich einem Flohmarkt: alte Teekessel, Teile von Fahrrädern, Radkappen und alte Kaffeemühlen. Der Zeichensaal war der Ort in der Schule, an dem man nicht Angst haben musste, die falsche Antwort zu geben oder wo man sich nicht damit trösten konnte, dass es immer noch jemanden gab, der dümmer war als man selber. Der Zeichenunterricht war der einzige, von dem Serena wirklich etwas mitnehmen konnte, etwas, dem man die Arbeit ansah, die sie dafür investiert hatte oder etwas, an dem sie wirklich ‚ihre‘ Spuren hinterlassen hatte.

Zu Hause ging alles so weiter, wie es nicht anders zu erwarten war. Nach der Schule setzte sich Serena vor das Fernsehgerät. Mutter würde sie fragen, ob sie denn keine Hausaufgaben zu machen hätte. Serena würde mit Ja antworten, aber dass sie diese später erledigen würde. Mutter würde sagen, dass sie nicht verstünde, warum sich Serena diesen Mist im Fernsehen ansähe. Und noch vor dem Ende der Sendung würde das Telefon läuten. Jemand von ihren Schulfreunden würde sich nach einer Hausaufgabe erkundigen oder fragen, ob sie nicht Lust hätte auszugehen.

Die Hausaufgaben erledigte Serena gewöhnlich nach dem Abendessen. Sie ging in ihr Zimmer, schloss die Tür, schaltete die Stereoanlage auf volle Lautstärke und erledigte ein Fach nach dem anderen. Ihre Mutter würde irgendwann auftauchen und sie bitten, die Musik leiser zu stellen. Die Mutter würde sagen, dass sie keine Ahnung hätte, wie Serena neben diesem Höllenlärm arbeiten könne, und Mutter würde auf eine Broschüre verweisen, die Serena von der Schule heimgebracht hatte: „Wie erledige ich meine Hausaufgaben effektiv“. Darin wurde vor allem auf einen ruhigen Ort verwiesen, der für das Erledigen der Hausarbeiten notwendig sei. „Unterstreiche dir das Wort ‚ruhig‘, Serena!“, würde Mutter sagen, und Serena würde vielleicht die Musik abschalten, aber fünf Minuten später wieder einschalten, weil sie fand, dass ihre Gedanken kreuz und quer durcheinander gingen.

Die Mathe-Hausaufgaben waren einfach. Serena war gut in Mathe und kam ohne Mühe mit. Bei anderen Gegenständen rief sie Freunde an, wenn sie Hilfe brauchte. Das Angenehmste behielt sich Serena immer für den Schluss auf: die Hausarbeiten in Zeichnen. Die konnte sie auch beim Fernsehen machen: Sie skizzierte die Katze, die auf dem Fernsehgerät schlief, einen Strauß Blumen oder die im Schoß gefalteten Hände ihrer Mutter.

Einer der Aufträge, die sie im Rahmen ihrer Hausaufgaben zu erledigen hatte, war es, das ,Tagebuch der Anne Frank' zu lesen. Geschichte und Literatur waren zwei Fächer, in denen es im vierten Jahr ab und zu erfreuliche Momente gab. Beide Fächer wurden vom gleichen Lehrer unterrichtet, von Herrn Erikson. Serena tat sich manchmal schwer zu unterscheiden, welches Fach gerade dran war. Herr Erikson hatte sie gebeten, Anne Frank zu lesen, aber Serena konnte sich nicht mehr erinnern, ob das im Rahmen des Literatur- oder des Geschichtsunterrichts war. Sie rief ihre Freundin Barbara an, diese meinte: „Selbstverständlich ist es Literatur. Wir müssen ja einen Aufsatz darüber schreiben, was wir von dem Buch halten. In Geschichte fragt man nicht danach, was man wovon hält; Geschichte handelt von dem, was wirklich passiert ist."

Serena lag in ihrem Bett und überlegte, was Anne Frank „wirklich passiert" war. Sie hatte im Fernsehen kürzlich erfahren, dass man daran ging, das Buch neu zu verlegen. Dabei sollten auch wieder einige Stellen eingefügt werden, die früher ausgelassen worden waren, weil Anne Frank bei diesen in keinem allzu guten Licht erschien. Beim Einschlafen dachte sie noch darüber nach, ob Herr Erikson auch da und dort etwas ausließ, weil er nicht wollte, dass sie es erfuhren. Später träumte Serena eine ganz neue Version der Schlacht von Waterloo, die in den Straßen von Paris geschlagen wurde, durch die keine Seine floss.

Am nächsten Tag frage Herr Erikson Serena, ob ihr das Tagebuch der Anne Frank gefallen hätte. Sie sagte, das Buch sei ganz in Ordnung.

„Was genau hat dir daran gefallen?", fragte Herr Erikson.

„Es war einfach interessant. Ich habe es gern gelesen", antwortete Serena.

Sehr beeindruckt schien Herr Erikson von Serenas Antwort nicht zu sein, und Serena ärgerte sich über seine Hartnäckigkeit. Warum konnte er ihre Antwort nicht einfach gelten lassen und mit dem Unterricht weiter machen? Dann, um das Maß voll zu machen, gab er ihr noch eine Stück Extra-Hausarbeit: Ein ,kurzer' Text, ,nur etwa 200 Wörter' zum Thema ,Weshalb das Tagebuch der Anne Frank ein gutes Buch ist.' Wenn sie vorhin eine andere Antwort gegeben hätte, wäre ihr das vermutlich erspart geblieben, überlegte Serena. Das war ein weiterer Grund, warum sie an diesem Abend zu Hause bleiben musste, anstatt Barbara im Café zu treffen. Nach der üblichen Fragerei der Mutter und einem betreten schweigsamen Abendessen zog sich Serena in ihr Zimmer zurück und versuchte, über das Buch nachzudenken. Sie schaltete Musik ein, aber mehr als dreißig Wörter brachte sie nicht zusammen. Sie rief Barbara an. Gott sei dank war die auch nicht ins Café gegangen, weil auch sie etwas über ein Buch schreiben sollte. Leider war das aber ein anderes Buch und so konnte sie ihr auch nicht helfen. Bis zur Abgabe des Textes blieben Serena noch drei Tage Zeit, also ließ sie es bleiben und wandte sich anderen Arbeiten zu. Mathe war Routine. Es war, als könne sie ihr Gehirn abschalten, in die Musik eintauchen und mechanisch Aufgabe für Aufgabe lösen.

Am nächsten Tag berichtete Serena Herrn Erikson, dass ihr leider nichts Vernünftiges einfalle zu der Frage ‚Warum das Tagebuch der Anne Frank ein gutes Buch ist‘. Und weil die anderen in der Klasse alle andere Bücher zu lesen hätten, könne man nicht einmal zusammenarbeiten.

„Sie erinnern sich doch“, maulte Serena, „dass Sie sagten, wir könnten Arbeiten gemeinsam erledigen. Aber das ist nicht einfach, wenn alle etwas anderes zu erledigen haben.“

„Ich glaube nicht, dass ich dir da zustimmen kann, Serena“, sagte Herr Erikson. Warum musste er immer eine andere Meinung haben? … obwohl, das musste sie im nachhinein zugeben, er eine feine Art hatte, mit einer Meinungsverschiedenheit umzugehen. Herr Erikson, der gerne schlafende Hunde weckte, schlug vor, dass die ganze Klasse zu dem Thema ‚Was macht ein gutes Buch aus?‘ ein Brainstorming durchführen sollte.

„Irgend ein Buch. Was macht ein gutes Buch grundsätzlich aus? … Vorschläge bitte! Und zur Erinnerung: Welche Regeln gelten für ein Brainstorming?“

Serena konnte die Regeln auswendig, und ihr fiel plötzlich ein, dass die Stunden von Herrn Erikson die einzigen waren, in denen diese Methode angewandt wurde. Und auch das – verwunderlich – fiel ihr ein: Auch sie selbst wandte diese Methode nicht an, wenn sie bei einer Hausarbeit stecken geblieben war oder bei einem Test nicht weiter wusste. Herr Erikson erinnerte sie an die fünf goldenen Regeln des Brainstormings, und als er sie an die Tafel schrieb, sprachen einige der Jungen im Chor mit.

1 Sag alles, was dir gerade einfällt.
2 Alles was gesagt wird, wird ohne Kommentar so niedergeschrieben.
3 Niemand darf die Einfälle der anderen kritisieren.
4 Kein Lachen, keine Zustimmung.
5 Versuchen wir, in fünf Minuten so viel wie möglich an der Tafel zu sammeln.

Was macht ein gutes Buch aus? Nach drei Minuten standen 28 Beiträge an der Tafel. Von Serena selbst stammten fünf.

- Ein gutes Buch macht einen traurig.
- Ein gutes Buch möchte man nicht aus der Hand legen.
- Anne Frank schafft es, dass man sich vorstellen kann, was damals in Amsterdam los war.
- Ein gutes Buch ist klar und einfach zu lesen.
- Man fragt sich, ob das heute auch alles passieren könnte.

Als Serena das von Amsterdam gesagt hatte, warf Hans ein, dass das ein Blödsinn sei, weil es sich ja nur auf ein Buch beziehe. Herr Erikson sagte nichts. Er wies nur auf den Punkt 3 der Regeln an der Tafel und schrieb Wort für Wort hin, was Serena gesagt hatte. Es tat Serena gut, wirklich ihre eigenen Worte an der Tafel stehen zu sehen. Die meisten Lehrer wurden offenbar darin trainiert, die Beiträge der Schüler so zu verdrehen, dass daraus die gescheiteren Beiträge der Lehrer wurden. Schließlich kam meist etwas heraus, was man gar nicht gesagt hatte und am Anfang gar nicht so gedacht hatte. Vermutlich machten die Lehrer das, um zu zeigen, um wie viel klüger sie waren, schloss Serena daraus.

Am Schluss gab es – wie gesagt – 28 Beiträge. Herr Erikson schlug vor, diese zu 15 Kriterien zu bündeln, die man für jedes Buch anwenden könnte. Daraus könnte man, meinte er, sozusagen eine Checkliste machen, mit der sie jedes Buch bewerten und einschätzen könnten.

In der folgenden Woche fragte Peter, ein Mitschüler, der nicht viel und nicht gerne las, ob er diese Checkliste auch auf Fernsehprogramme statt auf Bücher anwenden könne. Herr Erikson fand diese Idee interessant. Und zwei Tage später berichtete Peter, wie es ihm dabei ergangen war. Einige der Punkte ließen sich nicht besonders gut auf Filme übertragen, und er hatte die Checkliste durch einige neue Punkte ergänzt. Die Klasse willigte ein, diese Checkliste, die jetzt PFBB (Peters Fernseh-Begutachtungs-Bogen) hieß, im Laufe der kommenden Woche an drei Fernsehsendungen zu testen. Nach einer Woche ausgiebiger Arbeit war der PFBB überarbeitet und verbessert. Die Klasse hatte den Eindruck, jetzt etwas wirklich Herzeigbares und vielleicht auch Brauchbares entwickelt zu haben, das man sogar einer Fernsehanstalt zum Kauf anbieten könnte.

Serena entschloss sich in der Zwischenzeit, ein eigenes Tagebuch zu führen. Es würde – hoffentlich – nicht so umfangreich werden wie das der Anne Frank. Aber es würde ihr helfen, sich an die Dinge zu erinnern, die sie sonst so leicht vergaß.

Sie schrieb darin auf, was während des Tages passiert war: Meinungen, Ansichten, Geschichten und all die Ungerechtigkeiten blöder Lehrerinnen und Lehrer. Sie schrieb über ihre ganz außerordentlich gelungene Zeichnung eines toten Froschs; diese Zeichnung wurde von der Lehrerin eingerahmt, in der Klasse aufgehängt und von Serena als „Original Serena" signiert. Sie schrieb über ihre Mathe-

Hausarbeiten. Auch ein Abschnitt über Frau Stein, die Biologielehrerin, war enthalten. Diese hatte sie gebeten, für den nächsten Tag einen Text zu lesen.

Tagebucheintragung:

Mathe. Zehn Aufgaben. In weniger als zehn Minuten gelöst.
Ein Kapitel über Termiten gelesen. Langweilig.

Tagebucheintragung am nächsten Tag:

Frau Stein fragte mich vor der Klasse über Termiten aus. Keinen blassen Schimmer. Nur ein schwarzes Loch im Gehirn. Keine Ahnung, was ich gelesen hatte. Scheußlich, diese Verlegenheit. Hans hört nicht auf zu kichern. Ich hätte ihn umbringen können. Vielleicht tu ich's wirklich!

Tagebucheintragung:

Hausaufgabe für heute – einen Fernsehfilm über Termiten ansehen. Befürchtete, es wäre langweilig, aber es war hoch interessant. Termiten bauen erstaunliche Städte mit Tunnels und Verkehrsverbindungen und Röhren zur Entlüftung. Im Film wurde gesagt, dass das Gehirn der Termiten nicht größer sei als ein Stecknadelkopf und jenes der Termitenkönigin sogar noch kleiner. Aber weil sie zusammenarbeiten, multipliziert sich die Intelligenz der Termiten und auf diese Weise schaffen sie erstaunliche Dinge.
Ich nahm den PFBB zur Hand und beurteilte die Sendung danach. Jetzt wunderte ich mich über das Buch. Ich beurteilte es auch. Eigenartiger Weise war das Buch ziemlich interessant, wenn man erst weiß, worum es geht. Warum war ich beim ersten Mal nicht darauf gekommen? Lag es an mir oder lag es am Buch?
P.S. Ich überlege mir das mit dem Umbringen von Hans noch. Wenn er stirbt und die Polizei findet mein Tagebuch, verbringe in den Rest meines Lebens im Gefängnis.

Bald darauf sprach Serena mit Herrn Erikson über ihr Tagebuch und ihre Gedanken zu dem Buch über die Termiten. Sie wusste genau, dass Termiten nicht Thomas Eriksons Fachgebiet waren, aber er interessierte sich für Bücher an sich. Literatur hat nichts mit Geschichte zu tun, und Geschichte hat nichts mit Biologie zu tun, aber das alles durcheinander zu mischen macht Spaß, dachte Serena. Und sie sah zwischen allem Zusammenhänge. Sie wünschte sich, dass sie das früher auch getan hätte.

„Ich bin von deiner Frage wirklich beeindruckt, Serena", sagte Thomas Erikson.
Serena war verblüfft.

„Die Frage ‚Lag es an mir oder lag es am Buch?' ist eine schwierige Frage. Sie ist so schwierig, dass Philosophen und Psychologen, Literaturwissenschaftler und Historiker sich noch in tausend Jahren darüber streiten werden."

Etwas mit Herrn Erikson stimmte sicher nicht ganz.

„Warum versuchst du das nicht selbst herauszufinden – als Hausarbeit?", schlug er vor.

Und schon wieder war ihr das passiert! Sie hatte sich mit ihrer Rederei abermals eine zusätzliche Hausaufgabe eingehandelt! Das war entschieden das letzte Mal, dass Serena Herrn Erikson irgend etwas erzählen würde! Als sie aber am Abend diese Hausarbeit machte, brauchte sie gar nicht lange dafür, und am nächsten Tag konnte sie Herrn Erikson die Antwort auf die Frage „Lag es an mir oder lag es am Buch?" überreichen.

Es lag an mir, weil	Es lag am Buch, weil
… ich nach der Mathe-Hausaufgabe keine rechte Lust mehr hatte	… mich der Autor vom ersten Satz an nicht für Termiten interessieren konnte
… es fast 10 Uhr und ich ziemlich müde war	… das Layout der Seiten für mich nicht anregend war
… ich an andere Dinge dachte als an das Buch	
… ich an Termiten nicht sonderlich interessiert bin	… der Text in sehr langen Sätzen geschrieben war, von denen ich einige nicht verstand
… ich eigentlich nicht wusste, wozu ich das lesen sollte	… der Autor Dinge nicht besonders gut erklären konnte
… im Text keine Bilder waren, ich mir solche aber gerne ansehe	… der Text nicht mit etwas im Zusammenhang stand, bei dem ich mich auskenne
… ich dann am besten etwas behalte, wenn ich mit anderen darüber sprechen kann	… es keine Bilder in dem Text gab

Gott sei Dank war Herr Erikson beschäftigt, als Serena die Klasse betrat, und er nahm das Papier ohne wieder eine philosophische Diskussion anzufangen oder ihr wieder einen zusätzlichen Auftrag zu erteilen. Am nächsten Tag gab er ihr den Text zurück. Darunter stand:

Das ist ein gutes Stück Arbeit, Serena. Ich möchte, dass du noch ein bisschen mehr darüber nachdenkst, wie du am besten lernen kannst, auch wie du mehr Spaß an und mehr Erfolg mit deinen Hausarbeiten haben kannst. Darf ich dir ein paar Vorschläge machen:
Siehst du irgend eine Beziehung zwischen der rechten und der linken Seite deines Tisches?
Was weißt du über folgende Fragen:
* *Über deine Motivation etwas zu lernen?*
* *Über den Kontext (den Ort, die Zeit, …), in dem du am besten lernst?*
* *Wie bereitest du dich auf das Lernen vor (geistig, gefühlsmäßig)?*

- *Wie gelingt es dir, dich auf die wichtigen Stellen in einem Text zu konzentrieren?*
- *Was für ein Lerntyp bist du? Bist du ein visueller Lerntyp?*
- *Wie wird das Wissen in deinem Kopf zum Verstehen?*
- *Weshalb ist es für dich wichtig, mit anderen Menschen darüber zu sprechen, was du lernst?*

Und hier noch eine letzte Überlegung, Serena:
Wenn wir über solche Fragen wirklich gut Bescheid wissen, erledigen wir die Hausarbeiten in der Hälfte der Zeit und lernen dabei gleich viel – oder sogar mehr.
Und als allerletzten Gedanken, Serena: Warum sprichst du über solche Dinge nicht auch mit deiner Mutter. Es würde sie interessieren, und sie könnte dir sicher einiges darüber erzählen, wie du als kleines Kind gelernt hast. Das könnte das eine oder andere für dich durchaus erhellen.

Während der nächsten Wochen gab Serena sehr genau darauf acht, wie sie lernte, und sie entdeckte plötzlich, wie sie am leichtesten lernte. Sie experimentierte damit, dass sie zu verschiedenen Tageszeiten lernte, sie experimentierte mit verschiedenen Methoden – etwa, indem sie etwas zeichnete, indem sie mit oder ohne Musik im Hintergrund lernte oder dadurch, dass sie mit Freunden über bestimmte Dinge sprach, entweder am Telefon oder indem sie diese besuchte. Manchmal sprach sie sogar mit ihrer Mutter über diese Dinge.

Ihre Mutter erzählte ihr, dass sie als kleines Kind Bücher geliebt hatte, vor allem solche mit bunten Bildern. Schon mit drei Jahren machte sie schwierige Laubsägearbeiten. Sie zerlegte, was ihr unter die Hände kam, und baute es wieder zusammen. Manchmal gelang das allerdings nicht mehr. Lange bevor Serena drei Jahre alt war, hatte sie ein ausgeprägtes Gefühl für Rhythmus, und sobald sie laufen konnte, konnte sie auch tanzen.

„Aber glaube ja nicht, dass du immer nur ein Sonnenschein für uns warst, Serena. Alles musste man dir dreimal sagen, ehe es in deinen kleinen Kopf hinein ging, und deine Ungeduld trieb deinen armen Vater – Gott hab ihn selig! – manchmal zur Weißglut."

Serena war nicht allzu glücklich darüber, alle diese Dinge vor der Klasse erzählen zu müssen. Aber Herr Erikson bat sie, dieses Wissen, das sie über ihre frühe Kindheit erhalten hatte, mit den anderen zu teilen (wie er es nannte). Sie spürte wenig Neigung mit dem neunmalklugen Hans etwas zu teilen, dessen Geschichten immer besser waren als die aller anderen. Und mit dem mürrischen und zugleich wilden Daniel hatte sie schon gar nichts im Sinn. Wenn der nicht gerade verloren aus dem Fenster starrte, bestand die Gefahr der schweren Körperverletzung für diejenigen, die das Pech hatten, in seine unmittelbare Nähe zu geraten. Sogar Herr Erikson schien keine Ahnung zu haben, wie er mit dem völlig unberechenbaren Daniel umgehen sollte.

Nach einiger Überredung und einigen spöttischen Bemerkungen von Hans erzählte Serena schließlich doch, was sie von ihrer Mutter darüber erfahren hatte, wie sie gelernt hatte, als sie drei Jahre alt gewesen war.

„Es scheint so zu sein, dass du eine ausgesprochen visuelle Lernerin bist", sagte Herr Erikson: „Dein Gehirn mag Farben. Vielleicht tust du dich mit dem Hören allein schwerer – wenn dir etwas nur erzählt wird. Ganz offensichtlich lernst du Dinge leichter, wenn du sie dir bildlich vorstellen kannst." Das stimmte. Aber Serena hatte bisher noch nie darüber nachgedacht.

„Vermutlich hast du auch eine gut ausgebildete räumliche Intelligenz ... und musikalische Begabung?" Was das mit der räumlichen Intelligenz bedeutete, wusste Serena nicht, aber das mit der musikalischen Begabung war eindeutig falsch. Sie hasste den Musikunterricht in der Schule. Hans wusste natürlich, was das mit der räumlichen Intelligenz bedeutete. Er war ein begeisterter Leser von allem, was irgendwie ‚wissenschaftlich' klang.

„Ich habe in einer Zeitschrift gelesen, Herr Erikson ..."

Serena zeigte ihm ihre Zähne. Sie hasste seine schleimige Art.

„... dass Frauen im Gegensatz zu Männern keine räumliche Intelligenz besitzen. Da gab es eine Abbildung des Gehirns, bei der die Stelle genau eingezeichnet war, wo die räumliche Intelligenz sitzt. Die Stelle gibt es aber im weiblichen Gehirn gar nicht."

Jetzt spielte er sich wieder auf! Serena beschloss, sich diese Zeitschrift zu besorgen, obwohl sie lieber gestorben wäre, als ihn selbst darum zu bitten. Sie war erleichtert, als Herr Erikson sagte, er habe diese Zeitschrift auch gelesen.

„Gut, Hans", fuhr Herr Erikson fort, „ich glaube mich auch daran zu erinnern, dass in dem Artikel davon die Rede war, dass die verbale Intelligenz bei Frauen viel besser entwickelt ist als bei Männern. Das erklärt vielleicht auch, warum wir beide in dieser Diskussion Hilfe benötigen."

„Es gibt keine Regeln ohne Ausnahme."

„Da stimme ich mit dir überein", sagte Thomas Erikson. Er hatte die Unruhe in der Klasse mitbekommen und kehrte zum Zweiten Weltkrieg zurück. Serena schloss ihre Augen und stellte sich den Schlamm und den Regen in der Normandie vor, als Herr Erikson davon erzählte. Sie schämte sich ein wenig, weil das jetzt ja Geschichtsunterricht war und diese Art, sich bildlich etwas vorzustellen, gehörte ja zu Frau Kiesel und ihrem Geographieunterricht. Sie hoffte, Frau Kiesel würde ihr deswegen nicht böse sein.

Serena und Barbara hatten gemeinsam vereinbart, im Café über alles zu reden, nur nicht über die Schule! Dort wenigstens wollten sie das Thema ‚Hausarbeiten' vergessen. Heute brach Serena dieses eiserne Gesetz.

„Diese schreckliche Bande der Jungen regt mich wirklich auf. Dieses Scheusal von einem Hans und seine Freunde meinen doch wirklich, wir vergeuden nur unsere Zeit, wenn wir über wichtige Dinge diskutieren. Im Stoff weitermachen wollen sie! Regt dich das nicht auf?"

Ohne große Begeisterung stimmte ihr Barbara zu. Sie war anfänglich dagegen gewesen, das eiserne Gesetz zu brechen.

„Aber meinst du nicht auch, dass es wirklich interessant ist, darüber zu diskutieren, wie unser Gehirn arbeitet und wie wir unsere Zeit besser nutzen können? Meinst du nicht auch, dass wir jetzt weniger Zeit für unsere Hausarbeiten in Geschichte brauchen, einfach weil wir das jetzt besser verstehen? Erinnerst du dich an die kleine Geographielehrerin, die wir im ersten Jahr hatten, und wie wir uns bei der alles leicht merkten und nicht erst zu Hause pauken mussten, weil wir es eben wirklich gelernt hatten?"

Barbara schlug vor, morgen darüber mit Herrn Erikson zu sprechen. Damit war dieses Thema beendet und sie konnten sich den gegenwärtig wichtigeren Dingen zuwenden, z.B. den beiden Jungen, die drüben in der Ecke saßen und sie beobachtet hatten, seit sie das Lokal betreten hatten.

„Der Linke von den beiden, der gehört dir", bot ihr Barbara an.

Serena brachte das Thema am nächsten Tag aufs Tapet und Herr Erikson ließ sich auf diese Diskussion – abseits von Geschichte – ein. Serena erklärte, wie sie nun weniger arbeitete, aber mehr lernte. Könnte man das nicht auch auf den Unterricht in der Klasse anwenden? „Was wäre, ... was wäre, Herr Erikson, wenn Sie weniger unterrichteten und wir mehr lernten?"

„Wenn man wirklich viel schneller lernen könnte, dann würden die Schulen nicht so sein wie sie sind. Meinst du, dass du klüger bist als die Lehrer, als die Schulleitung, als die Schulverwaltung, als die Regierung?", sagte Hans. Obwohl im Allgemeinen in der Klasse anerkannt wurde, dass Hans der Gescheiteste von allen war, hatte Serena langsam ihre Zweifel.

Serena war nun draufgekommen, dass „Was-wäre-wenn-Fragen" Herrn Erikson immer in Fahrt brachten. Er nannte solche Fragen „historische Fragen". Was wäre, wenn man an Schulen nicht Geschichte unterrichtete? Was wäre, wenn es keine Schulen gäbe? Was wäre, wenn man die Atombombe nicht auf Hiroshima abgeworfen hätte? Was wäre, wenn Hitler keinen Sprachfehler gehabt hätte? Was wäre, wenn Anne Franks Tagebuch eine Fälschung wäre? Würdet ihr das offen legen? Könnte es trotzdem noch wahr sein? Kann eine Fiktion eine größere historische Wahrheit darstellen als ein Faktum? Angeregt durch die nachfolgende Diskussion auf diese Frage hatte ihnen Herr Erikson eine seiner berühmten Hausaufgaben verpasst – „Kann eine Fiktion mehr Wahrheit beinhalten als ein Faktum?" „Wäre es nicht schrecklich, wenn Anne Franks Tagebuch eine Fälschung wäre?" Dies war einer der seltenen Beiträge Serenas zum Tischgespräch mit ihrer Mutter.

„Aber es ist keine Fälschung, mein Liebes", antwortete Frau Kaur.

„Aber wenn es doch so wäre? Wäre dieses Buch dann noch immer wahr?"

„Du mit deinem ‚Was wäre, wenn ...'! Was wäre, wenn der Mond aus Käse wäre?"

Es herrschte wieder Schweigen am Tisch. Welche Folgen hätte es für das ganze Sonnensystem, wenn der Mond wirklich aus Käse wäre, das ging Serena durch den Kopf.

Bei einem anderen solchen ‚Was-wäre-wenn-Ausflug' las ihnen Herr Erikson aus einer amerikanischen Zeitung vor. In Connecticut war gerade eine Dame im Alter von 90 Jahren gestorben. Im Jahr 1942, als die Vereinigten Staaten in den Zweiten Weltkrieg eintraten, hatten die Ärzte jede Hoffnung für diese Frau, sie war damals 33, aufgegeben. Sie hatte fast 42 Grad Fieber und niemand wusste irgendein Mittel, mit dem man sie hätte retten können. Der Hausarzt der Familie hatte von einem ‚Wundermittel' gehört. Es war noch nie angewendet worden, und bei Experimenten mit Mäusen hatte es auch nicht die erwünschte Wirkung gezeigt. Dieses Mittel konnte dieser Dame, die nahe vor ihrem Tod stand, nicht schaden.

Vierundzwanzig Stunden, nachdem die Dame die Injektion bekommen hatte, nahm sie eine herzhafte Mahlzeit zu sich. Was wäre, wenn ...? Was wäre gewesen, wenn diesem schottischen Arzt, er hieß Alexander Fleming, nicht ein verdorbenes Essen aufgefallen wäre? Was wäre gewesen, wenn seine Neugier nicht angestachelt worden wäre und er nicht die Heilkraft des Penicillins erforscht hätte? Und was wäre vielleicht auch anders gewesen, wenn dieses Mittel in den restlichen Jahren des Krieges eingesetzt worden wäre, um Leben zu retten? Und welchen Zusammenhang gab es mit einem Ereignis drei Jahre vorher in England? Als England Deutschland den Krieg erklärte, waren Tausende Londoner Kinder auf das Land verschickt worden. Eine Tuberkuloseepidemie unter diesen Kindern war von der Britischen Regierung verschwiegen worden. Der Auslöser dieser Epidemie war unpasteurisierte Milch, und der Regierung war diese Gefahr sehr wohl bekannt gewesen.

Obwohl diese Geschichte von Herrn Erikson und die anschließende Diskussion kaum länger als zehn Minuten gedauert hatte, war dies eine seiner berühmten „Connections", die er so gern hatte. Die Geschichte beschäftigte Serena noch tagelang. Außerdem half ihr die Geschichte, die Jahreszahlen 1939 und 1942 in ihrem Gedächtnis zu verankern. Die beiden Zahlen hatten jetzt eine neue Bedeutung für sie.

Es war während einer dieser „Was-wäre-wenn-Phasen": Es passierte etwas, was noch nie der Fall war. Frau Barr kam in die Klasse und verließ mit Herrn Erikson den Raum. Etwas Ungewöhnliches musste passiert sein! Es dauerte einige Tage, bis man herausfand, worum es dabei gegangen war. Inzwischen waren aber schon mehr oder weniger glaubwürdige Geschichten darüber im Umlauf. Von jener, dass die beiden miteinander ein Verhältnis hätten, verabschiedete man sich. Es gab einfach keinen Beweis. Die ‚Wahrheit' war, dass Herr Erikson in Schwierigkeiten steckte und spätestens zu Weihnachten die Schule verlassen würde. Alle Details wiesen nur in diese Richtung. Herr Erikson schien besorgter als sonst. Jeden Tag erwartete man, dass Herr Erikson durch einen anderen Lehrer abgelöst würde.

Als sich die tatsächliche Wahrheit herausstellte, war diese um vieles weniger spektakulär. Herr Erikson erklärte, er war deshalb ein wenig aufgeregt, weil ihre Schule zur Teilnahme an einem europaweiten Projekt ausgewählt worden war.

Serena bemerkte deutlich, dass nicht alle die Begeisterung von Herrn Erikson teilten. Daniel etwa ging das alles nichts an, er war – wie immer – ausschließlich mit der Welt vor den Fensterscheiben beschäftigt.

Herr Erikson erklärte ihnen das Projekt. Ein paar Anzeichen von Interesse waren zu bemerken, obwohl niemand so richtig verstand, worum es wirklich gehen sollte. Auch Hans hatte offenbar seine Abneigung gegen Zeitverschwendung vergessen. Serena bekam plötzlich mit, dass Herr Erikson die Klasse aufforderte, eine Person zu bestimmen, die die Klasse in dem Projekt vertreten sollte, und schon schlug Barbara sie vor! Eine schöne Freundin! Serena wäre am liebsten unter ihr Pult gekrochen, um sich zu verstecken. Jemand schlug Hans als Klassenvertreter vor. Ein Stöhnen ging durch die Klasse. Es gab nur diese beiden Nominierungen. Schließlich erhielt Serena sechzehn Stimmen und Hans dreizehn – bei zwei Enthaltungen. Die Jungen hatten für Hans gestimmt, die Mädchen für Serena. Drei der Jungen, einschließlich Daniel, hatten sich der Stimme enthalten.

Als Serena an diesem Abend heim kam, war Mutter noch nicht von ihrer Arbeit zurück. Serena waren die Jahre, in denen ihre Mutter arbeitslos war, lieber gewesen. Natürlich hatte das weniger Geld bedeutet, es hatte auch bedeutet, auf manches verzichten zu müssen – auf Designer-Klamotten und auf ein Handy zum Beispiel. Andere wie Barbara und Hans hatten dies alles längst und sie jetzt auch. Serena setzte sich ans Fenster. Sie beobachtete zwei Eichhörnchen, die offensichtlich eine wichtige Unterhaltung miteinander führten. Es waren so kluge Tiere. Serena hatte einmal einen Film über Eichhörnchen im Fernsehen gesehen. Die Tiere waren imstande, erstaunlich komplizierte Aufgaben zu bewältigen. Wochenlang waren die Tiere damit beschäftigt, aber am Ende gab es immer eine Lösung. Serena erinnerte sich daran, dass ihnen Herr Erikson von James Dyson, dem Erfinder des Staubsaugers, erzählt hatte. Er brauchte 153 Versuche, ehe das Ding funktionierte.

Serena dachte so angestrengt nach, dass sie ihre Mutter gar nicht kommen hörte.

Mutter sah einsam aus, die Welle eines Schuldgefühls stieg in Serena auf. Seit ihr Vater gestorben war, hatte Serena nur wenig Zeit mit ihrer Mutter verbracht. Sein plötzlicher Tod hatte eine große Leere zwischen ihnen hinterlassen. Dadurch war – eigenartiger Weise – der Abstand zwischen Serena und ihrer Mutter nicht kleiner geworden, sondern eher größer. Frau Kaur schien plötzlich gealtert zu sein. Ihr braunes Haar war von grauen Strähnen durchzogen, sie hatte Sorgenfalten um die Augen. Serena folgte ihrer Mutter in die Küche. Ohne ein Wort zu sagen, nahm sie ein Tuch und trocknete das Geschirr, so als wäre das ihre tägliche Arbeit.

So wie sie beide in ihre Arbeit vertieft waren, fiel es leichter zu reden und auch leichter, die langen Schweigephasen dazwischen auszuhalten. Serena erzählte ihrer Mutter, dass die Geschichte nicht mit einem Eisenbahnzug vergleichbar ist, der mit erleuchteten Waggons durch die Nacht fährt.

„Ich glaube, das musst du mir erklären", sagte Frau Kaur.

„Schau, du weißt doch, ein Zug fährt vorbei, in den Waggons brennt Licht, ein Waggon nach dem anderen, alle in einer bestimmten Reihenfolge, alle zusammengekoppelt, so ziehen sie an dir vorbei."

„Das Bild kann ich mir gut vorstellen", antwortete eine leicht verwirrte Frau Kaur.

„Du musst auch ein visueller Lerntyp sein", sagte Serena. Weil sie sah, dass sich dadurch Mutters Verwirrung noch vergrößerte, fuhr sie fort: „Schau, der Geschichtsunterricht von Herrn Erikson, der ist ganz anders. Das ist keine lange Reihe von Dingen, die alle nacheinander daher kommen und miteinander verbunden sind."

Die Mutter wandte ihre Aufmerksamkeit wieder stärker dem Kochen zu. Serena wechselte das Thema. Sie erzählte ihrer Mutter von dem europäischen Schulprojekt. Sie erzählte, dass sie als Vertreterin ihrer Klasse gewählt worden war und berichtete von ihrer ersten Sitzung. Sie berichtete ihrer Mutter, wie sie plötzlich mit fünf anderen Schülerinnen und Schülern beisammen saß. Zwei waren jünger als sie und drei älter. Das älteste Mädchen war die Moderatorin der Gruppe. Sie erklärte, was zu tun war und teilte jedem ein Blatt Papier aus, das sie SEP nannte. Es sah aus wie einer der Fragebögen, den sie manchmal von Herrn Erikson bekamen, aber es ging dabei um die Schule und was sie von der Schule hielten: Schülerleistungen, persönliche und soziale Entwicklung – war ihre Schule in diesen Bereichen sehr gut? Nicht sehr gut? Ziemlich schlecht? Wie sollte sie das wissen?

„Ich habe eine Kopie davon", sagte Serena. Sie wühlte in den Tiefen ihrer Schultasche. Schließlich brachte sie ein ziemlich zerknülltes Exemplar dieses SEP zum Vorschein. Mit ihren Handflächen versuchte sie, es einigermaßen zu glätten.

Bereiche	Einschätzung				Entwicklung		
ERGEBNISSE							
1 Schulleistungen	++	+	-	--	↗	→	↘
2 Persönliche und soziale Entwicklung	++	+	-	--	↗	→	↘
3 Weitere Laufbahn der Schülerinnen und Schüler	++	+	-	--	↗	→	↘
PROZESSE AUF DER UNTERRICHTSEBENE							
4 Zeit für Lernprozesse	++	+	-	--	↗	→	↘
5 Qualität des Lernens und Lehrens	++	+	-	--	↗	→	↘
6 Unterstützung bei Lernschwierigkeiten	++	+	-	--	↗	→	↘
PROZESSE AUF DER SCHULEBENE							
7 Schule als Lernort	++	+	-	--	↗	→	↘
8 Schule als sozialer Ort	++	+	-	--	↗	→	↘
9 Schule als professionelle Organisation	++	+	-	--	↗	→	↘
UMFELD							
10 Schule und Elternhaus	++	+	-	--	↗	→	↘
11 Schule und Gemeinde	++	+	-	--	↗	→	↘
12 Schule und Arbeit	++	+	-	--	↗	→	↘
13	++	+	-	--	↗	→	↘
14	++	+	-	--	↗	→	↘

Abb. 1.1: Das Selbstevaluationsprofil (SEP)

Serena erzählte ihrer Mutter, dass Teresa, die Moderatorin, sie alle gebeten hatte, die Fragen durchzugehen und so ehrlich wie möglich auszufüllen. Sie brauchten dabei keine Angst zu haben, was andere womöglich von ihren Antworten hielten. Sie könnten natürlich Fragen stellen, was das eine oder andere bedeutete, aber wie sie bewerteten, das war ihre Angelegenheit ganz allein.

‚Schülerleistungen'? Keine Ahnung. Serena versuchte sich, Mitschülerinnen und Mitschüler vorzustellen. Hans und Michael, das waren Leistungstypen. Aber es gab andere, die eher so aussahen, als ob sie nie etwas Ordentliches leisteten oder erreichten – Peter, der kaum je auffiel oder Daniel, der sein Leben damit verbrachte, aus dem Fenster zu starren, wenn er nicht gerade Radau machte. Wilma, sie war so still in ihrer Ecke, dass kaum jemand bemerkte, ob sie überhaupt da war oder nicht. Wenn sie jemals etwas Besonderes leistete oder erreichte, würde das kein Mensch bemerken. Serena machte ihr Kreuz in der Mitte zwischen Plus und Minus. Total unschlüssig.

‚Qualität des Lehrens und Lernens'. Das war um nichts leichter. Einige ihrer Lehrerinnen und Lehrer waren ganz gut, bei anderen war es so langweilig, dass sie die Minuten bis zum Ende der Stunde zählte. Dann dachte sie an die Qualität des Lernens. Erst in den letzten paar Monaten – mit der Hilfe von Herrn Erikson – war Lernen für sie aufregender, interessanter geworden. Serena entschloss sich frech, ein Minus zu geben.

Serena arbeitete die zwölf Punkte durch und sah sich das ganze Blatt an. Eine Zick-zack-Linie: Doppelplus, Plus, mehrere Minus. Kein einziges Doppel-Minus. So schlecht war das auch wieder nicht. Die Mutter hörte Serena immer noch zu, wie sie da stand und redete – das überflüssig gewordene Geschirrtuch in der einen Hand, das zerknitterte SEP-Blatt in der anderen. Serena setzte ihre Erzählung fort.

Der zweite Teil dieser Sitzung war noch schwieriger gewesen. Die Moderatorin erklärte ihnen, dass sie nun als ganze Gruppe zu einer Einigung über die einzelnen Punkte kommen müssten. Jeder sollte seine Bewertung vorlesen, dann würden sie über eine gemeinsame Bewertung für ihre Schule beraten. Sie gingen die zwölf Punkte nacheinander durch. Schülerleistungen. Niemand hatte ein Doppelplus gegeben, auch kein Doppelminus. Die entscheidende Frage war: ein Plus oder ein Minus? Ein Junge aus der Klasse über ihr meinte, dass ihn seine Eltern in eine andere Schule schicken wollten. Die Schülerleistungen in dieser Schule seien nämlich nicht annähernd so gut wie in den anderen Schulen, deshalb habe er ein Minus gegeben. Jemand anderer war nicht dieser Meinung. Er sagte, acht aus seiner Klasse würden später einmal die Universität besuchen, acht von dreißig, das seien fast fünfundzwanzig Prozent und für eine Schule in einer solchen Gegend doch ziemlich gut. Teresa meinte, es müssten doch Statistiken da sein, aus denen man entnehmen könne, wie gut diese Schule im Vergleich zu anderen sei. Sie würde sich darum kümmern.

„Bedeutet das, dass es eine absolut richtige Antwort auf diese Frage gibt?", fragte ein Junge, der Arnold hieß. Es war eher eine Provokation als eine Frage. Teresa sah etwas verärgert aus und sagte dann:

„Meinetwegen, aber ich glaube, es ist <u>ein</u> Beleg." Sie lehnte sich zurück und schien mit ihrer Antwort ziemlich zufrieden.

Sie machten weiter, und jeder dachte nun an ,Belege'. Welche Belege konnte Serena für ihre Ansichten anbieten? Zum Beispiel, was aus den Schülerinnen und Schülern nach der Schule wird. Die große Anzahl von früheren Schülerinnen und Schülern, die in den Straßen herumlungerten und arbeitslos waren – war das ein Beleg für das, was später aus den Schülerinnen und Schülern wird? Sie fragte sich, ob es Statistiken darüber gibt, was aus den Schülerinnen und Schülern wird, wenn sie die Schulen verlassen haben. Und: Wenn diese ihre Schule wirklich eine ganz großartige wäre, würden dann wirklich alle anschließend die Universität besuchen? Oder gutbezahlte Arbeitsplätze bekommen? Und alle hervorragende Wissenschaftler, Musiker oder Schriftsteller werden?

Über eine Stunde arbeiteten sie schon an der Liste. Die Zeit war schnell vergangen und jede Menge von Fragezeichen schwebten über ihnen in der Luft. Aber das war ja nicht das Ende, das war erst der Anfang, erklärte jedenfalls Teresa. Der zweite Schritt lag als nächstes vor ihnen – die Bearbeitung durch das Schulteam: zwei aus ihrer Schülergruppe würden sich mit Lehrerinnen, Lehrern und Eltern treffen und die Liste gemeinsam wieder durchgehen. Bei Serena stellte sich zunehmend der Verdacht ein, dass sie wieder eine dieser ‚Freiwilligen' sein würde – allein schon wie diese Teresa sie ansah!

Ohne viel Umschweife wurden Serena und Arnold gewählt! Serena erlebte ein Wechselbad aus Angst und Aufregung. Womit hatte sie das verdient? Anne Frank war an allem schuld! Wer Tagebücher schreibt und Fragen stellt, bringt sich selbst in Schwierigkeiten.

„Das ist also noch nicht das Ende der Geschichte?", fragte Frau Kaur deutlich enttäuscht.

„Leider nicht", sagte Serena, „gerade als ich glaubte, das endlich hinter mir zu haben, ging alles wieder von vorne los. Die neue Gruppe heißt die ‚Schul-Evaluations-Gruppe'."

Die Schul-Evaluations-Gruppe war so etwas wie ein zweiter Durchgang von dem, was sie bereits gemacht hatten. In dieser Gruppe fühlte sich Serena so, wie wenn man auf der Bühne der Mailänder Scala steht, nachdem man gerade an einer Aufführung der Schulspielgruppe teilgenommen hat. Serena war die Jüngste von allen. Der Direktor war der Älteste, oder war es vielleicht der Chef des Schulausschusses – jedenfalls sah er wie neunzig aus. Dann waren da noch zwei Eltern und zwei Lehrer, einschließlich Frau Stein, der Biologielehrerin Serenas. Eine der Elternvertreterinnen war Frau Reyna, ihre Nachbarin, diese Wichtigtuerin, dieses Tratschweib! Serena würde auf jedes ihrer Worte aufpassen müssen, denn alles würde schnurstracks ihrer Mutter hinterbracht werden – selbstverständlich angereichert durch einige phantasievolle Ergänzungen von Frau Reyna, um das Ganze auch richtig spannend zu machen!

Jede der fünf Gruppen, die an der Sitzung teilnahmen, hatte ihren eigenen ausgefüllten SEP mitgebracht. Auch Serena und Arnold hatte eine Kopie dessen, worauf sie sich endlich geeinigt hatten.

Den Vorsitz führte eine der Elternvertreterinnen, Frau Larssen. Sie bat alle, doch Diana zu ihr zu sagen. Serena dachte, dass sie das nie über ihre Lippen bringen würde. Diese Frau Larssen erweckte jedenfalls den Anschein, als ob sie nicht allzu viel sagen würde. Sie vertrödelte keine Zeit. Es gab einige Hinweise über Grundsätze, die für diese Beratung gelten sollten. Serena hoffte inständig, dass Frau Reyna auch gut zugehört hatte, als von Diskretion und Vertraulichkeit die Rede war.

‚Schülerleistungen'? Wie beim letzten Mal gab es keine rasche Übereinstimmung bei diesem Punkt. Serena bemühte sich sehr, dem Gespräch zu folgen. Ein Papier wurde herumgereicht: Notenwerte der Abschlussprüfungen – diese wurden mit denen anderer Schulen verglichen. Alles schien auf ein klares Minus für die eigene Schule hinzudeuten. Arnold, ihr neuer ‚Freund‘, wollte davon aber nichts wissen – ob man auch etwas über den Lern-Zuwachs wisse, fragte er. Serena wollte nicht zeigen, dass sie keine Ahnung hatte, wovon er sprach. Sie würde ihn später danach fragen.

Die Vorsitzende machte den Vorschlag, dass alle zu diesem Punkt ihre Meinung sagen sollten. Serena sah, dass die Vorsitzende in ihre Richtung schaute; rasch wandte sie sich ihren Unterlagen zu, um jeden Blickkontakt zu vermeiden. Schließlich einigte man sich auf ein vorläufiges Minus beim Punkt ‚Schülerleistungen‘. Man würde aber wieder auf den Punkt zurückkommen und ihn in einem Jahr genauer untersuchen.

„In einem Jahr?“, dachte sich Serena erstaunt.

Der nächste Punkt wurde noch ausführlicher besprochen. ‚Persönliche und soziale Entwicklung‘. Serena wartete darauf, dass auch zu diesem Punkt Statistiken ausgeteilt würden; sie wartete umsonst. Einer der Lehrer berichtete von dem sehr erfolgreichen Kurs an der Schule über Soziales Lernen und Gesundheitserziehung. Dabei gehe es um Drogenprävention, Sexualerziehung und gesunde Lebensführung. Frau Stein meldete sich und erzählte, wie sie in den Biologiestunden diesen Kurs ergänzte und erweiterte – mit Themen wie die menschliche Physiologie und die sexuelle Reproduktion. „Und dann werden Kondome über Karotten gestülpt“, flüsterte Arnold etwas zu laut in Serenas Ohr. Er erntete dafür einen sehr vorwurfsvollen Blick von Frau Stein.

Diesmal hatte Serena nicht rasch genug in ihre Unterlagen geblickt. Die Vorsitzende erhaschte ihren Blick: „Serena, glaubst du, dass dir diese Schule bei deiner persönlichen und sozialen Entwicklung hilft?“

Die einfachste Antwort wäre ein Ja gewesen. Aber Serena hatte zumindest etwas Wichtiges bei Herrn Erikson gelernt: Zuerst denken, dann sprechen. Sie dachte lange, stumme zehn Sekunden nach, dann sagte sie: „Ja, ich glaube, ich habe etwas gelernt, aber – um ehrlich zu sein – ich glaube nicht, dass das viel mit den Kursen über Drogen und solche Sachen zu tun hat. Ich glaube, dass das mehr mit den Freunden zu tun hat, die ich kennen gelernt habe und mit ein paar von meinen Lehrerinnen und Lehrern, die mir dabei geholfen haben, mich selbst besser zu verstehen.“ Ihr kam das, was sie gesagt hatte, ziemlich gespreizt vor, oder wie ihre Mitschülerinnen und Mitschüler sagen würden „lasch“. Serena war froh, dass niemand von denen zuhörte.

Die Frage der Beweisführung bereitete Serena Kopfzerbrechen. Wer war sie denn eigentlich, dass sie hier im Namen von ein paar hundert Schülerinnen und Schülern sprechen konnte? Über die meisten Dinge, über die sie hier sprachen, gab es soviel und zugleich so wenig, von dem jeder behaupten konnte, das sei ein guter Beweis für oder gegen etwas. Nach eineinhalb Stunden waren sie immer noch erst in der Mitte der Liste. Zwei Punkte, nämlich ‚Die Qualität des Lehrens und Lernens' und ‚Zeit als Lernressource' hatten sie vierzig Minuten lang beschäftigt. Bei diesen beiden Punkten fühlte sich Serena auch wohler und eher zu Hause, weil sie merkte, dass sie mehr davon verstand als die Elternvertreter, vielleicht auch mehr als die Vertreter und Vertreterinnen des Schulausschusses, des Kollegiums oder sogar mehr als Frau Barr, die Direktorin. Arnold meinte zu diesem Thema, vielleicht etwas aggressiver als notwendig gewesen wäre, dass Lehrer immer nur ihr eigenes Fach sehen würden und nie das Ganze, wie es die Schüler und Schülerinnen tagtäglich an der Schule erlebten. Serena fiel der Spruch ein, den sie kürzlich gehört hatte: Lehrer sind wie Dealer, sie denken immer nur an den Stoff. Frau Barr machte nur selten Unterrichtsbesuche, und wenn sie kam, dann zeigten sich selbstverständlich alle von ihrer Butterseite, auch die Lehrerinnen und Lehrer. Serena glaubte nicht, dass Frau Barr einmal bei ihr im Unterricht war, außer damals, als sie ihnen von dem Projekt berichtete.

Etwas, das Arnold gesagt hatte, gab ihr auch zu denken: „Lehrer und Lehrerinnen nehmen Zeit ganz anders wahr als wir Schüler. Die Lehrer denken sich vielleicht ‚Wie viele Stunden habe ich ein bestimmtes Fach unterrichtet?' – sagen wir fünf Stunden Mathematik in der Woche und dann rechnen sie alles zusammen und tun so, als ob in einer Klasse mit dreißig Schülern 150 Stunden ordentliches Lernen stattgefunden hätten. Für mich waren aber vielleicht nur 30 Minuten in der Woche wirklich gut – das heißt, nur in diesen 30 Minuten habe ich wirklich etwas gelernt und verstanden. Möglicherweise ist die Hälfte davon auch gar nicht in der Schule passiert, sondern daheim bei meinen Hausaufgaben."

Serena war ziemlich erstaunt, als die sah, dass Frau Barr, die ‚Ober-Termitin', wie Serena sie in der letzten Zeit nannte, aufmerksam zuhörte und nickte, als Arnold das sagte. Es war für Serena überhaupt eine angenehme Überraschung, dass alle Erwachsenen in dieser Runde sie beide wirklich ernst nahmen. Arnold, der zu Beginn eher kämpferisch gewirkt hatte, hörte jetzt auch aufmerksamer zu und pflichtete dem einen oder anderen bei.

„Alle in der Runde sind trotz Meinungsverschiedenheiten nett miteinander umgegangen", meinte Serena und schloss damit ihre lange Geschichte. Mutter hatte geduldig, aber auch mit Interesse zugehört. Freilich – es wäre ja nicht ihre Mutter – wenn sie nicht auch das eine oder andere Haar in der Suppe finden würde.

„Du erzählst mir aber nicht, dass das gut investierte Zeit für das Lernen war: Um einen Tisch sitzen und nichts als reden! Du hast doch sicher Unterrichtsstunden deswegen versäumt."

„Warten wir doch darauf, was als nächstes passiert", sagte Serena. „Schließlich waren wir uns einig, dass wir über drei Sachen besser Bescheid wissen möchten – ‚Lernen und Lehren', ‚Zeit für Lernprozesse' und die Beziehung zwischen

‚Schule und Elternhaus'. Bei diesen drei Dingen wollen wir auch zu Verbesserungen kommen. Du weißt doch, was Jean-Jacques Rousseau gesagt haben soll, Mama: Zeit nehmen, um Zeit zu gewinnen."

Die Mutter schaute Serena kurz, aber eindringlich an. Serena wusste, dass man Mutter nicht unbedingt auf seine Seite brachte, wenn man so etwas zitierte.

„Die Beziehung zwischen Schule und Elternhaus, das ist doch etwas, was dich interessieren müsste, oder nicht?"

„Mir passt alles so, wie es bisher war. Aber wenn ich dir so zuhöre, dann kommt mir vor, ich sollte mir doch Sorgen machen über das, was an der Schule alles passiert."

Schon vor einiger Zeit waren sie mit der Küchenarbeit fertig geworden und hatten das Gespräch ohne Unterbrechung im Wohnzimmer fortgesetzt. „Schauen wir, was passiert", sagte Serena. Das Gespräch wurde durch die Türglocke unterbrochen. Serena ahnte die drohende Ankunft von Frau Reyna. Sie verschwand rasch in ihrem Zimmer, wo sie sich mit ihren Hausaufgaben beschäftigte. Erst als die Luft wieder rein war und die letzten Spuren von Frau Reynas Anwesenheit getilgt waren, tauchte sie wieder auf.

„Die alte Ziege", sagte sie, „ich wette, sie war da und hat dir alle Neuigkeiten über mich erzählt."

Während der kommenden Wochen sammelten sie in der Schule Daten und Belege. Drei Mitschüler und Mitschülerinnen aus Serenas Klasse wurden zu ‚Forschern' ernannt, und jeder hatte eine andere Aufgabe. Serena sollte mithelfen ‚Zeit als Lernressource' näher zu erforschen. An einem Dienstag sah Serenas ‚Zeitplan' so aus:

Gesamtzeiten am Dienstag:

von Klasse zu Klasse gehen	*17 min*
sich vorbereiten, ehe der Unterricht beginnt	*21 min*
disziplinäre Maßnahmen	*16 min*
Besuche und andere Unterbrechungen	*11 min*
Arbeiten zurück geben, Kontrolle der Hausarbeiten	*8 min*
Ankündigungen, Verlautbarungen	*11 min*

Nach einer Woche hatte Serena einige genauere Hinweise dafür, wie einzelne Schülerinnen und Schüler die Unterrichtsstunden erlebten. Es wurde auch vereinbart, dass sie genau aufzeichnen würden, wie und wofür die Unterrichtszeit verwendet wird – mit einer persönlichen Beurteilung, ob das jeweils ‚gut investierte Lernzeit' sei – Zeit, in der sie den Eindruck hatten, dass sie wichtige

Dinge oder Fertigkeiten erlernten. Die Aufzeichnungen über die Geographie-stunden zeigten deutlich, welches die starken und die schwachen Seiten dieses Unterrichts waren.

Geographiestunden am Montag

	Zeit in der Klasse	*meine Lernzeit*
sich vorbereiten, ehe der Unterricht wirklich beginnt	*4 min*	*0 min*
Lehrerin hört sich Entschuldigungen wegen nicht gemachter Hausarbeiten an	*4 min*	*0 min*
Lehrerin spricht über Verkehrs-verbindung in Thailand während des Vietnamkrieges	*11 min*	*ca. 4 min*
einen Text lesen und Fragen dazu beantworten	*9 min*	*6 min*
Gruppenbildung; Diskussion, was wir machen sollen	*3 min*	*1 min*
Problem besprechen: Verkehrs-verbindungen in Thailand für militärische Zwecke	*8 min*	*ca. 7 min*
Gruppenberichte und Diskussion	*9 min*	*5 min und 3 wichtige min*
Schulglocke; Hausarbeiten verteilen, ein paar Fragen dazu	*3 min*	*2 min*

Das waren Belege, aber Serena war sich nicht sicher, ob das wirklich viel aussagte, außer vielleicht, dass deutlich wurde, wie viel Zeit tatsächlich wofür verwendet wurde. Die ganze Wahrheit war das nicht über eine Stunde, die ziemlich frustrie-rend angefangen hatte, aber am Ende dann doch recht interessant war. Über die ersten zehn Minuten dieser Stunde hatte Serena das Folgende notiert:

„Zuhören – die Lehrerin erklärt, wie Thailand in den Vietnamkrieg verstrickt war. Komme drauf, dass ich keine Ahnung habe, wo Thailand ist und was das mit dem ganzen Krieg soll. Warum sprechen wir über solche Sachen in Geographie? Wollte eine Frage stellen, hatte aber Angst, dumm da zu stehen. Es sind genug da, die nur auf so etwas warten.

Wurde von der Lehrerin etwas gefragt – ‚Wie wurde Thailand noch bezeichnet?‘ Ich wusste es nicht, aber Hans. Erinnere mich aber nicht mehr, was Hans sagte. War verärgert, vielleicht auch beschämt.“

Die letzten zehn Minuten der Stunde wurden für Serena wieder interessant, als die Lehrerin erzählte, wie Straßen, Flughäfen und Kommunikationssysteme angelegt wurden, und sie meldete sich: „Ich vermute, es war so ähnlich, wie auch die Termiten ihre Bauten anlegen.“

Die Lehrerin schaute zuerst etwas verwundert, aber dann bat sie Serena, genau zu erklären, wie sie das meine. Hans und ein paar andere gähnten; ihnen war die Ungeduld anzusehen. Warum musste Serena den Geographieunterricht unterbrechen und von etwas anderem reden? Von Biologie oder was immer. Die Lehrerin hörte Serena aber interessiert zu und dankte ihr für ihren Beitrag. Sie sagte, dass sie soeben etwas Neues erfahren hätte und dass das ein ausgezeichneter Vergleich sei – der mit den Termiten.

Dann fuhr sie fort: „In dem, was Serena gerade erzählt hat, liegt etwas Besonderes. Es geht dabei um Wissen und Intelligenz. Diese befindet sich nicht nur in jeder einzelnen Termite selbst. In Erscheinung tritt diese Intelligenz vor allem dann, wenn man zusammenarbeitet und dabei etwas schafft, was einer allein nie könnte. Weiß jemand von euch einen passenden Begriff dafür?“

Sie wartete. Aber nicht lange genug, als dass sich alle hätten ihre Gedanken machen können. Alle wussten, dass sie ihre Frage gleich selbst beantworten würde.

„Man nennt das Synergie. Es handelt sich dabei um eine Form von Energie, die viel größer ist, als die Summe der einzelnen Energiemengen zusammen. Eine einfache Definition für Synergie ist die: $1+1+1 = 5$. Soviel zu Synergieeffekten in Thailand.“

Serena freute sich. Nicht nur, dass es gelungen war, in ihrem Kopf eine Verbindung zwischen zwei verschiedenen Dingen herzustellen, sie hatte auch einen Beitrag zum Unterricht geliefert. Es war ihr Beitrag zu Synergie-Effekten.

Beim Abendessen erzählte Serena ihrer Mutter etwas über Synergie. Sie erzählte ihr auch von den Termiten. An der Art und Weise, wie die Mutter darauf reagierte, erkannte Serena, dass sie das wieder für „eine der typisch verrückten Ideen von Serena“ hielt. Serena wusste aber auch, dass ihr die Mutter zuhören würde, wie verrückt es auch klang. Das war Mutter immer noch lieber als die Schweigsamkeit, die sich während der letzten Jahre zwischen ihnen ausgebreitet hatte. Sie waren jetzt wieder etwas näher zusammengerückt.

„In deinem Kopf wimmelt es nur so von Termiten“, sagte die Mutter.

„Nein, pass auf“, erklärte Serena. „Du könntest dir die Schule auch als einen Termitenbau vorstellen. Niemand von denen dort ist ein Einstein. Nicht einmal die Termitenkönigin, die in ihrem Büro sitzt. Sie hat auch nur ein Spatzenhirn, wie all die anderen ...“

„Serena, jetzt reicht es!“

„Beruhige dich. Was ich sagen möchte ist Folgendes: Jeder von uns rennt umher und tut irgend etwas. Wenn wir gemeinsam darüber nachdenken würden, was wir tun, wie wir es tun und warum wir das tun, dann könnte unsere Schule besser werden.“

„Und du könntest besser werden, wenn du nur mehr lernen würdest“, sagte die Mutter.

„Darum geht es ja gerade. Es geht um unser Lernen. Es gibt ein tolles Wort dafür. Ein Lehrer hat es uns erklärt. Ich kann’s nicht aussprechen. Aber ich weiß, was es ist. Ich muss es aufschreiben, damit ich es sehen kann.“

Serena schrieb METAKOGNITIV.

„Es bedeutet ‚Über das Denken nachdenken‘. Was wir machen, ist nichts anderes, als dass die Schule begonnen hat, über sich selbst nachzudenken. Das nennt man Selbstevaluation.“

2
Sarah Kaur
Serenas Mutter

So als ob es gestern gewesen wäre, erinnerte sich Serenas Mutter an den ersten Tag in der neuen Schule. Serena kam mit einer endlosen Reihe von Sachen heim, die sie ihrer Mutter erzählen musste, und sie hatte mit der einen aufregenden Neuigkeit noch nicht aufgehört, als sie schon mit der nächsten anfing. Die neue Schule war viel, viel größer als Serena vermutet hatte. Immer wieder verlief sie sich, wie sie erzählte. Meistens halfen ihr andere weiter, wenn sie bemerkten, dass sie neu an der Schule war. Aber einmal sagte ihr ein älterer Mitschüler den falschen Weg an, absichtlich, wie Serena beteuerte.

Die neue Schule hatte eine sehr gut ausgestattete Bibliothek. Es gab aber keine Schließfächer, in denen man seine Sachen hätte ablegen können, und so schleppte man das Zeug den ganzen Tag mit sich herum. Serena fand, dass die meisten Mädchen recht nett waren, aber die meisten der Jungen waren schrecklich. Sie wäre lieber in eine reine Mädchenschule gegangen wie ihre Freundin Tamil. Jungen mussten immer nur angeben und beanspruchten die ganze Aufmerksamkeit der Lehrer. Mädchen so wie sie erledigten einfach ihre Arbeiten.

„Die Mädchen sind einfach viel erwachsener, oder nicht?", sagte Serena.

„Ja, nimm das einfach als eine biologische Tatsache", sagte ihre Mutter.

Die aufregenden Neuigkeiten, die täglich von der Schule zu erzählen waren, mussten aber immer etwas warten. Zuerst wieselte Serena von der Haustür rasch zur Toilette. Das war die größte Klage über die neue Schule: Die Hälfte der Toiletten hatte keine Schlösser, und außerdem waren sie so verraucht, dass Serena dort immer husten musste. Mit großer Willensanstrengung hielt Serena daher immer ‚durch‘, bis sie zu Hause war.

Serena hatte so viele Lehrer und Lehrerinnen, dass sie diese gar nicht mit dem Namen nennen konnte. Sie erzählte ihrer Mutter alles über ihre Lehrerinnen und Lehrer, über die, die sie mochte und über die, die sie nicht ausstehen konnte. Ob es nicht etwas verfrüht war, die Lehrer und Lehrerinnen so rasch zu beurteilen, meinte Frau Kaur. Sie wollte von Serena wissen, woran es lag, dass sie die einen so fein und angenehm fand, andere dagegen gar nicht.

„Das ist nur ein Gefühl", sagte Serena, „ich weiß einfach, wer super ist."

Frau Kaur wollte es genauer wissen. Serena meinte, die netten Lehrerinnen und Lehrer lächelten einfach viel öfter, sie täten nicht so von oben herab und sie erklärten auch ganz genau, was sie von einem erwarteten und was man bei ihnen lerne.

Frau Kaur erinnerte sich auch recht gut an die Lehrerinnen und Lehrer, die sie selbst vor einer Ewigkeit in ihrer Schulzeit gehabt hatte. Jene, die in ihr Spuren hinterlassen hatten, angenehme oder unangenehme, die konnte sie sich noch vorstellen, deren Stimmen hörte sie sogar noch. Allerdings war unter diesen Lehrerinnen keine, wie die, von der Serena erzählte: Eine zierliche Dame, die mit ihnen Phantasiereisen in weit entfernte Orte unternahm, manchmal wurde dazu auch noch Musik gespielt. Zu Sarah Kaurs Schulzeit hätte es das nicht gegeben. Musik gehörte in die Musikstunden, nicht in den Geographieunterricht.

Drei Jahre später erinnerte Serenas Mutter ihre Tochter an diese Gespräche, die sie geführt hatten, als Serena gerade in diese Schule gekommen war.

„Wenn du heute von der Schule heimkommst und ich frage dich nach der Schule, sagst du nur ‚Es war o.k.‘ Und wenn ich dich frage, was denn so los war, sagst du ‚Nichts‘. Und wenn ich sage, du kannst doch den ganze Tag nicht nichts gemacht habe, dann sagst du nur ‚Ganz einfach, es ist nichts Besonderes passiert.‘ Ende des Gesprächs." Frau Kaur fuhr fort: „Erinnerst du dich nicht mehr, wie wir deine Hausarbeiten immer genau besprochen haben. Du wolltest alles so richtig wie möglich und deinen Lehrerinnen und Lehrern eine Freude machen."

„Das war damals. Heute ist es anders", war Serenas eindeutige, aber wenig hilfreiche Antwort. Die Botschaft war klar ‚Halt dich da heraus!‘

So hielt sich Sarah Kaur aus dem Leben ihrer Tochter heraus. Sie schaute nicht mehr in Serenas Zimmer, um herauszufinden, ob sie wirklich ihre Hausaufgaben machte oder nur in ihrer Musik dahin schwamm. Manchmal machte sie die Tür zu Serenas Zimmer auf – da lag oder saß sie am Boden, ihr ganzes Zeug um sie herum verstreut. Serena schien wie hinter einer dicken Mauer aus Musik, die sie sicher vor der Außenwelt abschirmte. Serena meinte, sie könne so leichter arbeiten. Frau Kaur zweifelte das stark an; sie selbst brauchte absolute Ruhe, um ein Buch zu lesen oder überhaupt zu denken. Alle Überredungskunst half nichts, Serena blieb bei ihren Gewohnheiten. „Sie wird schon aus dem Ganzen herauswachsen", machte Frau Kaur sich selbst Hoffnung.

Sarah Kaur wurde in dem bestärkt, wenn sie mit anderen Müttern sprach. Auch deren Kinder waren nicht gesprächiger. Nur ab und zu und wenn ihnen scheinbar gerade danach zumute war, erzählten die Kinder ihren Eltern, was ein bestimmter Lehrer getan oder nicht getan hatte. Je älter die Kinder wurden, desto seltener baten die Kinder ihre Eltern um Hilfe, wenn sie bei ihren Hausarbeiten nicht mehr weiter wussten oder wenn sie überhaupt keine Ahnung hatten, was sie zu tun hatten. Manchmal hörten die Eltern zu, wenn die Kinder mit ihren Freunden am Telefon sprachen – über ihre Lehrer, über all die Ungerechtigkeiten, die sie über sich ergehen lassen mussten, über die tödliche Langeweile in manchen Fächern oder auch, welchen Spaß ihnen andere Gegenstände bereiteten. Die Eltern aber schienen an dem allen keinen Anteil mehr zu haben.

Als Serena im dritten Jahr diese Schule besuchte, gab es den Einbruch: In zwei Fächern, die sie bisher am liebsten gehabt hatte, machte sie schlechte Erfahrungen. In Geographie wurden ihre Noten dramatisch schlechter, und an Geschichte schien sie jedes Interesse verloren zu haben.

„Geschichte ist langweilig", war alles, was sie dazu sagte.

„Aber bisher hast du dieses Fach immer gerne gehabt", hielt ihr die Mutter entgegen.

„Das war letztes Jahr", sagte Serena – so, als ob diese historische Tatsache für sich allein schon alles erklärte.

„Und was ist mit Geographie? Da warst du letztes Jahr Klassenbeste?"

„Das war, bevor wir Herrn Petermann bekommen hatten", sagte Serena. „Er ist ein hoffnungsloser Fall. Er kann nicht unterrichten."

„Gut, dann unternehmen wir etwas dagegen."

Serena schaute ihre Mutter an, als ob diese ihr vorgeschlagen hätte, Seiltanzen zu lernen.

„Es tut mir leid Serena, aber es geht um dich und deine Ausbildung. Ich gehe jedenfalls in die Schule und erkundige mich, was dort los ist."

„Um Himmels Willen nein! Tu das ja nicht!", erwiderte Serena. „Du kannst da gar nichts machen. Und für mich würde alles nur noch schlimmer werden!"

Wenn sie daran zurückdachte, tat es Frau Kaur leid, dass sie sich damals von Serena dazu hatte überreden lassen, nichts zu unternehmen. Auch von anderen

Eltern hatte sie über Herrn Petermann gehört, dass er unfähig sei und die Klasse nicht im Griff habe.

„Die Sache ist die", erklärte Frau Reyna von der anderen Straßenseite, „dass er einfach ein zu gutmütiger Mensch ist, absolut liebenswürdig, er würde niemals jemandem weh tun können. Und diese Bande, vor allem die Jungen, machen sein Leben zur Hölle. Niemand hat es doch gern, wenn über einen großes Aufheben gemacht wird. Seit ihm seine Frau davon gelaufen ist, wissen Sie, seither ist er einfach ein anderer."

„Woher wissen Sie denn das alles?", fragte Frau Kaur, obwohl ihr klar war, dass der Dame, die auf Nummer 23 wohnte, nichts entging; Nachbarschaftsspionage könnte man das nennen.

„Ich bin doch selber hingegangen, um mich zu beschweren. Die Noten meiner Claudia sind in ein paar Monaten drastisch schlechter geworden. Ich habe dann mit dem stellvertretenden Direktor gesprochen. Er hat mir alles über das schreckliche Leben von Herrn Petermann erzählt. Mir tat der Mann plötzlich ja so leid! Erst als ich fast schon wieder zu Hause war, fiel mir ein, warum ich überhaupt in die Schule gegangen bin. Ach, unsere arme Claudia!"

Sarah Kaur ließ die Dinge ihren Lauf nehmen. Herr Petermann würde sich weiter durchwursteln und Serena auch. Im Gespräch mit Frau Reyna hatte sich Frau Kaur selbst laut die Frage gestellt, was die an der Schule wohl mit Herrn Petermann machen, wenn die Schulaufsicht kommt. „Am besten sperren sie Herrn Petermann und die anderen lausigen Lehrer für diese Zeit in einen Schrank", hatte Frau Reyna vorgeschlagen.

„Dazu braucht es vermutlich einen ziemlich großen Schrank", meinte Frau Kaur im Spaß. In Wirklichkeit hatte sie den Eindruck, nach allem, was sie von den Telefongesprächen Serenas mit ihren Freundinnen aufschnappte, waren die meisten Lehrer und Lehrerinnen ganz in Ordnung. Aber ein paar, so hatte es den Anschein, sind wirklich problematisch.

„Vermutlich ist es auch so, dass sich die ganze Bande recht ordentlich aufführt, wenn die Schulaufsicht kommt", vermutete Frau Reyna.

„Wenn ich die Schulleiterin wäre, dann würde ich darauf bestehen, dass die Schulaufsicht auch Herrn Petermann und andere Lehrer wie ihn besucht", sagte Frau Kaur. „Auf jeden Fall wäre es für alle besser, wenn man Herrn Petermann und seinesgleichen in Pension schicken würde. Oder vielleicht gibt es für die irgendeine Arbeit in einem Büro, wo sie an unseren Kindern keinen Schaden anrichten können."

Später tat es ihr leid, dass sie so etwas gesagt hatte. Es war nicht ihre Art, solche kräftigen Bemerkungen zu machen. Aber die mitleiderregende Geschichte der Frau Reyna über Herrn Petermann hatte sie durcheinander gebracht. Das Schlimme war nur, dass Serena so intelligent war. In der Grundschule war sie erfolgreich gewesen. „Intelligenter als ihr selbst gut tut", hatte einmal jemand gesagt. Sie spielte Schach und schlug die Jungen bei jeder Gelegenheit. Bei den Computerspielen war sie besser als die meisten anderen. Sie machte Laubsägearbeiten in der halben Zeit, die andere dafür brauchten. Sie zerlegte Geräte und baute sie wie nichts wieder zusammen. Sie verschlang zu Hause Bücher. Manchmal haderte sie mit Klassenarbeiten und gab auch zu rasch auf, wenn sie unerwartet auf eine Schwierigkeit stieß. Ihre Begeisterung und ihre übergroße Neugier halfen ihr aber gut durch die Grundschulzeit.

„Sie ist fast nur mehr ein Schatten von dem, was sie einmal war", sagte Serenas Mutter zu Frau Reyna. „Ich komme mir auch so hilflos vor."

„Das sind die Hormone, wissen Sie", sagte Frau Reyna tröstend. „Haben Sie gewusst, dass alle sieben Jahre jede einzelne Zelle in unserem Körper ausgetauscht wird? Man wird gleichsam ein anderer Mensch. Zwischen vierzehn und fünfzehn, das ist überhaupt ein schwieriges Alter. Da tauschen sie alle Klein-Mädchen-Zellen gegen Frauenzellen aus. Sie wird eine erwachsene Frau."

Serena wurde eine erwachsene Frau. Es war eigenartig, aber ihre biologische Entwicklung schien auch mit dem Rhythmus der Schullaufbahn Hand in Hand zu gehen. Jetzt nämlich im vierten Jahr, nachdem sie Herrn Petermann und einige andere losgeworden war, gab es den einen oder anderen grünen Fleck der Hoffnung. Drei Wochen nach Beginn des neuen Schuljahres war Serena eines Tages nach Hause gekommen – es folgte der fast rituelle Besuch der Toilette, und dann hatte Serena ihrer Mutter einen Briefumschlag überreicht.

„Du musst das ausfüllen", sagte Serena. „Ich weiß, worum es geht. Es ist ein Fragebogen über Geschichte."

Frau Kaur hatte wenig Freunde mit so etwas. Was wusste sie schon über Geschichte?

„Unser neuer Geschichtslehrer. Er ist etwas seltsam. Immer kommt er mit neuen Ideen daher. Er sagte zum Beispiel, er möchte, dass wir denken lernen. Hans, das ist der Oberschlaue in unserer Klasse, fragte zurück, ob es dafür in der vierten Klasse nicht schon etwas spät ist."

„Ich hoffe, euer Herr Erikson hat ihn für diese freche Antwort ordentlich zurecht gewiesen."

„Überhaupt nicht. Er hat das ganz ernst genommen und Hans gefragt, wie er darauf kommt. Hans meinte darauf, er wollte nur einen Spaß machen. Aber Herr Erikson sagte, er glaube nicht, dass das ein Spaß sei. Dann ist Hans schließlich damit herausgerückt: Er habe den Eindruck, dass die meisten Lehrer gar nicht wollten, dass wir denken. Aber auch jetzt war Herr Erikson nicht verärgert, wie das wohl die meisten gewesen wären. Das ist das Seltsame an ihm. Ich hatte den Eindruck, er nahm ernst, was Hans gesagt hatte. Anschließend sprachen wir zehn Minuten über das Denken, anstatt Geschichte zu machen. Da haben sich dann ein paar Jungen aufgeregt, weil sie meinten, das sei Zeitverschwendung – er sollte uns lieber gut auf die Geschichtsprüfung vorbereiten. Herr Erikson meinte dann abschließend: ‚Das Nachdenken über das Denken ist doch auch harte Arbeit, oder nicht?‘ Dann fragte er noch Hans, was er unter ‚historischem Denken‘ verstehe. Aber da war Hans still und gab beleidigt eine Zeit lang Ruhe.“

So viel hatte Serena während der letzten paar Jahre noch nie über die Schule geredet. Wenn es ums Anziehen oder so etwas ging, dann konnte sie vielleicht doppelt so lange darüber sprechen, aber dass die Schule sie beschäftigte – das war jedenfalls nicht normal.

Frau Kaur nahm den Umschlag und schaute sich den Fragebogen an. Es ging dabei darum, was sie von Geschichte hielt, ob sie glaube, dass Geschichte wichtig sei oder bei welchen Gelegenheiten sie etwas über Geschichte gelernt habe. Frau Kaur hatte solche Fragen nicht gern. Sie fühlte sich ungemütlich dabei, aber es war wohl ihre Pflicht; sie würde Serena und ihre Schule nicht im Stich lassen. Sie brauchte nicht lange, um das auszufüllen, und war froh, als sie es hinter sich hatte und den Zettel Serena zurück geben konnte. Bei zwei Fragen brauchte sie Unterstützung von ihrer Tochter: ‚Warum glauben Sie, ist es wichtig, dass Schüler etwas über Geschichte lernen?‘ und ‚Bei welchen Gelegenheiten haben Sie am meisten über Geschichte gelernt?‘

Sie ließ einmal die erste Frage offen und hoffte, dass ihr mehr dazu einfiele, wenn sie die zweite beantwortet hatte. Frau Kaur dachte an ihren Geschichtsunterricht in der Schule – die Römer, die Pest, irgendwo ein Siebenjähriger Krieg, Columbus überquerte 1492 den Atlantik. War das vor oder nach der Renaissance? Diese auswendig gelernte Jahreszahl hing irgend wie in der Luft. Was war sonst noch im 15. Jahrhundert geschehen? Ihr fiel nichts ein.

Sarah Kaur sah, dass das alles nur einzelne Bruchstücke waren, über die sie keine zwei zusammenhängenden Sätze hätte schreiben können. Was hatte sie von der Geschichte wirklich verstanden, soweit sie das überhaupt beurteilen konnte? Sie erinnerte sich an die Filme *Krieg und Frieden* und *Dr. Schiwago*. Besonders die Figuren des Rasputin und der Anastasia hatten sie so fasziniert, dass sie anschließend alles über die Russische Oktoberrevolution las, was ihr in die Hände kam. Sie hatte sogar ihren Mann dazu überredet, mit ihr eine Kreuzfahrt von Helsinki nach St. Petersburg zu unternehmen, nur um den Winterpalast einmal selbst zu sehen. Dann stand sie vor dem riesigen gepflasterten Platz vor dem Schloss. Ihr kam es so vor, als könne sie die Pferdehufe der ein- und ausfahrenden Kutschen wirklich hören. Es kam ihr auch plötzlich zum Bewusstein, welche Bedeutung der Palast und der Platz für das Volk damals hatten.

Sollte sie das wirklich auf den Zettel des Lehrers schreiben? Was sie von der Geschichte wusste, hatte sie aus Filmen, aus Büchern, von Reisen. Sie schämte sich fast dafür. Serena aber bestand darauf. Herr Erikson wollte ehrliche Antworten. Dann kam sie zur ersten Frage zurück. Voll Zuversicht schrieb sie: „Der wichtigste Grund, warum man Geschichte lernen sollte, ist der: Wenn die Geschichte der Menschheit gut erzählt wird, dann ist das die beste Geschichte, die es überhaupt gibt."

Zehn Tage später kam Sarah nach Hause. Serena saß in der Küche und schaute aus dem Fenster. Das war ungewöhnlich. Normalerweise telefonierte sie, schaute Fernsehen oder war mit Barbara unterwegs. Sie kam dann meist gerade in dem Augenblick, wenn das Abendessen fertig war. Heute machte Serena noch etwas, was überhaupt nicht zu ihr passte. Sie nahm ein Geschirrtuch und trocknete das Geschirr. Es war das Frühstücksgeschirr und ohnedies schon trocken. Eine Zeit lang herrschte Schweigen. Frau Kaur arbeitete in der Küche und Serena trocknete weiterhin Geschirr ab und räumte es weg. Sarah wusste, dass es besser war zu warten und nicht zu fragen. Also wartete sie – gespannt darauf, was da kommen würde.

„Wie gefällt dir die neue Arbeit?", fragte Serena. Das war es nicht, was Sarah Kaur erwartet hatte. Irgend etwas Gescheites musste ihr als Antwort einfallen.

„Es ist nicht einfach, wieder zu arbeiten – nach dieser langen Zeit. Ich bin recht erschöpft. Gott sei Dank nur noch ein Tag bis zum Wochenende. Und wie geht's dir? Du schaust ziemlich nachdenklich aus."

„Die Schule. In diesem Schuljahr ist dort wirklich einiges anders. Nicht alles, aber bei ein paar Lehrern und Lehrerinnen. Die Termite kam heute in unsere Klasse. Wir wunderten uns, was wohl passiert sei. Irgend etwas Schreckliches vermutlich. Und dann ist da vor allem Herr Erikson, das ist unser Geschichtslehrer. Ich hab dir schon von ihm erzählt. Er hat dir auch kürzlich den Fragebogen geschickt. Die Termite berichtete uns von einem Projekt – ein Schulprojekt, ein Projekt über Lernen und solche Sachen. Wir werden daran mitarbeiten."

„Ich mag nicht, wenn du Frau Barr ‚Termite' nennst. Das gehört sich nicht. Meinst du nicht auch, dass es besser wäre, dich mit dem Lernen zu beschäftigen, junge Dame?"

„Genau das ist es, was wir machen: wir beschäftigen uns mit unserem Lernen anstatt nur zu lernen."

Innerlich seufzte Sarah tief. Wieder so eine typisch kluge Antwort, auf die sie nichts zu sagen wusste.

„Mir scheint, ihr habt nicht mehr viel Respekt vor euren Lehrern. Zu meiner Zeit hätte es so etwas jedenfalls nicht gegeben: Die Schüler erklären den Lehrern, was wie zu tun ist."

Jetzt war es an Serena, tief zu seufzen. Sie wurden durch die Türglocke unterbrochen. Als Serena Frau Reyna sah, floh sie sofort in ihr Zimmer.

Sarah hatte eine eigenartige Beziehung zu der Dame von Nummer 23. Catherine Reyna war eine ihrer wenigen Freundinnen. Aber die gute Frau ging ihr manchmal auch fürchterlich auf die Nerven. Wenn sie eine Stunde oder so mit ihr zusammen war, brauchte sie unbedingt Ausreden, um ihr zu entkommen. Sie erfand Verabredungen, zu denen sie jetzt unbedingt gehen müsse. Sie gab vor, Telefonanrufe oder Einkäufe vergessen zu haben oder ähnliches. Schließlich war sie immer froh, in die Stille ihres Hauses zurückzukommen.

Die Tür schloss sich wieder hinter Frau Reyna. Serena kam aus ihrem Zimmer. „Was wollte sie?"

„Sie erzählte mir von diesem Europa-Zeug. Man möchte, dass sie da mitarbeitet."

Sarah Kaur wusste, dass sie jetzt etwas Falsches gesagt oder getan hatte. Wortlos drehte sich Serena um und ging. Auch eine halbe Stunde später beim Abendessen sagte Serena wenig, nur: „Das sieht ihr wieder ähnlich – mir meine Neuigkeiten zu stehlen. Diese Kuh."

Einige Tage später, nach einem zweiten Besuch von Frau Reyna, wurde nichts besser. Frau Reyna brauchte eine geschlagene Stunde. Aufgeregt erzählte sie von dem wichtigen Gremium, in dem sie jetzt mitarbeitete. Unterbrochen wurde sie nur ab und zu durch eine Frage und angeregt wurde sie immer wieder durch ein zustimmendes Nicken. Frau Reyna nannte die Gruppe ‚Schul-Evaluations-Gruppe'. Darunter konnte sich Sarah Kaur wenig vorstellen. Soviel bekam sie aber mit, dass das etwas mit dem zu tun haben musste, wovon Serena erzählt hatte – alle diese eigenartigen Sachen, die an ihrer Schule in den letzten Wochen passiert waren.

Frau Reyna erging sich lang und breit über das, was sie in dieser Gruppe alles erfahren und erlebt hatte. Sarah Kaur fand es schwer, sich das alles vorzustellen. Sie verstand auch das eine oder andere Wort nicht und – auch nicht, worum es da ging und wozu das alles notwendig sei. Ganz offensichtlich hatte das aber die schon von Haus aus nicht gerade zurückhaltende Catherine Reyna ungemein mobilisiert. Es hörte sich so an, als ob sich Frau Reyna sehr rasch zur Wortführerin in der Gruppe entwickelt hatte: Sie hatte immer die passenden Argumente, sie brachte die Sachen auf den Punkt. Sie klärte diese Lehrer und auch die Direktorin endlich darüber auf, was wirklich in der Gemeinde los war – sie hatten ja alle keine Ahnung davon! Und als es dann um die Beziehung zwischen Schule und Elternhaus bzw. um die Beziehung zwischen Schule und Gemeinde ging, da war Frau Reyna erst so richtig in ihrem Element. So hörte sich das jedenfalls für Frau Kaur an: Alles, was diese Lehrer jemals von der Gemeinde sahen, war bestenfalls die Hauptstraße! Wie viele von denen waren jemals hier herunten bei Frau Reyna gewesen? Wie viele wussten, wie es in ihrer Küche aussah und wussten, wie feucht dort die Wände waren? Frau Reyna bewies den Herrschaften dort auch, dass sie von den Leuten hier keine Ahnung hatten: Die Briefe und die Rundschreiben, die von der Schule kamen, waren doch immer in einer derart unverständlichen Sprache geschrieben, dass sie jedes Mal ihre Tochter Claudia als Übersetzerin brauchte! Und nicht einmal Claudia konnte ihr erklären, was ‚Curriculum-Revision‘, ‚Schulentwicklungs-Prozess‘, ‚modulares Kurssystem‘ oder ‚Management-Entwicklung‘ wirklich bedeuteten!

„Und wie die dort in der Sitzung mit uns umgegangen sind!“, fuhr Frau Reyna etwas langsamer fort. „Als ob wir dumme Schulkinder wären! Dass wir aufpassen und nicht zu spät kommen sollten – also wirklich! Meine Claudia hat keinen einzigen Tag in der Schule versäumt, außer damals, als sie diese fürchterliche Grippe hatte. Zu spät kommt sie überhaupt nie. Die Uhr könnte man nach ihr stellen, so pünktlich geht sie jeden Tag in die Schule!“

„Und das alles haben Sie in der Sitzung gesagt?“, fragte Frau Kaur. Es war nicht nur eine Frage aus Höflichkeit. Es interessierte sie wirklich, wie so etwas dort aufgenommen worden war.

„Diese Dame, Frau Barr, verzog zwar etwas ihre Mundwinkel und wurde rot im Gesicht, aber sie sagte kein Wort. Und alle anderen stimmten mir zu. Sie werden sich die Briefe und die Rundschreiben noch einmal gut ansehen und mich jedenfalls um Rat fragen. Man fragte mich sogar, ob das nicht eine gute Idee wäre, eine Elterngruppe einzurichten; diese sollte alle diese Schreiben einmal überarbeiten.

Der große Junge, der auch in der Gruppe sitzt, meinte frech, man könnte diese Gruppe ‚die Sprach-Bomber‘ nennen. Und was glauben Sie, wer ihm noch zustimmte?“

Frau Kaur brauchte nicht zu raten. Aber jetzt entschuldigte sie sich. Sie wollte nicht, dass Serena die Nachbarin zu Hause antreffen würde. Vor allem jetzt, da ihr klar geworden war, dass Serena ja ein Mitglied dieser Gruppe war. Frau Reyna hatte Serena allerdings als kaum wahrnehmbare Unterstützung bezeichnet.

Es wurde knapp, kaum eine Minute, nachdem Frau Reyna endlich doch gegangen war, kam Serena. Auf irgendeine Weise spürte sie aber deren vorangegangene Anwesenheit. Es war wohl ein ganz bestimmter Geruch, den Frau Reyna bei ihren häufigen Besuchen immer hinterließ.

„Sie war wieder da, oder?“, klagte Serena ihre Mutter an.

Sarah Kaur versuchte, den Grund von Frau Reynas Besuch herunterzuspielen. Serena war aber eindeutig verärgert: Wieder einmal waren die Neuigkeiten des Tages ‚von der Frau von gegenüber‘ der Mutter hinterbracht worden. Sie zog sich in ihr Zimmer zurück. Frau Kaur würde bis zum Abendessen warten müssen, um auch ihre Geschichte zu erfahren. Dann waren vielleicht die dunklen Wolken wieder verflogen.

Schließlich hatte Serena ihrer Mutter ein wenig verziehen und sie war bereit, auch ihre Geschichte zu erzählen. In dieser Geschichte spielte Frau Reyna allerdings nur eine Nebenrolle. Die andere Elternvertreterin, Frau Stein, wurde gelobt: Sie sei eine aufmerksame Zuhörerin, sage nicht all zu viel, wenn aber, dann stelle sie Fragen, an die vorher noch niemand gedacht habe.

„Sie sagte, dass sie und ‚ihr Partner‘, ich vermute, dass sie nicht verheiratet ist, sie sagte also, dass sie beide die weitaus wichtigsten Lehrer im Leben ihres Kindes sind. Sie meinte, man solle manchmal Sachen umdrehen, um sie genauer anzuschauen. Zum Beispiel ‚Haus‘ und ‚Arbeit‘ – zu Hause passiere die wichtige Lernarbeit. Und die Schule solle uns vor allem bei dieser Lernarbeit zu Hause unterstützen – statt umgekehrt: Zu Hause lernten wir doch für die Schule. Daher könnten die Eltern durchaus auch die Lehrer und Lehrerinnen fragen, ob sie ihre ‚Arbeit‘ in der Schule auch ordentlich gemacht hätten. Das klingt doch klug, oder?“

Es war ein bisschen zu gescheit für Serenas Mutter. Offensichtlich hatten sie an dieser Schule nicht mehr alles ganz im Griff. Was würde ihnen wohl als nächstes einfallen?

„Wer brachte mir das Lesen bei?“, fragte Serena ihre Mutter.

„Frau Korp, die nette Lehrerin, die du im ersten Schuljahr hattest. Sie war wirklich nett.“

„Wie lange habe ich im ersten Schuljahr gebraucht, bis ich lesen konnte?“, fragte Serena. Frau Kaur hatte den Verdacht, dass das keine ehrliche Frage war. Serena hatte etwas mit ihr vor.

„Nach ein paar Wochen konntest du lesen wie eine Zehnjährige. Dein Vater und ich, wir waren überwältigt, welche Fortschritte du machtest.“

„Wenn ich nach drei Wochen lesen konnte, warum brauchte dann Armanda neun Monate dazu und Jason zwei Jahre?“

Frau Kaur suchte nach einem ehrenvollen Rückzug vor dieser angreifenden Truppe:

„Ganz einfach, Serena, weil du ein außerordentlich intelligentes Kind warst.“

Serena antwortete: „Nein, ich brauchte deshalb nur drei Wochen, weil ich vorher fünf Jahre lang viel Zeit gehabt hatte, alles das zu lernen, was man beim Lesen braucht. In der Schule mussten dann diese Stücke nur mehr richtig zusammengesetzt werden.“

„Von mir aus, aber das bedeutet eben nichts anderes, als dass du ein intelligentes Mädchen warst – und noch immer bist.“

„Du verwendest wieder das gleiche Argument, das ist doch dumm!“

Frau Kaur missbilligte, dass Serena so mit ihr redete. Andererseits kam sie sich genau so vor, wenn sie mit Serenas Lehrern und Lehrerinnen sprach – oder wenn Serena, wie gerade jetzt, sie mit ihren klugen Gedankenspielen überrumpelte.

„Es ist das gleiche Argument, weil alles mit allem zusammenhängt. Ich habe meine Intelligenz und meine Lesefähigkeit gleichzeitig entwickelt – beziehungsweise ihr, du, Papa und Oma, habt mir geholfen, sie zu entwickeln. Du erinnerst dich doch, dass du mir jeden Abend vorgelesen hast. Du weißt doch, dass Papa mit mir immer über alles geredet hat. Er hat mir auf meine Fragen lange und ausführlich geantwortet, und er hat mir immer Fragen gestellt. Du erinnerst dich doch, dass du mit mir viele Puzzles gelegt hast und dass ich immer alle Dinge auseinander nahm und wieder zusammenbaute."

Und wie sich Frau Kaur daran erinnerte. Eines ihre liebsten Gesprächsthemen war noch immer die Zeit, in der Serena klein war.

„Herr Erikson erzählte uns, wie sich auf diese Weise Intelligenz entwickelt. Wir sprachen auch darüber, was in unseren Gehirnen vorgeht, wenn wir noch Babys sind. Er sagte, wir sind selbst die Architekten und Baumeister unserer Intelligenz …" Sie fügte noch rasch hinzu „… zusammen mit unseren Eltern." – „Du, Mama, warst das! Du und Papa, ihr habt mich intelligent gemacht." Serena betonte ‚gemacht'.

„Hmmm", das war das einzige und einzig Intelligente, was Frau Kaur in diesem Moment dazu sagen konnte. Aber was Serena gesagt hatte, machte sie nachdenklich. Sie <u>waren</u> gute Eltern gewesen. Von dem Augenblick an, da sie Serena auf diesem Bett im Krankenhaus erblickt hatte, hatte sie das Beste für sie gewollt. Frau Kaur erinnerte sich an das Bild. Serena dunkel vor dem Hintergrund der weißen Bettwäsche, ein Schopf schwarzer Haare, aber leuchtende blaue Augen, die eines Tages plötzlich beinahe so schwarz wurden wie ihre Haare. Aber auch in den neun Monaten vorher, in denen Frau Kaur mit ihr schwanger war, hatte sie schon mit dem Kind gesprochen und ihm vorgesungen, wenn gerade niemand dabei war. In ihrer Schwangerschaft hatte sie laut die Geschichten geübt, die sie später einmal ihrem Kind erzählen würde. Sarah Kaur fragte sich, ob auf irgend eine wundersame Weise Serena die Geschichten und Lieder damals nicht doch schon gehört hatte.

„Beinahe hätte ich's vergessen,", sagte Serena „wieder ein Brief für dich."

„Noch einer? Haben sie heute in der Schule nichts mehr anderes zu tun als Briefe zu schreiben?"

Serena fand den Brief in der Tiefe ihrer Schultasche. Spuren von Serenas Pausenfrühstück waren daran deutlich zu sehen.

„Hast du mir etwas von deiner Banane übrig gelassen?", fragte Frau Kaur. In dem Brief stand:

Sehr geehrte Frau Kaur!

Wie alle Eltern machen Sie sich vermutlich Gedanken darüber, wie gut ihr Kind lernt, und Sie wünschen sich, dass Ihr Kind die bestmöglichen Fortschritte macht.
Um sicher zu stellen, dass wir alles unternehmen, was dazu von unserer Seite aus getan werden kann, nimmt unsere Schule an einem europäischen Pro-

jekt teil. Gemeinsam mit über hundert Schulen aus achtzehn Ländern versuchen wir herauszufinden, welche Bedingungen und Maßnahmen am besten zu einem erfolgreichen Lernen beitragen.

Lernen ist nicht nur eine Frage guten Unterrichts. Manche Kinder scheinen auch ohne Unterricht sehr viel zu lernen; andere lernen nur wenig, obwohl sie viel Unterweisung und sogar individuelle Hilfe erhalten.

Für alle Schüler gilt, dass es für sie äußerst wichtig ist, was und wie sie zu Hause lernen. Wir möchten mehr darüber wissen, wie man Hausarbeiten sinnvoller und ertragreicher gestalten kann, damit die Schüler sie auch lieber erledigen.

Die Idee, sich auf die Qualität des Lernens und das Thema Lernzeit zu konzentrieren, stammte vor allem von Schülern und Eltern. Schüler und Eltern arbeiten an unserer Schule mit Lehrern zusammen, um gemeinsam herauszufinden, was wir als Schule besser machen können.

Aber die Schule allein ist da zu wenig. Wie sich die Schüler zu Hause auf die Schule vorbereiten, spielt für das Lernen der Schüler eine wichtige Rolle.

Da wir an einem gemeinsamen Ziel arbeiten, werden die Ergebnisse auch besser sein, wenn wir uns gegenseitig unterstützen. Durch eine solche Zusammenarbeit könnten die Schüler in der Schule bessere Ergebnisse erzielen, aber auch besser mit dem Lernen umgehen, wenn sie einmal die Schule verlassen haben.

Aus diesem Grund haben wir für den 19. Oktober, 19.00 Uhr, eine Besprechung angesetzt, zu der wir Sie herzlich einladen möchten. Anschließend servieren wir Ihnen gerne eine kleine Erfrischung.

Mit den besten Wünschen

Hanna Barr

„Kleine Erfrischung", murmelte Sarah Kaur. „Ich hoffe, das bedeutet mehr als eine Tasse Tee und trockene Kekse."

Trotz ihrer früheren Erfahrungen mit Schulversammlungen entschloss sich Sarah, zu der Veranstaltung zu gehen, und wenn auch nur, um Serena nicht zu enttäuschen.

„Das ist jedenfalls neu. Bisher war es dir völlig gleichgültig, ob ich gegangen bin oder nicht. Zeitverschwendung hast du das immer nur genannt. Was hat sich also geändert?"

„Frau Barr. Mir kommt vor, sie hat eine Persönlichkeitstransplantation hinter sich. Außerdem wirst du Thomas dort treffen. Er ist einfach prima."

Frau Kaur hatte etwas dagegen, dass Serena ihren Lehrer als ‚Thomas‘ vorstellte, aber sie sagte nichts. Sie wusste, das war Teil einer kalkulierten Schock-Therapie.

Außerdem war es in keinem Fall schlecht, einen Lehrer näher kennen zu lernen, von dem Serena so vertraulich redete.

Schließlich stellte sich diese Schulversammlung als gar nicht so übel heraus. Es gab sogar Wein und Käse statt Tee und trockener Kekse. Frau Barr berichtete über das europäische Schulprojekt, über die Selbstevaluationsgruppe an der Schule und warum sie als Schwerpunkt die Beziehung Schule – Elternhaus ausgewählt hatten. Frau Kaur hatte die Geschichte jetzt schon zweimal gehört, aber es war ganz spannend, sie noch von einem dritten Standpunkt aus zu hören. Sie erinnerte sich an einen komischen Ausdruck, den Serena verwendet hatte, wohl um vor ihr anzugeben – ‚Triangulation‘. Jetzt wusste sie, was das bedeutete: Ein und die selbe Geschichte, die von drei verschiedenen Personen erzählt wird – jeder setzt seine eigenen Schwerpunkte und betont, was für ihn dabei besonders wichtig ist.

„Wenn wir über das Lernen mehr wissen, können wir es auch erfolgreicher gestalten“, sagte Frau Barr, „dabei dürfen wir nicht nur darauf achten, was im Unterricht passiert, sondern auch darauf, was zu Hause geschieht. Darum bitten wir Sie herzlich, dass Sie uns helfen.“

Frau Barr bat die Eltern, sich zu einer freiwilligen Arbeitsgruppe zu melden, die zum Thema Hausarbeiten und Lernen zu Hause zusammen arbeiten sollte. Plötzlich wühlte Frau Kaur ganz verbissen in ihrer Tasche, um irgendeinen geheimnisvollen Gegenstand zu suchen – bis die Gefahr vorbei war. Die Arbeitsgruppe wurde gebildet – natürlich war auch eine höchst zufriedene Frau Reyna mit von der Partie. Ihr wurde noch einmal ganz besonders für ihren Einsatz für die Schule gedankt.

Um zehn Uhr kam Frau Kaur ziemlich müde heim. Nur widerwillig erzählte sie Serena von der Veranstaltung – in allen Details selbstverständlich, die Serena einforderte.

„Ich möchte alles wissen, was passiert ist“, forderte Serena.

Frau Kaur, müde wie sie war, lächelte innerlich über den Rollentausch, der zwischen ihnen offensichtlich stattgefunden hatte, und begann zu erzählen. Sie hatten einen ziemlich langen Weg in ihrer Mutter-Tochter-Beziehung hinter sich.

Was immer auch noch bei dem Projekt herausschauen würde, für sie beide hatte es schon einiges gebracht, dachte sich Frau Kaur.

3
Thomas Erikson
Der Geschichtslehrer

Das Eigentliche
ist unsichtbar ...

Thomas Erikson hatte an einer nicht allzu großen Schule am Stadtrand unterrichtet, bevor er an Serenas Schule kam.

Er war glücklich gewesen. Wie achtzig Prozent aller Lehrer auf der Welt war er jeden Tag brav in die Schule gegangen. Er hatte gehofft, dass die Gegenstände, die er unterrichtete, wichtig für das weitere Leben dieser junge Menschen sein würden. Er war auch fest davon überzeugt, dass es immer einen Weg gab mit diesen jungen Leuten zurechtzukommen – wenigstens mit den meisten. Allerdings sah es so aus, als ob diese postmodernen Heranwachsenden nichts im Kopf hätten als Fernsehen, Stars, das andere Geschlecht und Geld.

Er hatte sich entschieden, Lehrer zu werden, weil er sein Interesse an der Geschichte mit seinem Interesse an jungen Menschen verbinden wollte. Er stellte sich vor, wie er deren Leben bereichern könnte, indem er ihnen seine eigene Begeisterung für die Geschichte der Menschheit vermittelte. Die Aussicht auf einen sicheren Job, das musste er zugeben, war auch reizvoller als die Aussicht auf ein Leben als freischaffender Historiker. Und da gab es noch die langen Sommerferien; sie schienen ihm wie eine Zugabe, als er sich entschloss, die Lehrerlaufbahn einzuschlagen.

Die beiden letzten Vorteile bekamen mehr und mehr Gewicht, je länger er unterrichtete. Jemand, er erinnerte sich nicht mehr wer, hatte ihm einmal ein Buch mit dem Titel „Lächeln bis Weihnachten verboten" in die Hand gedrückt. Junge amerikanische Lehrer hatten es geschrieben. Im ersten Absatz des ersten Kapitels stand zu lesen:

> *„Ich hatte die Vorstellung, dass Englischunterricht nichts anderes wäre als eine lange Reihe von ausführlichen sokratischen Gesprächen zwischen mir und meinen Schülern. Ich würde meine eifrigen, interessierten, naiven, aber im Ausgleich dazu von Idealen geleiteten Schüler aus der Höhle ihrer pubertären Trübsal zum reinen Licht der Wahrheit und den grünen und saftigen Wiesen der Literatur führen."*

Diese Reise eines Lehrers vom Idealismus in die wirkliche Welt der Klassenzimmer war Thomas auch nicht fremd. Heute, nachdem er fünfzehn Jahre in diesem Geschäft arbeitete, konnte er sich auch nicht vorstellen, wie er es ohne die langen Sommerferien aushalten würde. Die Lehrer in seiner Schule nannten die Ferien die „Jahreszeit zum Überleben". Und doch gab es immer wieder Menschen, die sich nichts anderes vorstellen konnten, als Lehrer oder Lehrerin zu werden, zum Beispiel Thomas Eriksons Tochter Christina. Sie war heute Mitte zwanzig. Sie folgte den Fußstapfen ihres Vaters und machte gerade die Lehrerausbildung. Sie hatte den geradezu leidenschaftlichen Wunsch zu unterrichten. Alle Ermahnungen und schlimmen Erfahrungen ihrer Mitstudentinnen und nahen Freunde hielten sie davon nicht ab.

„Dich gibt es ja auch noch immer, du bist noch immer an der Schule, immer noch mit dem alten Engagement". Das sagte Christina zu ihrem Vater erst vor ein paar Wochen. Aber sie fragte nach: „Das stimmt doch, oder?" Als ob es doch einige aufflackernde Zweifel gäbe.

Ja, er war immer noch ein engagierter Lehrer. Aber es war nicht leicht in diesem Klima, in welchem die vorherrschenden Themen unter den Kollegen immer die gleichen waren: das fehlende Verständnis der Öffentlichkeit für ihre Arbeit, wie sich ihre Arbeitsbedingungen verändert hätten, wie falsch verstanden Lehrer immer wurden. Die Leute ,draußen', meinten die Kollegen, tun immer noch so, als ob wir nur Privilegien hätten: einen kurzen Arbeitstag, lange faule Ferien und einen sicheren Arbeitsplatz. Das alles schien den Kollegen wie eine gezielte Kampagne, um alles schlecht zu machen, was die Lehrer taten. Die Zeitungen, die Politiker, andere Berufsgruppen, sogar Leute aus der eigenen Schulverwaltung waren auf diesen Zug aufgesprungen. Der Fachbereichsleiter für Mathematik an seiner Schule nannte die Schulverwaltung ,den inneren Feind'.

„Ein paar Sprossen auf der Karriereleiter hinauf, und schon wissen sie nicht mehr, was es bedeutet, fünf Stunden am Tag in der Klasse zu stehen."

Dieses unablässige Sperrfeuer an Kritik hatte auch sein Gutes. Es brachte die Lehrer näher zusammen. Es schien eine der ganz wenigen Gelegenheiten zu sein, bei denen alle Lehrer an der Schule einer Meinung waren. Sie waren die Sündenböcke der Gesellschaft geworden. Ihnen wurde die Schuld für alles und jedes zugeschoben, was schief lief: wirtschaftliche Probleme, Drogenkonsum, hohe Scheidungsraten, Schwangerschaft von Teenagern. Die Leuten draußen taten so, als sei die Schule nicht ein Teil der Gesellschaft, sondern eine kleine Welt für sich. Das war der Müllplatz, auf dem man alles abladen konnte. Da machten auch Personen mit, die es eigentlich hätten besser wissen müssen: Politiker und Regierungsberater fanden darin eine gute Möglichkeit die Lehrer zum Sündenbock zu machen. Die Regierung sprach zwar immer wieder von dem ‚zusätzlichen Geld‘, das sie in die Bildung und Erziehung steckte, aber es tröpfelte nie etwas bis zu den Lehrern durch.

Es gab heute – ganz offenkundig – viel mehr Gespräche im Konferenzzimmer, im Speisesaal oder auf den Gängen, aber es ging immer ums Gleiche: um Probleme. Thomas Erikson tat sich nicht leicht damit, nicht auch in diesen Strudel von Selbstmitleid gerissen zu werden. Er verstand das, von innen her betrachtet, aber wenn er sich alles mit den ‚Augen von außen‘ ansah, war es fast eine verbrecherische Verschwendung von Energie. Wenn jemand ‚von draußen‘ das alles mitgehört hätte, wäre er vermutlich in seinen Vorurteilen gegen Lehrer nur bestärkt worden: ewige Jammerer.

Thomas Erikson wunderte sich, wie seine Kolleginnen und Kollegen unterrichteten. Nahmen sie diesen ganzen Pessimismus und diese ganze Frustration mit in ihre Klassen oder konnten sie das vor der Klassentür auf einen Haken hängen? Er dachte daran, dass er, seit er an dieser Schule war, nicht einem einzigen seiner Kollegen beim Unterrichten zugesehen hatte – ganz abgesehen davon, dass auch niemand zu ihm in den Unterricht gekommen war. Wie gingen die anderen mit schwierigen Situationen um? Wie viel wirkliches Lernen passierte in ihren Stunden? Wie viel davon passierte in seinen Stunden, um auch das nicht zu vergessen?

Einen Versuch hatte er einmal unternommen, um seine Kolleginnen und Kollegen zusammenzubringen. Er dachte, es wäre eine interessante Möglichkeit der Lehrerfortbildung: ein Workshop über neue Möglichkeiten im Geschichtsunterricht. Er war überzeugt, dass seine Kolleginnen und Kollegen von seiner Idee des gemeinsam geplanten Unterrichts begeistert sein würden, von der er sich soviel erwartet hatte. Aber nach der ersten gemeinsamen Sitzung blieben sie mit den unterschiedlichsten Begründungen fern – sie konnten einfach nicht mehr teilnehmen: weil sie der Babysitter sitzen gelassen hatte, weil Verwandte erkrankt waren, weil ihr Tennispartner nur zu der Zeit zur Verfügung stand. Ihm fielen die Ähnlichkeiten mit dem Verhalten seiner Schülerinnen und Schüler deutlich auf.

„Das Problem liegt darin, dass das deine Idee und nicht die ihre war", erklärte ihm jemand. Es erinnerte ihn an ein Zitat, das ihn sehr geärgert hatte, als er es das erste Mal hörte: ‚Lehrer können Schulreformen mit größter Leichtigkeit sabotieren und dabei so tun, als wäre das ihre eigentliche Aufgabe. Vielleicht war doch etwas Wahres daran.

Die tägliche Fahrt zur Schule dauerte immer länger und länger während der Jahre. Der Verkehr nahm ständig zu, die Leute begannen früher zu arbeiten. Was einmal eine halbe Stunde gedauert hatte, dauerte nun eine Stunde. Diese Zeit versuchte Thomas dadurch zu überbrücken, dass er sich Tonbandkassetten mit Diskussionen, Vorträgen und ähnlichem anhörte. Eine hatte er einmal voller Entrüstung aus dem Fenster geworfen. Aber es gab andere, über die es sich lohnte nachzudenken. Einmal, als er fünf Minuten in einem vier Kilometer langen Stau stand, kritzelte er ein paar Sätze eines solchen Vortrages auf ein Stück Papier. Die Autorin, Margaret Wheatley, beschrieb darin ihre Überraschung, dass es auch in Betrieben mit geringer Arbeitsmoral einzelne Menschen gab, die sehr engagiert arbeiteten.

> *„Solche Menschen blieben weiterhin kreativ und engagiert, nur weil sie sich Zeit genommen hatten, einen neuen Sinn in ihrer Arbeit zu entdecken – einen, der über die gegenwärtigen Umstände hinausging. Solche Leute hielten ihre Motivation trotz aller widrigen Umstände aufrecht. Die einzige Möglichkeit, wie sie das tun konnten, war eben, auch unter den gegebenen Umständen noch einen Sinn in ihrer Arbeit zu sehen."*

Passte diese Beschreibung auf ihn? Er entdeckte sich und eine Hand voll anderer Kolleginnen und Kollegen sehr wohl in diesem Zitat: Sie fanden einen Sinn in ihrer Arbeit mit den Schülerinnen und Schülern, und sie schöpften neue Energie aus der Begeisterung und aus dem Engagement der anderen. Auch die Schülerinnen und Schüler selbst gaben ihnen immer wieder neue Kraft, selbstverständlich nicht alle, nicht einmal eine Mehrheit, aber eine bestimmte Zahl begeisterte sich doch irgendwann für Geschichte – diese hatten ihr „Aha-Erlebnis", wie das in seiner Studienzeit genannt wurde. Junge Menschen, die plötzlich gerne lernten, die sich begeistern konnten, die Selbstvertrauen entwickelten, das bedeutete ihm sehr viel.

„Was ist mit Mark Fischer passiert?", fragte ihn ein Mathematiker erst letzte Woche. „Hat ihm jemand Intelligenz-Pillen gegeben?"

Mark Fischer war einer der Schüler, der nach einem fünfjährigen Winterschlaf plötzlich aufzuwachen schien. Und natürlich gab es da noch Serena. Wann war das passiert, dass sie plötzlich einen Schalter in ihrem Gehirn umlegte? Ihre Begeisterung überraschte ihn. Sie verstand auf einmal die Geschichte besser, war interessierter, beteiligte sich häufiger und stellte öfter Fragen. Ihre bis dahin schlummernde Fähigkeit, Kritik zu äußern, wandte sie nun auch auf andere Erfahrungen in der Schule an. Tatsächlich war dieser analytische Zugang in bestimmter Weise eine Art historisch zu denken, überlegte Thomas. Ob das und das

Suchen nach Belegen jetzt stimmte oder nicht, sie würden auf jeden Fall einige interessante Entdeckungen machen.

Von einem Elternteil hatte er eine Mitteilung erhalten. Darin wurde angefragt, warum er mit seiner Klasse in den Geschichtsstunden über die neuesten Filme sprach, anstatt Geschichte zu unterrichten. Das musste eine Reaktion darauf gewesen sein, dass sie sich einmal sechs Minuten oder so über den Film „Sie liebt ihn – sie liebt ihn nicht" unterhalten hatten. Serena hatte den Film am Abend vorher gesehen. In dem Film ging es darum, dass eine junge Frau, gespielt von Gwyneth Paltrow, in der Londoner U-Bahn einen Zug verpasste; die Schiebetüren hatten sich gerade vor ihr geschlossen. Der Film warf die Frage auf, was passiert wäre, wenn sie zwei Sekunden früher dran gewesen wäre und den Zug tatsächlich noch erreicht hätte. Die Diskussion über den Film führte sie zu einer Diskussion über geschichtliche Tatsachen – ‚Was wäre gewesen, wenn sich das eine oder andere in der Geschichte nicht so oder so, sondern anders abgespielt hätte?' Die folgende Hausaufgabe bestand darin, ein alternatives historisches Szenario zu entwickeln – ‚Was eben gewesen wäre, wenn ...'. Die Ergebnisse waren außerordentlich erfreulich. Allerdings hatten sie sich dabei gefährlich den Grenzen der einzelnen Unterrichtsgegenstände genähert. Und er konnte sich Frau Braun, die Geographielehrerin, leibhaftig vorstellen, wie sie Respekt gebietend an die Klassentür klopfte, um die strikte Einhaltung dieser Grenze zu fordern. Der Geographieunterricht hatte sich überhaupt geändert, seit Frau Kiesel in Pension gegangen war. Eine schrullige, eigenartige, aber ungemein anregende Person war das gewesen.

Thomas sah Ärger auf sich zukommen. Die Lehrer und Lehrerinnen an seiner Schule achteten darauf, dass die Grenzen zwischen ihren Gegenständen strikt gewahrt blieben. Geradezu eifersüchtig wachten sie darüber!

Geschichte war Geschichte, und Geographie war Geographie. Und wenn jemand einmal so eine Grenze überschritt, dann wurde gleich die Gewerkschaft auf den Plan gerufen oder eine Debatte über das ‚Berufsethos' geführt. Als er mit einer Klasse einmal darüber diskutierte, kam er aber darauf, dass die Schülerinnen und Schüler die gleiche Sichtweise hatten. Geschichte war das, was in Herrn Eriksons Stunden passierte, und Geographie war das, was in Frau Brauns Stunden passierte. Geographie ‚gehörte' Frau Braun. Nein, sagten sie, die Geschichte nahmen sie nicht in ihre Geographiestunden mit. Sie nahmen Mathe auch nicht in die Physikstunden mit oder in den Kunstunterricht, wenn Theater gespielt wurde. Es verwirrte die Schüler und Schülerinnen schon mehr als genug, dass Herr Erikson ihr Geschichts- und Literaturlehrer war. Sie beklagten sich, dass er immer wieder beides vermischte.

Aber gerade durch den Literaturunterricht hatte Thomas versucht, ihre Neugier und ihr Verständnis für Geschichte zu wecken. Er las ihnen aus ‚Wilhelm Tell für die Schule' vom Max Frisch vor. Er ließ sie einzelne Szenen nachspielen, er bat sie bestimmte Augenblicke, die in dem Text beschrieben wurden, als Pantomime darzustellen.

„Um die Geschichte zu verstehen", meinte er zwischendurch, „müssen wir die Menschen verstehen, die in ihr gelebt haben. „Verstehen", fuhr er fort, „das heißt sie spüren, das heißt ihre Gefühle kennen, das heißt auch das schmecken, was sie gegessen und getrunken haben."

Schockiert stellte er fest, wie weit das alles von ihrem Verständnis von Geschichte entfernt war. Geschichte bedeutete für sie nichts anderes als eine saubere gerade Linie von der Vergangenheit in die Gegenwart. Vermutlich war das deshalb so, weil sie es im Unterricht bisher immer so erlebt hatten. Das hatte Thomas auch auf die Idee gebracht, einen Fragebogen an die Eltern zu schicken. Wie sahen sie das Fach Geschichte? Warum wollten Eltern, dass ihre Kinder Geschichtsunterricht bekamen? Oder wollten sie das gar nicht? Aber wenn ja, welche Geschichte? Welches Wissen erwarteten sie? Die Politiker neigten in letzter Zeit immer stärker dazu, die Schule als Dienstleistung für ihre ‚Kundschaft' zu bezeichnen. Gut, da war es doch höchste Zeit, herauszufinden, was die ‚Kundschaft' wirklich dachte. Thomas entwarf einen Fragebogen und einen entsprechenden Brief an die Eltern.

Sehr geehrte Eltern!

Sicher kennen Sie die gegenwärtig stattfindende Diskussion über die Qualität von Schulen, über nationale und internationale Leistungsstandards. Als Geschichtslehrer ihrer Kinder möchte ich Geschichte zu einem Fach machen, von dem es sich auch heute lohnt, dass es unterrichtet wird, obwohl in der heutigen Zeit das Interesse an der Gegenwart und an der Zukunft größer zu sein scheint als an der Vergangenheit. Da die öffentliche Meinung in solchen Fragen sehr unterschiedlich ist, möchte ich mich mit Ihnen in Verbindung setzen. Mich würde Ihre Meinung dazu aus Elternsicht sehr interessieren. Darum möchte ich Sie bitten, die nachfolgenden Fragen zu beantworten.

---

1 Welche Bedeutung für die Bildung ihres Sohnes oder Ihrer Tochter messen Sie dem Fach Geschichte bei?

sehr große Bedeutung   +++   ++   +   o   -   --   ----   ohne jede Bedeutung

2 Welche der folgenden Inhalte sind im Geschichtsunterricht am wichtigsten?
   (1 = am wichtigsten; 5 = am wenigsten wichtig)   1   2   3   4   5

   ... berühmte Persönlichkeiten aus der Geschichte
   ... wichtige Kriege
   ... Denken in historischen Dimensionen
   ... Jahreszahlen aus der Geschichte
   ... die Geschichte der Menschheit
   ... . (ergänzen Sie Ihre persönlichen Vorschläge)

---

3 Bitte führen Sie ein Beispiel für den Punkt an, dem Sie bei 2 den höchsten Stellenwert beigemessen haben. Wenn Sie z.B. ‚berühmte Persönlichkeiten‘ gewählt haben, könnte Sie
  ‚Napoleon‘ hinschreiben.

  ....

4 Warum glauben Sie, ist es wichtig, dass Schülerinnen und Schüler etwas über Geschichte
  lernen?

  ....

5 Von wem oder wovon haben sie am meisten über Geschichte gelernt?
  Bitte kreuzen Sie nur einmal an!

  ... Fernsehen
  ... Schulbüchern
  ... Lehrerinnen und Lehrern in der Schule
  ... Eltern
  ... Großeltern
  ...   . (ergänzen Sie Ihre persönlichen Vorschläge)

6 Haben Sie Vorschläge für den Geschichtsunterricht oder möchten Sie etwas anderes an-
  führen, was ich als Lehrer wissen sollte?

  ....

7 Wer hat diesen Fragebogen ausgefüllt?

  ... Mutter
  ... Vater
  ... Vater und Mutter gemeinsam
  ...   . (andere)

Danke für Ihre Mitarbeit!

Abb. 3.1: Fragebogen zum Geschichtsunterricht

Thomas erwartete es kaum, die Fragebögen ausgefüllt zurückzubekommen. Er
musste die Schülerinnen und Schüler auch einige Male daran erinnern, bis er wenigstens 60 Prozent zurück bekam. Darüber war er zuerst enttäuscht, aber seine
Kollegen versicherten ihm, dass das mehr sei, als er erwarten könne. Was ihn
überraschte, war zuerst einmal, dass es meistens die Väter waren, die den Fragebogen ausgefüllt hatten. Das stimmte vor allem nicht mit der sehr kleinen Anzahl
von Vätern überein, die bei den Elternabenden anwesend waren. Früher waren
die Fußballübertragungen nur am Mittwoch. Inzwischen gab es sie auch am
Dienstag und Donnerstag. Freitag und Montag waren ebenso ungünstige Ter-
mine. Thomas überlegte, ob Geschichte wirklich eine Domäne der Männer oder
ob das nur ein Vorurteil war. Was ihn selbst und seine Tochter Christina betraf,
stimmte es allerdings. Selbstverständlich war sie mit ihren Hausarbeiten in Geschichte und all den anderen auch zu ihm gekommen und nicht zu ihrer Mutter.
Aber es war Christinas Mutter, die zu den Elternabenden ging. Christina selbst

hatte ihn davon abgehalten hinzugehen: „Du bist ein Lehrer, das verärgert die dort nur", hatte sie erklärt. Damals hatte Thomas das verstanden.

Die Zusammenfassung der Antworten, die die Eltern in dem Fragebogen gegeben hatten, faszinierte Thomas immer mehr. Er stellte zufrieden fest, dass die Eltern dem Geschichtsunterricht einen hohen Stellenwert einräumten. Er musste auch zur Kenntnis nehmen, mit einigem Bedauern zugegebenerweise, dass Jahreszahlen, Verträge und Kriege das waren, was die Eltern als Geschichte betrachteten. Einer seiner Kollegen hatte das einmal so zusammengefasst: ‚Geschichte ist die Geschichte von Ereignissen, die von dem Standpunkt der Helden aus erzählt wird, die die Kriege gewonnen haben'. Und ein anderer definierte Geschichte so: ‚Die fortschreitende Aneinanderreihung von Ereignissen, die unweigerlich zum heutigen Stand der Dinge geführt haben.'

Aus der Sicht der Eltern sollte in der Schule das unterrichtet werden, was auch sie in der Schule hatten lernen müssen, bzw. woran sie sich erinnern konnten, dass sie es auswendig lernen mussten. Als es aber dann um die wichtigsten Quellen ging, aus denen sie ihr geschichtliches Wissen hatten, da rangierte der Unterricht in der Schule erst auf Platz vier. Auf den ersten Plätzen lagen: die eigenen Eltern, das Fernsehen und das Kino. Viele Eltern berichteten, dass sie häufig historische Dokumentationssendungen im Fernsehen sahen, dass sie öfter ins Kino gingen und sich Kriegsfilme ansahen (Im Westen nichts Neues, Soldat James Ryan) oder auch Monumentalfilme wie Dr. Schiwago oder Krieg und Frieden. Einige lasen historische Romane und sprachen darüber mit ihren Kindern. Trotzdem erwarteten sie die selben Hausarbeiten in Geschichte, die auch sie als Schüler machen mussten. Thomas ahnte eine ernsthafte und wichtige Herausforderung für sich. Mit diesen Antworten der Eltern konnte er gut weiter arbeiten. Nicht alle betrachteten die Geschichte auf die gleiche Art und Weise, und das war ein ausgezeichneter Ausgangspunkt für den Geschichtsunterricht.

> *„Was mich an Geschichte interessiert – jetzt als Erwachsener – das ist, wie das Leben der einfachen Leute früher ausgesehen hat – wie sie sich kleideten, was sie aßen, wie sie ihre Zeit verbrachten, was ihnen Sorgen bereitete, einfach wie sie ihr Leben führten."*

> *„Seit ich die Schule verlassen habe, interessiert mich die Geschichte, weil sie mir immer wieder zeigt, wie unterschiedlich etwas gesehen werden kann, je nach dem auf welcher Seite man steht. Der große Held Columbus war einer der größten Massenmörder ..."*

> *„Beide Kinder von mir lernen gerne Geschichte. Mit Hilfe der Geschichte können sie in andere Länder und durch die Zeit reisen. Die Geschichte ist*

sozusagen ihre eigene Zeitmaschine. Das größte Geschenk, das ich ihnen hoffentlich machen kann.“

„Ich möchte Ihnen meinen persönlichen Dank aussprechen, Herr Erikson. Ihre Geschichtsstunden über die Entstehung des Faschismus und die gegenwärtigen Kriege in Jugoslawien haben meine Tochter wachgerüttelt. Tanya versteht jetzt, wie gefährlich es ist, Minderheiten für Probleme in einer Gesellschaft verantwortlich zu machen. Was sollte man jemals mit der Vorstellung anfangen, dass man Bürger einer Demokratie wird, wenn man nicht aus der Vergangenheit gelernt hat, was die Demokratie bedrohen kann? Welche Zweck hat Unterricht überhaupt, wenn er nicht Auswirkungen auf das künftige Leben der jungen Menschen hat?“

Thomas war verblüfft von der Vielfalt der unterschiedlichen Sichtweisen der Eltern. Das erinnerte ihn daran, das der Begriff ‚Eltern‘ immer so gebraucht wurde, als gäbe es diese einheitliche Masse, deren Meinungen man einfach als „Elternsicht“ beschreiben könnte. Thomas wurde klar, dass er sehr wenig über die Elternhäuser seiner Schülerinnen und Schüler wusste. Er wusste, dass ein Busfahrer, eine Zahnärztin, zwei Handwerker und zwei Lehrerinnen darunter waren – neben einer ganzen Anzahl von arbeitslosen alleinerziehenden Müttern. Soweit er wusste, lebte Serena allein mit ihrer arbeitslosen Mutter. Sie hatte auch ihren Arbeitsplatz verloren, als die Textilfabrik zumachte. Wie wichtig waren solche Erfahrungen für das geschichtliche Bewusstsein der Schüler und Schülerinnen? Er überlegte sich, wie viel ‚Geschichte‘ Serenas Mutter ihrer Tochter wohl mitgab – über die Textilindustrie, deren Entwicklung, über die damit verbundenen Gewerkschaftskämpfe oder über den raschen Zusammenbruch in nur wenigen Jahren. Könnte er diese unmittelbare Erfahrung nicht für ein Gespräch über die Globalisierung nützen? Das war weder Geschichte noch Literatur, aber es war etwas, das das Leben aller berührte.

Thomas' einfache Untersuchung hatte eine Kette von Überlegungen bei ihm ausgelöst, die ihn sowohl beunruhigten als auch faszinierten. Als er die dritte Nacht hintereinander mit solchen Gedanken aufwachte, war ihm klar, dass er diese Fragen auch mit seinen Fachkollegen besprechen musste. Er machte eine einfache Grafik, die die Meinung der Eltern darstellte – auf dem einen Ende Ansichten, die seinen Werten und Zielvorstellungen sehr nahe kamen, am anderen Ende solche, die weit davon entfernt waren.

Selbstverständlich löste das eine rege Diskussion bei seinen Kollegen aus, aber nicht unbedingt das, was Thomas sich vorgestellt hatte. „Was soll's, wenn einzelne Eltern eine verrückte Vorstellung von Geschichte haben. Es kommt darauf an, was die Schülerinnen und Schüler denken.“

Die anderen schienen eher ihm zuzustimmen. Ein Fehler von Thomas war es, dass er zuviel las. Darüber waren sich alle einig. Es war ein Fehler von ihm, Peter Colemans Buch zu zitieren. Von diesem hatte noch nie jemand vorher gehört. Außerdem war der Autor Kanadier, das war auch nicht gerade eine Empfehlung.

Der Untertitel von Colemans Buch lautete „Die Macht der Drei"; es ging in dem Buch um den Einfluss in dem Dreieck Eltern – Schüler – Lehrer. Durch Forschungsergebnisse wurde der oft unbewusste und subtile, aber mächtige Einfluss der Eltern auf die Einstellungen und Werthaltungen der Kinder belegt.

Die Fachkollegen Eriksons meinten, das Wichtigste sei, was in der Klasse, im Unterricht passiere. Ironischerweise befanden sie sich damit in Übereinstimmung mit einem Regierungssprecher, der erst kürzlich betont hatte, dass es der Unterricht in der Klasse sei, der den großen Unterschied für die Schüler ausmache und die Lehrer sollten sich vor allem darauf konzentrieren.

„Als nächstes sollten wir deiner Ansicht nach auch noch die Eltern in Geschichte unterrichten, Thomas", stichelte einer der Kollegen.

Diese Gelegenheit ließ sich Thomas nicht entgehen. Er las die Bemerkung eines Elternteils aus dem Fragebogen vor.

„Zur Beantwortung Ihrer Frage ‚Von wem oder wo lernte ich am meisten über Geschichte' gab es fünf Möglichkeiten zur Auswahl, einschließlich Eltern und Großeltern. Die wichtigste Möglichkeiten haben Sie aber vergessen – die eigenen Kinder. Ich persönlich habe soviel von meinem Sohn Thomas, oder besser zusammen mit ihm gelernt, dass das meine gesamte Weltsicht verändert hat."

„Die Weltsicht verändern. Vielleicht haben wir vergessen, was überhaupt unsere Aufgabe als Lehrer ist," sagte einer, bevor sie weitermachten.

Diese Bemerkung brachte sie wieder zur Diskussion zurück, wie sie die Weltsicht ihrer Schülerinnen und Schüler verändern könnten. Sie einigten sich darauf, in nächster Zeit vor allem der Frage ‚Was denken unsere Schülerinnen und Schüler überhaupt?' nachzugehen. In Bezug auf diese Frage waren sie sich nämlich überhaupt nicht sicher.

„Denken die überhaupt?", fragte einer von Thomas Kollegen. Es war ein Witz, aber ernst gemeint.

Die Frage eröffnete ihnen eine andere Möglichkeit. Warum stellten sie dieselben Fragen wie Thomas sie den Eltern gestellt hatte, nicht auch den Schülerinnen und Schülern? Dann könnten sie die drei Gruppen von Antworten – Elternsicht, Schülersicht, Lehrersicht miteinander vergleichen. Es war ein etwas umständlicher Weg, den sie gegangen waren, aber sie waren zur „Macht der Drei" zurückgekehrt.

Thomas sah Frau Barr, die Schulleiterin, nur selten. Er konnte sich nicht erinnern, dass sie ihn in all diesen Jahren einmal im Unterricht besucht hatte. Als sie dann aber mitten in der Stunde herein kam, war dies sicher der unpassendste Augenblick, den es überhaupt gab. Ein Geruch von faulen Eiern stieg gerade in der unmittelbaren Umgebung von Peter auf und drei oder vier Jungen sausten äußerst geräuschvoll um andere Bänke herum. Im Augenblick war Thomas unfähig, irgend etwas Sinnvolles oder Zusammenhängendes zu sagen.

„Ich wurde gefragt, ob unsere Schule an einem europäischen Schulprojekt zur Selbstevaluation teilnehmen möchte", begann sie. Offenbar war sie sich gar nicht bewusst, dass sie möglicherweise gerade die eine oder andere Körperverletzung verhindert hatte. „Ich wollte schon nein sagen. Dann aber dachte ich, dass das eine interessante Arbeit sein könnte. Moment, sagte ich zu mir, warum nicht ...."

Thomas fragte sich was ‚Selbstevaluation' bedeutet, oder besser, was es für Frau Barr bedeutet oder für die dort in Brüssel. Er musste viel mehr über das Projekt wissen, bevor er sich auf eine solche bürokratische Fleißaufgabe einlassen würde. Er hatte die Schreckensvorstellung von Bergen von Statistiken, von standardisierten Tests, von Unmengen von Papier und endlosen Debatten.

Frau Barr gab ihm einige Unterlagen. Wenn er Interesse hätte, dann würde sie eine Konferenz einberufen, dann würde man ja sehen, was das ‚Fußvolk' dazu sagte. Thomas wusste genau, was das Fußvolk dazu sagen würde: Noch eine zusätzliche Belastung! Nichts anderes, als diese Eurokraten in Brüssel zu beschäftigen!

Thomas' Zweifel schwanden aber, als er die Unterlagen durchsah. Er fand darin soviel von dem wieder, was auch er gerade machte. Da wurde die Eltern, Lehrer und Schüler miteinbezogen. Fragen waren gestellt, auf die man Antworten suchte. War das nicht genau das, was auch ihn bewegte? Wenn wirklich das passierte, was da in den Papieren stand, dann war das die Gelegenheit! Hier konnten die Probleme angesprochen werden, die unter der Oberfläche blubberten! Da wurden die Probleme endlich angegangen, die den Leuten und der ganzen Schule soviel Kraft raubten!

Bei der schließlich einberufenen Konferenz gab es Widerstand. Da fand wieder diese typische Diskussion statt, bei der manche Lehrerinnen und Lehrer richtig aufblühten: Widerstand und Ablehnung beinahe als Pawlowscher Reflex. Es gab vier Gründe, warum schließlich die Opposition nachgab. Für einige schien das eine Möglichkeit zu sein, es der Schulleitung und der ganzen Welt heimzuzahlen. Gar nicht wenige begrüßten es, dass man überhaupt ihre Meinung hören wollte. Andere stimmten zu, weil alles auf Freiwilligkeit basierte und sie sich also heraus halten konnten. Und dann gab es da vielleicht ein Dutzend Leute wie Thomas, die die Hoffnung hatten, dass man damit der Schule wieder etwas Leben einhauchen könnte.

Frau Barr war überrascht – nicht von der Begeisterung, aber von der Bereitschaft des Kollegiums, mitzumachen. Sie dankte Thomas überschwänglich für die Mühe, die er sich damit gemacht hatte, seine Kolleginnen und Kollegen zu überzeugen.

Tatsächlich war es so, dass sie in der Konferenz sehr wenig gesagt hatte und weder die einen noch die anderen beeinflussen wollte. Soviel hatte Thomas gelernt: Wenn nicht wirklich Freiwilligkeit herrschte, dann würde es nicht funktionieren. Frau Barrs eher aggressive ‚Verkaufstechnik‘, wenn sie vom Kollegium etwas wollte, hatte sich bisher wohl als kontraproduktiv erwiesen. Thomas merkte, dass sie seine ‚sanfte Tour‘ sehr schätzte.

Während der nächsten Wochen wurde das Projekt von einer kleinen Gruppe von Begeisterten um Thomas vorangetrieben. Frau Barr blieb eine interessierte, manchmal etwas ängstliche, manchmal begeisterte Zuschauerin. Welche Einwände er immer gegen ihren Führungsstil gehabt hatte, dem Projekt gab sie jedenfalls Zustimmung und Unterstützung.

Thomas nahm an der Schul-Selbstevaluations-Gruppe persönlich nicht teil. Wohl aber Serena, die als Schülervertreterin gewählt worden war. Sie berichtete der Klasse. Dabei gefiel sie sich ein wenig dabei, die Rollen der einzelnen Mitglieder der Gruppe nachzuspielen. Sie legte eine bunte Overhead-Folie auf und erklärte das SEP Schritt für Schritt bis zur Arbeit in einzelnen Bereichen. War das dieselbe Serena, die am Beginn des Schuljahres noch so bemerkenswert gelangweilt in seinem Unterricht gesessen hatte?

Serena erklärte, dass drei große Themenbereiche für die weitere Arbeit im Projekt an der Schule ausgewählt worden waren – die Qualität von Lehren und Lernen, Zeit als Lernressource und die Beziehung Schule-Elternhaus. Ganz offensichtlich war es einigen nicht ganz klar, was damit gemeint war. Und Serena begab sich in ziemlich tiefes Wasser, als sie die Fragen ihrer Mitschülerinnen und Mitschüler zu beantworten versuchte. Thomas kam ihr zu Hilfe. Er zeichnete ein Dreieck an die Tafel. In die drei Ecken schrieb er die drei Themenbereiche und verband sie mit Pfeilen.

„Die Qualität des Lehrens und Lernens: Dabei geht es darum, was ihr lernt und wie gut und leicht ihr lernt. Das hängt zum Teil davon ab, wie viel Zeit ihr zum Lernen habt, in der Klasse und zu Hause." Thomas zeichnete einen Pfeil zwischen ‚Qualität‘ und ‚Zeit‘.

„Ich hätte beinahe gesagt ‚eure eigene Zeit‘, aber tatsächlich ist es doch so, dass die ganze Zeit eure eigene ist. Unsere Aufgabe als Lehrerinnen und Lehrer ist es, diese Zeit in der Klasse so gut wie möglich zu nutzen, und die Aufgabe eurer Eltern ist es, euch dabei zu helfen, die Zeit zu Hause gut zu nutzen." Er zeichnete einen dritten Pfeil. Die Macht der Drei.

„Was wir durch dieses Projekt also herausfinden können ist, wie gut wir … wie gut ihr eure Zeit verwendet; dadurch können wir die Qualität des Lernens verbessern. Mir, der ich unglücklicherweise … ich meine glücklicherweise euer Lehrer bin, mir könnt ihr dabei helfen, meinen Unterricht zu verbessern, und wenn wir damit gut vorwärts kommen, können alle Lehrerinnen und Lehrer davon profitieren."

„Ist damit auch Herr Petermann gemeint?", fragte Hans mit unschuldiger Miene.

Thomas Erikson beschloss, auf die Frage nicht einzugehen, weil er wusste, was dahinter steckte. Aber wenn dieses Projekt wirklich erfolgreich sein sollte, nicht nur kurzfristig, sondern über einen längeren Zeitraum, dann müssten sie wohl auch solche heiklen Dinge angehen: Wie kann es Claus Petermann gelingen, seine Schülerinnen und Schüler ordentlich zu beschäftigen und sie dabei auch zu fordern?

Eine Woche später wählte das Kollegium die Evaluationsinstrumente aus, die bei dem Projekt eingesetzt werden sollten. Dreißig solcher Instrumente wurden in den praktischen Vorgaben für das Projekt vorgeschlagen. Eines davon waren partnerschaftliche kollegiale Hospitationen. Thomas bildete schließlich mit Tony Campos, einem Sportlehrer, ein solches Paar. Er konnte sich überhaupt nicht vorstellen, was er mit diesem Tony Campos gemeinsam haben sollte, weder auf der persönlichen, noch auf der beruflichen Ebene. Zum ersten Mal meldeten sich bei Thomas Zweifel an dem Projekt: War das wirklich gut investierte Zeit für ihn und auch für Tony Campos?

Zwei Wochen später besuchte Thomas die erste Sportstunde. Es war für ihn sehr schwer, im Anschluss daran eine kritische Rückmeldung zu geben, einfach deshalb, weil er so beeindruckt von dem war, was er gesehen hatte. Bis dahin hatte er keine Ahnung, aber auch kein Interesse daran gehabt, was in den Turnstunden passierte. Würde sich ein solches Modell auch auf seinen Geschichtsunterricht übertragen lassen?

Der Sportunterricht begann damit, dass die 28 Schüler um ihren Lehrer am Boden saßen. Tony Campos fasste kurz zusammen, was sie bisher gemacht hatten, und skizzierte die Ziele für den heutigen Tag. Er fragte vier oder fünf, was sie in den letzten drei Tagen zu Hause gemacht hätten, um ihren persönlichen Zielen näher zu kommen. In den kommenden sechs Minuten wurden die Ziele für die kommende Stunde festgesetzt und nochmals zu zweit besprochen. Während der nächsten dreißig Minuten machten die Schüler ihre Übungen und gaben sich dabei jeweils paarweise Rückmeldungen. Die letzten fünf Minuten wurden dafür verwendet, dass jeder aufschrieb, was er im Vergleich zu den Zielen am Beginn der Stunde wirklich erreicht hatte. In der letzten Minute wurden noch Hausarbeiten verteilt.

Bevor Tony Campos in Thomas' Klasse kam, trafen sie sich kurz. Worauf sollte Tony bei seinem Besuch in Thomas' Unterricht besonders achten? Thomas bat Tony, besonders darauf zu schauen, ob er für die Jungen und die Mädchen jeweils gleich viel Zeit verwendete. Wenn möglich sollte er noch etwas tiefer gehen: Gab es auch qualitative Unterschiede dabei, wie er mit den Jungen und den Mädchen sprach?

Die Beobachtungen von Tony Campos schockierten Thomas in zweifacher Hinsicht:

Nach dem Unterricht bat Tony Thomas selber zu schätzen, wie viel Zeit er den Jungen und wie viel er den Mädchen gewidmet hatte. Thomas, der ja gewusst hatte, worum es bei der Beobachtung gegangen war, schätzte, dass, wenn es überhaupt einen Unterschied gab, dieser leicht zu Gunsten der Mädchen ausfallen würde – 55 zu 45 etwa. Tonys Aufzeichnungen aber belegten eindeutig ein Verhältnis von 58 zu 42 für die Jungen! Thomas hatte den Jungen und den Mädchen ungefähr gleich viele Fragen gestellt, aber – und das beunruhigte Thomas wirklich – die Gespräche mit den Mädchen waren kürzer und auch qualitativ anders. Tonys Analyse zeigte das Folgende.

Thomas' Reaktionen auf die Beiträge der Schülerinnen und Schüler				
	positiv	neutral	herausfordernd	negativ
Jungen	39	2	28	31
Mädchen	42	28	5	22

Aus den Aufzeichnungen von Tony ging hervor (aber das konnte selbstverständlich nicht stimmen!), dass Thomas in seinen Gespräche mit den Mädchen diese sowohl mehr lobte, als auch weniger kritisierte und vor allem weniger Ansprüche und Anforderungen an sie stellte. Waren die Gesprächsbeiträge der Mädchen besser? Oder – hoffentlich nicht! – ging er mit den Mädchen einfach nachsichtiger um, oder hatte er Angst, sich mit ihnen anzulegen?

Noch einmal schlaflose Nächte. Lief nach so vielen Jahren Berufserfahrung bei ihm immer noch das eine oder andere völlig unbewusst ab? Thomas beschloss, die Schülerinnen und Schüler mit diesen Daten zu konfrontieren. Wie sahen sie das Ganze? Schließlich ging es dabei ja um sie. Zu seiner Erleichterung (oder noch größeren Bestürzung?) hatten auch sie davon keine Ahnung gehabt. Eine Schülerin aber beklagte, dass sie sich schon irgendwie komisch und auch ein wenig unfair behandelt vorgekommen sei. Aber gerade weil Thomas Erikson so ein feiner, rücksichtsvoller Lehrer sei, hätte sie das nie aussprechen können.

Thomas Erikson wusste: Jetzt waren die ‚Antennen der Schüler und Schülerinnen richtig eingestellt', und jetzt würden sie wissen, worauf sie acht geben müssten. Jetzt würden sie seinen Unterricht, aber auch ihr eigenes Lernen messerscharf beobachten.

„Irgendwie doch lustig", sagte ein Schüler, „dass ausgerechnet dem Lehrer unserer Schule, der am wenigsten sexistisch ist, Sexismus vorgeworfen wird."

Thomas fand das überhaupt nicht lustig. Aber er sah da auch Parallelen zur Geschichte. „Diese Reise der Selbstevaluation führt immer weiter und weiter", hörte sich Thomas eines Nachts selbst sagen, als er gerade am Einschlafen war. Er wachte wieder auf.

„Ja", sagt er zu sich selber, „aber sie kann auch sehr oberflächlich bleiben." Kürzlich hatte er einen Artikel des Amerikaners Bruce Joyce gelesen. Ursula, ‚die kritische Freundin', die das Projekt an seiner Schule begleitete, hatte ihm diesen Artikel gegeben. Darin wurden die Tore zur Schulentwicklung beschrieben. Als er endlich eingeschlafen war, träumte er von Toren: Hinter dem ersten Tor war das nächste und dahinter wieder das nächste und dahinter wieder ... eine unendliche Reihe von Toren.

In dem folgenden halben Jahr wurden an Thomas' Schule einige Tore, die früher geschlossen gewesen waren, geöffnet. Einige blieben weiterhin fest verschlossen.

Es hatte den Anschein, als seien die Differenzen zwischen den Kolleginnen und Kollegen an der Schule noch deutlicher geworden. Vor allem die Differenz zwischen den ‚Missionaren' und den ‚aufrechten Gegnern' waren auf jeden Fall größer und nicht kleiner geworden. Aber die, die dazwischen standen, die Unentschiedenen und die Abwartenden, näherten sich eher dem positiven Ende. Thomas spielte das Tonband von Margaret Wheatley noch einmal im Auto ab; jetzt verstand er besser.

Die Chaos-Theorie konnte sicher auch auf die Geschichte angewendet werden. Gerade darum war es ja in der Diskussion um ‚Sliding Doors' gegangen. Diese Theorie aber auch auf Organisationen wie die Schule anzuwenden, war ihm bisher eher anmaßend und übertrieben vorgekommen. Das mochte für Wissenschaftler in ihren elfenbeinernen Türmen einsichtig sein, hatte er sich gedacht, als er das Band zum ersten Mal hörte. Jetzt dachte er anders. Ordnungen entstanden immer aus Turbulenzen heraus, und eine neue ‚Ordnung' würde auch nur wieder eine vorläufige und unsichere sein. Thomas beschloss, seinen Kollegen besser nichts davon zu erzählen.

An den gegenseitigen Unterrichtsbesuchen hatten sich zu Beginn vier Paare von Lehrerinnen und Lehrern beteiligt, jetzt waren es acht. Zwei Lehrer hatten in gegenseitigem Einverständnis den Partner gewechselt, weil sie fanden, dass sie nicht gut zusammenarbeiten konnten. Zweimal hatten sich diese sechzehn Lehrerinnen und Lehrer getroffen, um über ihre bisherigen Erfahrungen zu sprechen. Übereinstimmend fanden sie, dass es vier Bereiche waren, denen sie nun mehr Aufmerksamkeit schenkten. Dadurch hatte sich auch die Qualität ihres Unterrichts verbessert. Die vier Bereiche waren:

- ein ausgeglicheneres Verhältnis zwischen Frontalunterricht, Gruppenarbeit, Partnerarbeit und Einzelarbeit

- die Fragetechniken, die sie anwandten
- Strukturierung des Unterrichts und Zeiteinteilung
- Hausarbeiten

Die Rückmeldungen, die Thomas von seinem ‚kritischen Freund‘ Tony bekommen hatte, führten dazu, dass er jetzt weniger Zeit für Erklärungen verwendete. Er strukturierte seine Stunden jetzt genauer und er verwendete weniger Zeit für Partner- und Kleingruppenarbeit. Seine Schülerinnen und Schüler mussten jetzt häufiger selbstständig arbeiten. Seine Anforderungen an die Schülerinnen und Schüler waren höher geworden, und häufiger stellte er nun offene Fragen. Dabei achtete er zunehmend auch darauf, den Schülern mehr Zeit zum Nachdenken zu lassen. Die Klasse machte sich einen Spaß daraus, den Nachdenk-Indikator, wie sie es nannten, zu ermitteln. Hans, der von allem, was mit Statistik zusammenhing, begeistert war, hatte berechnet: In den letzten Monaten hatte sich die durchschnittliche Zeit, die Thomas Erikson den Schülern zum Nachdenken Zeit ließ, von 2.7 Sekunden auf 3.9 Sekunden – also um 1.2. Sekunden im Durchschnitt erhöht. Hans brachte sich mit diesem Spiel selbst in Schwierigkeiten, als er solche Berechnungen auch für andere Lehrerinnen und Lehrer durchführte. Herr Anders war angeblich gar nicht sonderlich begeistert, als Hans ihm mitteilte, dass er den Schülerinnen und Schülern genau 1,1 Sekunden Zeit zum Nachdenken ließ.

Es war etwas los in der Schule. Die Leute redeten mehr miteinander über ihren Unterricht, über das Lernen und über Bildung im Allgemeinen. Vermutlich war der Grad der Übereinstimmung, die Harmonie, nicht größer geworden. Mehr und mehr Meinungsverschiedenheiten zwischen den einzelnen Mitgliedern des Kollegiums kamen zum Vorschein. Aber das alles schien Thomas gesünder und besser zu sein, als das, was vorher gewesen war. Die Meinungsverschiedenheiten konnten ausgesprochen werden, die Aussagen waren besser überlegt und engagierter vorgetragen, es wurden auch positive Beispiele für die eigene Meinung angeführt. Außerdem bemerkte Thomas, dass die Leute immer öfter nach Begründungen und Beweisen fragten, statt die Dinge sofort nach dem ersten Augenschein zu beurteilen oder nur Behauptung gegen Behauptung zu stellen.

Zwei Wochen nach Neujahr erhielt Thomas überraschend Besuch von Frau Braun, der Geographielehrerin. Sie war seit zwei Jahren an der Schule, aber sein Weg hatte sich noch nie mit dem ihren gekreuzt. Ihre gegenseitige Beziehung war durch Höflichkeit und Distanz geprägt. Frau Braun wollte ihm etwas zeigen. Es war eine Kraftfeld-Analyse, die sie mit ihren Schülerinnen und Schülern der dritten Klasse durchgeführt hatte. Das Thema war: ‚Was hilft uns beim Lernen – Was behindert uns beim Lernen?‘ Sie reichte Thomas ein Blatt mit der Zusammenfassung der Ergebnisse.

förderlich	hinderlich
verschiedene Arbeitsformen	wenn Sachen nicht gut erklärt werden
Abwechslung	manchmal haben wir keine Ahnung, wie wir mit allen Aufgaben zu Rande kommen sollen
Texte in eigenen Worten zusammenfassen	Texte sind zu schwierig zu verstehen
sich in der Bibliothek selbst Informationen holen	manchmal haben wir keine Bücher, weil andere Klassen sie brauchen
arbeiten im Medien-Raum	
genug Zeit haben, um auf die Fragen der Lehrer zu antworten	wenn man etwas nicht versteht, kann man es auch nicht mit eigenen Worten sagen
sofort auf Fehler hingewiesen zu werden	manche Mitschüler stören und dann kann man sich schlecht konzentrieren
zu zweit arbeiten, damit einem jemand helfen kann	Lehrer beschäftigen sich nicht mit unseren eigenen Vorstellungen und Vorschlägen
wenn man die Geschichte von Orten versteht, merkt man sie sich besser	Dinge auf Landkarten einzuzeichnen, von denen man nichts weiß und nicht weiß, wozu es dienen soll
jemandem etwas zu erklären hilft, dass man es selbst besser versteht	Sachen nur auswendig zu lernen

Abb. 3.2: Ergebnisse der Kraftfeld-Analyse

Thomas war, ebenso wie Frau Braun, von der Schärfe und Genauigkeit dessen beeindruckt, was die Schülerinnen und Schüler herausgefunden hatten. Außerdem waren die Aussagen auch äußerst hilfreich.

„Ich war überrascht von dieser Bemerkung einer Schülerin ‚Es ist wichtig, dass man auch die Geschichte eines bestimmten Ortes kennt und versteht‘. Das ist der Grund, warum ich jetzt bei Ihnen bin; Sie unterrichten ja Geschichte. Was glauben Sie bedeutet das?“

„Ich könnte raten“, sagte Thomas. Frau Braun wartete geduldig. Unausgesprochen stand im Raum: ‚Dann raten Sie!‘

„Meine Vermutung ist die: Wenn in der Vorstellung der Schülerinnen und Schüler Orte wirklicher und lebendiger werden, wenn sie über Orte Geschichten hören, wenn sie Personen kennen lernen, die an diesen Orten leben oder gelebt haben, dann ist das auch für die Geographie dieser Orte wie ein ‚Sesam öffne dich‘. Dann bekommt die Geographie dieser Orte mehr Sinn.“

„Mir gefallen diese Aussagen“, sagte Thomas und zeigte dorthin, wo stand: ‚Wir verstehen etwas besser, wenn wir es in eigenen Worten sagen können.‘ „Das ist eine andere Möglichkeit, wie Dinge Sinn bekommen. Es ist so etwas wie eine

Übersetzung in den Köpfen der Schülerinnen und Schüler. Dadurch wird etwas erst zu ihrem geistigen Eigentum."

Frau Braun hörte zu. Thomas fühlte sich plötzlich etwas verlegen. Er wollte seine Kollegin nicht belehren. Andererseits war es eben das, was ihn so sehr interessierte und Frau Braun schien auch interessiert zu sein. „David Perkins, ein Psychologe aus Harvard, spricht davon, dass das Verstehen erst ‚an den Rockschößen des Denkens' kommt. Man kann das lustig finden, aber ich glaube, das ist wirklich so. Unsere Schüler schaffen erst ihr eigenes Wissen, wenn sie die eigenen Worte dafür finden, wenn sie es in Zusammenhänge stellen, die ihnen sinnvoll erscheinen. Und wenn das Wissen dann mit anderem verknüpft wird, dann bedeutet das erst Verstehen."

„Ich vermute, das ist auch damit gemeint", sagte Frau Braun und zeigte auf die Aussage: ‚Wenn man etwas unterrichtet, versteht man es besser.'

„Denken Sie an den Spruch: ‚Wie kann ich wissen, was ich denke, wenn ich nicht höre, was ich sage'. Das geht so: Ich habe etwas im Kopf; ich möchte das jemandem anderen mitteilen; ich versuche, das sinnvoll erscheinen zu lassen und bemerke dabei, was ich selbst davon noch nicht verstanden habe; und dann höre ich meine Stimme – außerhalb von mir – etwas sagen. Das geht dann wie eine Feed-back-Schleife wieder zu mir zurück und ich formuliere es in meinem Kopf neu. Es stimmt – die beste Möglichkeit etwas zu verstehen ist, es zu lehren. Unsere Schülerinnen und Schüler haben das auch kapiert."

„Und was folgt daraus?", fragte Frau Braun.

„Was daraus folgt? – Ändern Sie Ihren Unterricht entsprechend. Nehmen Sie das ernst, was die Schüler Ihnen gesagt haben.

Frau Braun schüttelte ihren Kopf, nicht ärgerlich, aber nachdenklich. „Dann wäre ich nicht mehr ich. Ich bin jetzt seit zwanzig Jahren Lehrerin, und das wäre, als ob ich mein Ich als Lehrerin aufgeben würde. Ich bin ich, ich kann nicht jemand anderer werden.

„Aber Sie können einige oberflächliche Dinge aufgeben, Äußerlichkeiten, Dinge die nicht ihr Wesen als Lehrerin betreffen, Kleinigkeiten.

„Und solche wären?"

„Geben Sie kleine Übungen, bei denen die Schüler etwas in eigene Worte fassen müssen. Machen Sie Partnerarbeiten, bei denen ein Schüler dem anderen etwas erklärt. Sprechen Sie mit den Schülern von Zeit zu Zeit darüber, wie sie lernen."

„Sie haben mit Tony zusammengearbeitet, nicht wahr?", fragte sie. Thomas nickte.

„Wäre es ganz unverschämt ... wäre es möglich, nur als Ausnahme, dass Sie auch mich einmal in meinen Unterricht besuchen und mir ein paar Hinweise oder Tipps geben ...?" Frau Braun unterbrach sich selbst.

Nur widerwillig wollte Thomas zustimmen. Er fragte sich, wie er dazu käme. Das war ja beinahe wie ein Annäherungsversuch. Er überlegte, ob da nicht womöglich ein anderes Motiv dahinter steckte, aber er verwarf den Gedanken rasch wieder.

„Unter einer Bedingung", sagte Thomas, „wenn auch Sie in meinen Unterricht kommen und mir ein Feedback geben. Ein fairer Handel?"

Frau Braun sah Thomas an, als wollte sie sagen, ‚Was können Sie denn schon von mir lernen?' Tatsächlich aber sagte sie: „OK, das ist ein Geschäft."

4
Hanna Barr
Die Schulleiterin

Frau Barr war mehr als erstaunt. Ihre Schule wurde eingeladen, sich an einem europäischen Projekt zu beteiligen! Sie legte den Brief beiseite, setzte sich und las erst nach einer Weile weiter. Ihre Schule war bei Gott keine Herzeige-Schule. Die drei Jahre, die sie jetzt diese Schule leitete, waren nichts als ein mühsamer Kampf gewesen. Wären da nicht diese Hand voll wirklich engagierter Lehrerinnen und Lehrer, längst hätte sie das Handtuch geworfen.

Es waren jene engagierten Lehrerinnen und Lehrer, die die Aufmerksamkeit der Behörden auf diese Schule gelenkt hatten. Vor allem war es das Evaluations-Projekt in Geschichte von Thomas Erikson. Zu ihrer Schande musste sich Frau Barr eingestehen, dass sie bisher mit Thomas Erikson kaum ein Dutzend Worte gewechselt hatte. Sie hatte immer wieder positive Rückmeldungen von den Eltern über Thomas Erikson und seinen Unterricht erhalten, aber sie war nie auf ihn zu-gegangen und hatte ihm das gesagt. Sie hatte ihn auch nie zu den wunderschönen bunten Mind-maps, zu den Modellen aller Art, zu den Zeichnungen und Grafiken beglückwünscht, die überall in der Geschichts-Abteilung hingen.

Ihre Gedanken wurden durch das Telefon unterbrochen. Die Firma, die die Türen der Toiletten reparieren sollte, teilte mit, dass sie darauf noch zwei Wochen warten müssten. Kaum hatte sie den Hörer aufgelegt, kam der nächste Anruf – diesmal von der Stadtverwaltung: Ihr wurde mitgeteilt, dass das Bauprojekt an ihrer Schule gestoppt worden war. Das war ein Schock. Schon als sie vor drei Jahren an diese Schule gekommen war, hatte dieses Projekt oberste Priorität. Seither war die Schülerzahl leicht aber stetig zurück gegangen. Das musste nicht an der Schule liegen. Die Bevölkerung in diesem Stadtbezirk wurde immer älter. Mehr und mehr Familien übersiedelten in die Vorstädte. Gebäude wurden abgerissen, um Platz für Parkplätze und Geschäfte zu schaffen.

Sie konnte selbst nicht ganz begreifen, warum sie so enttäuscht war über die Absage dieses Bauprojekts. Sie versuchte, sich selbst einzureden: ,Hanna, du solltest nicht so unvernünftig sein. Am wichtigsten ist doch, was die Kinder an dieser Schule lernen, nicht wie viele von ihnen da sind'. Aber selbstverständlich wusste sie, dass das nicht die ganze Wahrheit war. Die Absage war schlecht für die Stimmung an der Schule und für sie persönlich eine Niederlage. Und sie konnte nicht anders, als frustriert zu sein, auch wegen der vielen Stunden Arbeit, die sie in den letzten Jahren in die Vorbereitung dieses Bauvorhabens investiert hatte. „Diese ganze Arbeit, und wofür?", sagte sie ganz laut vor sich hin.

Hanna Barr war eine erfahrene Schulleiterin. Diese Schule war ihre dritte, die sie leitete, und die bei weitem schwierigste. So viel, was sie an den beiden anderen Schulen erfolgreich praktiziert hatte, ließ sich scheinbar nicht in die trockene Erde dieser Schule verpflanzen. Eine Schule mit einer bewegten Geschichte, mit einem Kollegium, das schon viel zu lange das gleiche war, mit einer Elternschaft, deren Erwartungen an die Schule niedrig waren, und in einem Gebäude, das man schon vor zehn Jahren hätte niederreißen sollen. In ihrer langen Karriere war Selbstevaluation noch nie ein Thema gewesen, vor allem nicht auf die Weise, wie es in diesem Projekt der Europäischen Kommission beschrieben war – mit Einbeziehung der Eltern und Schüler. Wenn überhaupt, dann konnte nur Thomas Erikson das zu Stande bringen.

Hanna war froh und erleichtert, als sie eine positive Antwort von Thomas bekam. Sie berief eine Konferenz ein, um dieses Projekt an den Mann und an die Frau zu bringen. Aber das war alles eher als eine erfreuliche Erfahrung:

„Wieder nur ein Trick der Behörde, um überlasteten Lehrern noch mehr Arbeit aufzuhalsen!"

„Wir haben jede Menge von Indikatoren für die Qualität unserer Arbeit, vor allem ganze Stöße von Statistiken für die Schülerleistungen!"

„Da wird so getan, als ob man uns helfen möchte. Tastsache ist aber, dass man uns nur kontrollieren will!"

„Die überschütten uns mit Daten und Statistiken, aber sie sagen uns nicht, was wir tun oder besser machen sollen!"

„Was wir brauchen, sind zusätzliche finanzielle Ressourcen und Schüler, die gut vorbereitet in die Schule kommen und lernen wollen!"

Und in Richtung Schulleitung: „Wenn Sie glauben, dass wir unsere Arbeit nicht ordentlich machen, dann sagen Sie uns das bitte, und dann können wir darüber reden, was besser gemacht werden kann."

Thomas Erikson hatte das Ende dieser Aussage aufgegriffen. Von da aus lenkte er die Diskussion in eine eher positive Richtung. Hanna war ihm dankbar, dass er damit praktisch die Leitung der Debatte übernommen hatte. Sie bewunderte es, wie er nicht immer gleich konterte, sondern wartete, bis die anderen alles Negative losgeworden waren. Er konnte bestätigen, wie sie sich fühlten und pflichtete einigen ihrer Sorgen bei. Er war einer von ihnen. Er machte klar, unter welchen Bedingungen er mitarbeiten würde: Das Projekt musste eines der Schule bleiben; es müsste klare Regeln über Vertraulichkeit geben; alle erhobenen Daten gehörten ihnen alleine. Er erklärte, dass er selbstverständlich auch keinen Finger rühren werde, wenn ihn das Kollegium nicht unterstützte. Nicht alle waren plötzlich bekehrt, aber eine Mehrheit sprach sich dafür aus, das Projekt anzugehen. Das allein war schon ein Sieg für sich. Nach der Konferenz bedankte sich Hanna Barr überschwänglich bei Thomas. Sie meinte, er sei ein großes Risiko eingegangen, als er die Möglichkeit anbot, das Projekt fallen zu lassen.

„Zu diesem Zeitpunkt wusste ich bereits, dass sie das nicht tun würden", sagte er. „Aber auf jeden Fall mussten sie ihre Zustimmung geben. Andernfalls würden sie Ihnen ewig vorhalten, dass Sie das Projekt gegen ihren Willen durchgesetzt hätten."

In der nächsten Zeit entwickelte sich die Sache aber recht gut. Eine Konferenz wurde einberufen, bei der das Projekt offiziell vorgestellt und eingeleitet werden sollte. Obwohl die Teilnahme daran freiwillig war, kam beinahe das ganze Kollegium. Hanna stellte dem Kollegium Ursula, die künftige ‚kritische Freundin' der Schule, vor; Hanna überhörte dabei einige deutliche Bemerkungen aus der Ecke der Zyniker.

Die meisten im Kollegium aber konnten sich mit dem Gedanken an eine ‚kritische Freundin' von außen anfreunden. Ursula erklärte ihre Rolle und versicherte, dass sie sich nicht in die Arbeit der Einzelnen einmischen werde. Das wurde sehr positiv aufgenommen. Dazu kam noch, dass sie eine wirklich sympathische Person war und einige Autorität ausstrahlte. Als sie mit ihren Ausführungen, warum Selbst-Evaluation so wichtig sei, zum Ende gekommen war, wunderten sich die meisten, wie sie bisher ohne so etwas ausgekommen waren.

Während der nächsten Wochen steuerte die Schulleiterin Ursula an einigen Klippen vorbei. Die Sitzungen mit dem Kollegium, mit den Schülern, den Eltern und der Schulbehörde gingen ruhiger über die Runden, als sich Hanna Barr gedacht hatte. Schülervertreter und Vertreter der Behörden für die Arbeitskreise zu gewinnen war kein Problem. Bei den Eltern ging das etwas zäher, und Hanna musste sich schließlich damit zufrieden geben, dass sich überhaupt Eltern meldeten, die a) bereit waren mitzuarbeiten und b) sich wenigstens trauten, bei Gesprächen den Mund aufzumachen. Unter den sechs Elternvertreterinnen, die Hanna schließlich gewinnen konnte, war wenigstens eine, deren Ansehen an der Schule nicht das beste war. Mit dem Kollegium war es auch nicht ganz einfach. Thomas und Hanna mühten sich sehr, in der Gruppe einen Ausgleich zu schaffen und dort nicht nur die positiv Eingestellten zu finden. Thomas Erikson brachte einmal eine Aufstellung mit, die er in einem Buch gefunden hatte. Darin wurden die Mitglieder eines Kollegiums in Bezug auf ihre Einstellung zu Schulentwicklung in Kategorien eingeteilt: die Missionare, die Gläubigen, die Lippenbekenner, die Abwartenden, die Untergrundkämpfer und die Emigranten. Es war eine ganz hilfreiche Kategorisierung, und es wäre ganz interessant, mit dem Kollegium darüber zu sprechen. Hanna schien es aber in diesem Stadium des Projekts noch zu früh dafür. Zu einem späteren Zeitpunkt, wenn Selbst-Evaluation für das Kollegium bereits etwas Selbstverständliches geworden sei, würden die Leute ehrlicher darüber reden – auch über ihre Gefühle.

Die Lehrer und Lehrerinnen trafen sich in drei Viergruppen und gingen das Selbstevaluationsprofil durch. Sie versuchten, bei jedem der zwölf Punkte eine gemeinsame Einschätzung vorzunehmen. Eine Gruppe war in knapp einer Stunde fertig. Die beiden anderen Gruppen brauchten fast eineinhalb Stunden dafür. In der folgenden Woche trafen sich die drei Gruppen unter der Leitung von Ursula und versuchten, zu einem gemeinsamen Ergebnis zu kommen. In einem oder in zwei Punkten kamen sie überein, sich nicht zu einigen. Schließlich sah das Selbstevaluationsprofil der Schule durch das Kollegium so aus.

Bereiche	++	+	-	--	↗	→	↘
ERGEBNISSE							
1 Schulleistungen		x			2	8	2
2 Persönliche und soziale Entwicklung		x				x	
3 Weitere Laufbahn der Schülerinnen und Schüler	x					x	
PROZESSE AUF DER UNTERRICHTSEBENE							
4 Zeit für Lernprozesse		2	7	3	6	6	
5 Qualität des Lernens und Lehrens	x					x	
6 Unterstützung bei Lernschwierigkeiten	x			x			
PROZESSE AUF DER SCHULEBENE							
7 Schule als Lernort		x			x		
8 Schule als sozialer Ort		x		x			
9 Schule als professionelle Organisation	7	4	1		7	5	
UMFELD							
10 Schule und Elternhaus	x				x		
11 Schule und Gemeinde	2	10			x		
12 Schule und Arbeit	x				x		

Abb. 4.1: Das ausgefüllte Selbstevaluationsprofil

Zwei Mitglieder der Kollegiums-Gruppe wurden dazu nominiert, in der Schul-Evaluationsgruppe mitzuarbeiten. Dort trafen sie mit den Vertretern und Vertreterinnen der Eltern, der Schüler, der Schulbehörde und mit Hanna Barr selbst zusammen: neun Personen insgesamt plus Ursula, der kritischen Freundin. Vor dieser Zusammenkunft hatte Hanna Barr ihre Zweifel an der Mitarbeit der Schüler und Schülerinnen gehegt: Können diese wirklich hier sinnvoll ihre Meinung einbringen? Vor allem, wenn sie an so junge Schülerinnen wie Serena dachte. Aber in der Diskussion stellte Hanna fest, dass beide, Serena und ihr Kollege, mehr als nur ihre Stellung hielten. Die Diskussion über die Qualität von Unterricht und Lernen hatte Hanna Barr in Bezug auf einige Dinge die Augen geöffnet – Dinge, über die sie vorher noch nie nachgedacht hatte. Hanna hatte einiges an Literatur über Lernen, Unterricht und Verstehen gelesen – Piaget, Vester, Grell oder Meyer – aber hier wurde jetzt die Theorie in die Praxis umgesetzt. Arnold, der Schülervertreter, sprach gewandt und mit Sachverstand über Lerntypen und hatte erstaunliches Wissen über sein eigenes Lernverhalten. Bei einem Punkt unterbrach sie ihn: Er unterschied zwischen zwei Gruppen von Lehrern – solche, die einem beim Lernen helfen, und solche, die einen beim Lernen behindern. Aber er wusste eindeutig mehr darüber als Hanna. Sie war schließlich froh, als sich die Diskussion anderen Themen zuwandte. Mit einigem Unbehagen wurde ihr aber bewusst, dass es eine ziemliche Herausforderung für ihre Schule darstellte, einen scharfen Blick auf das Thema Unterrichtsqualität und Qualität des Lernens zu werfen.

Es gab auch eine ziemlich ausgedehnte Diskussion über Eltern und Hausarbeiten. Einer der Lehrer hatte beklagt, dass Eltern einfach dabei versagten, ihre Kinder bei ihren Aufgaben zu unterstützen. In der Schule hatte das dann tägliche Auseinandersetzungen zur Folge: Wer hatte die Arbeiten nicht gemacht, wer hatte sie nur schlampig oder halbherzig gemacht? Einer der Behördenvertreter sagte, wenn sie sich mit dem Thema ‚Zeit für Lernprozesse‘ beschäftigten, dann würde das automatisch auch zum Thema führen, wie Schüler und Schülerinnen ihre Zeit verbrächten und wie wichtig dabei die Unterstützung durch die Eltern sei. Die Elternvertreterinnen schienen sowohl erstaunt als auch geschmeichelt, als sie erfuhren, wie wichtig sie seien.

In den Richtlinien des Projekts wurden fünf Bereiche vorgeschlagen, auf die sich Schulen konzentrieren sollten. Trotzdem beschloss das Kollegium, sich nur mit dreien zu beschäftigen. Das schien mehr als genug. Es gab ausführliche Diskussionen, ehe man sich auf diese Kernbereiche einigte. Sie hatten ausgiebig über die Beziehung zu den Eltern, die Beziehung zu den lokalen Behörden und über die persönliche und soziale Entwicklung der Schülerinnen und Schüler diskutiert. Das überraschte Hanna. Wenn sie früher solche Themen angeschnitten hatte, war sie meist nur auf völlige Gleichgültigkeit oder sogar offene Feinseligkeit gestoßen.

Schließlich einigten sie sich darauf, an drei miteinander zusammenhängenden Themen weiter zu arbeiten: Qualität des Lehrens und Lernens, Zeit als Lernressource und die Beziehung Schule – Elternhaus. Es gab eine starke Zustimmung zum Thema Schülerleistungen, ein Thema, das auch von der Behörde favorisiert wurde. Aber ein Schülervertreter hatte sie davon überzeugt, dass sie notgedrungen auch zu diesem Thema kommen würden, wenn sie sich zuerst mit Unterrichtsqualität und Lernqualität beschäftigten.

Die Sitzung hatte weit über zwei Stunden gedauert, aber auch nachher standen die Leute beisammen und unterhielten sich in kleinen Gruppen. Keiner der beiden Schülervertreter hatte es eilig, in die Klasse zurückzukommen. Sie waren in eine angeregte Unterhaltung vertieft. Wenn sie die Körpersprache richtig deutete, dann hatte Hanna Barr allerdings den Verdacht, dass Arnold etwas zuviel Interesse an der jungen und zweifellos hübschen Serena zeigte. Beide Elternvertreterinnen kamen zu Hanna und bedankten sich bei ihr. Sie meinten, es wäre die interessanteste und informativste Sitzung gewesen, an der sie je teilgenommen hätten.

An diesem Abend fuhr Hanna mit einem Hochgefühl heim, das sie schon seit langer Zeit nicht mehr gekannt hatte. Ihr Mann, Direktor der Abteilung für Personalentwicklung in einer großen Firma, tauchte kurz hinter seiner Zeitung auf. Er wies auf die Ironie hin, dass er einer so ‚großen Pädagogin‘ sagen müsse: ‚Das habe ich dir doch immer gesagt.‘

„Vertrau den Menschen. Vertrau dem Prozess. Beschäftige die Menschen mit dem, was für sie wichtig ist. Gesteh ihnen zu, dass sie für sich selbst sprechen können. Akzeptiere Mehrdeutigkeiten und Meinungsunterschiede. Fürchte dich nicht vor Konflikten. Das ist nur gesund. Lass dich auf so etwas ein."

„Du hast leicht reden", war ihre stereotype Antwort darauf bisher immer gewesen. Aber jetzt hatte sie es selbst erfahren. Sie hatte das „Sich-Einlassen" selbst erlebt, von dem ihr Mann nie aufhörte zu reden. Vielleicht würde sie doch noch das Buch ‚Flow‘ lesen, das ihr Leonhard ständig vor die Nase hielt. Mihaly Csikszentmihalyi war allerdings nicht unbedingt ein Autorenname, der viel versprach. Und der Untertitel versprach fast zuviel: Das Geheimnis des Glücks.

„Du hast es immer so eilig", sagte Leonhard, „du weißt immer schon im voraus, wohin es gehen soll. Du hast eine bestimmte eigene Vorstellung und möchtest Leute an der Leine hinter dir herziehen. Du wirst überrascht sein von den Begabungen und verschiedenen Intelligenzen, die sich entwickeln, wenn man Menschen zugesteht, dass sie sich selber entwickeln dürfen."

Leonhard verwendet immer den Begriff ‚multiple Intelligenzen‘. Da musste er aber Hanna erst überzeugen. Sie hatte eine sehr genaue Vorstellung davon, was das Wort Intelligenz für sie und die Lehrer bedeutete und auf welche Schüler und Schülerinnen es zutraf, beziehungsweise auf welche es nicht zutraf.

Während der nächsten Wochen redeten Hanna und ihr Mann sehr viel mehr miteinander als bisher. „Und wenn nichts anderes dabei herausschaut, dieses Projekt tut jedenfalls unserer Ehe gut", sagte sie zu Leonhard. In diesem Fall bewegte sich die Zeitung, hinter der seine ganze obere Körperhälfte verborgen war, keinen Millimeter. Trotz all seiner personen-orientierten Grundsätze machte ihn diese Art von Zutraulichkeit verlegen.

In all den kommenden Wochen, in denen sie an dem Projekt weiter arbeiteten, entdeckte Hanna in ihrem Ehemann eine Ressource, von der sie nicht gewusst hatte, dass es sie gab. Sie entdeckte, obwohl sie das ihm gegenüber nie zugeben würde (!), dass er vom Lernen mehr verstand als sie selbst. Auf jeden Fall verstand er viel davon, wie selbst Organisationen lernen können.

In seiner Firma wurde die Bewertung und Beurteilung der Führungskräfte durch die eigenen Mitarbeiter, 360 Grad-Feedback nannten sie das, bereits seit fünf Jahren durchgeführt. Nach ein paar ziemlich starken Dämpfern am Anfang war Leonhard also an diese Art eines Feedbacks durchaus gewöhnt.

Sich von ihren eigenen Kolleginnen und Kollegen und von den Schülerinnen und Schülern einschätzen und bewerten zu lassen? Hanna glaubte, dass sie noch nicht soweit sei. Sie wollte zuerst einmal mit Ursula darüber sprechen. Hanna war beeindruckt von Ursulas Einfühlungsvermögen und ihrer Sachkenntnis. Sie vereinbarte mit Ursula ein Gespräch – nächsten Mittwoch um drei in ihrem Büro.

Punkt drei klopfte Ursula an die Tür. Hanna brachte Kaffee und wartete darauf, dass Ursula anfangen würde.

„Fangen wir so an: Erzählen Sie mir von Ihrer Schule und welchen Eindruck Sie von ihr haben."

So ein Gesprächsbeginn war Hanna nur recht. Hanna konnte den ganzen Tag und noch die halbe Nacht von ihrer Schule erzählen. Hannas Mann war dafür ein verlässlicher Zeuge. Ursula hörte ohne Unterbrechung zu. Es dauert sicher eine Viertelstunde, bis sie das erste mal etwas sagte.

„Das klingt schlimm. Sie haben eine Menge Kraft in diese Schule gesteckt. Eine große Investition, und Sie haben wenig dafür bekommen. Aber da muss es auch positive Seiten geben. Dinge auf denen Sie aufbauen können."

Hanna Barr wurde erst bewusst, dass sie bisher ausschließlich von den negativen Seiten ihrer Schule gesprochen hatte: Probleme, Dilemmata, unfähige Lehrerinnen und Lehrer, wenig Unterstützung von der Behörde, schlimme Kinder, unkooperative Eltern, ein Lehrplan, der mit den Schülerinnen und Schülern und deren tatsächlichem Leben wenig zu tun hatte.

Bei den Pluspunkten wurde es schwieriger. Sicher – es gab jede Menge ganz reizender Kinder, weit mehr als die Hälfte. Es gab engagierte Lehrer und Lehrerinnen, die sie unterstützten – nicht unbedingt viele ‚Missionare‘, aber ein halbes Dutzend ‚Gläubige‘. Während auf der einen Seite nur eine Minderheit der Eltern zum Elternabend kamen, gab es andererseits doch eine Gruppe von engagierten Eltern, die immer bereit waren zu helfen und nicht genug für die Schule tun konnten.

„Wo zwei oder drei in meinem Namen …" warf Ursula ein. Den Rest ließ sie unausgesprochen.

Hanna kannte den Bibelspruch gut aus ihrer Kindheit und auch einen Ausschnitt aus dem Tonband, das sich Thomas Erikson im Auto angehört hatte.

Dieses Ungleichgewicht, das durch wenige Personen – ‚positive Anziehungskräfte' – in einer Organisation herrschte, war eine riesige Kraftquelle. Eine ganze Organisation konnte dadurch verändert werden. Thomas und die Dame, die auf dem Tonband sprach, hatten das wortgewandt ausgedrückt und auch Vergleiche aus der Physik angeführt. Hanna wurde bewusst, welche Möglichkeiten für ihre Schule darin steckten.

„Kraft freisetzen, negative Energie in positive verwandeln", Ursula hatte das nachdenklich vor sich hingesprochen, als wäre es das erste Mal, dass sie an so etwas dachte. „Das ist es, worum es geht, vermute ich. Wäre es nicht wunderbar, wenn wir das gemeinsam zustande bringen könnten?"

Hanna war von dem ‚wir' angenehm berührt. Sie erinnerte sich an etwas, das ihr Thomas vor längerer Zeit gegeben hatte. Auch ein Ausschnitt aus einem Tonband, den er sich aufgeschrieben hatte. Sie wühlte eine Weile in einer der Schubladen und kam dann mit einem zerknitterten Stück Papier zurück. Die Schrift war fast unleserlich – Thomas hatte es an einem Montag Morgen hingekritzelt, während er wieder einmal in einen Verkehrsinfarkt geraten war.

„Im Management galt für viele Jahre die Maxime, dass Management das ist, was andere dazu bringt, Arbeiten zu verrichten. Das wichtige dabei waren die Arbeiten, die ‚anderen' waren die Nebensache, die eben gemanagt wurden. Sie sollten möglichst alle gleich und berechenbar sein.
Mehr und mehr wurden in der letzten Zeit aber Manager darauf hingewiesen, dass es Menschen sind, die für sie arbeiten. Man musste ihnen klar machen, dass Menschen – wie sie selbst – die Arbeit verrichten, dass jeder auch den Wunsch nach Anerkennung und nach einem Leben in Beziehungen hatte. Je stärker diese Menschen – wir alle – das Gefühl haben, zu einer Organisation dazugehören, desto mehr Arbeit wird verrichtet. Natürlich wirft das eine Reihe von Fragen über die Arbeit in Beziehungen auf. Wie gelingt es, Menschen dazu zu bringen, gut zusammen zu arbeiten? Wie geht man mit Unterschieden um? Was ist der Vorteil von Unterschieden? Wie bringt man Teams dazu, miteinander rasch und effizient zu arbeiten? Wie lösen wir Konflikte?"

Ursula las den Text und reichte ihn Hanna zurück. „Das beschreibt die Sache ziemlich genau", sagte sie. „Könnten Sie mir ein bisschen mehr von sich selber erzählen. Wie geht es Ihnen mit Ihrer Arbeit? Was bedeutet es für Sie persönlich, die Schulleiterin zu sein?"

Hanna erzählte ihr die Geschichte. Sie sparte das Negative nicht aus, aber die Geschichte klang ein wenig besser, als wenn sie diese vor einer Stunde erzählt hätte. Es war neunzehn Uhr vorbei, als sie auseinander gingen. Hanna hatte die meiste Zeit über geredet, während Ursula vor allem Fragen gestellt hatte, aber nicht auf eine inquisitorische Art. Es war vielmehr ein freundliches Zwiegespräch, bei dem sich Hanna zunehmend wohl fühlte. Auch die eine oder andere recht private Seite von ihr wurde angesprochen.

Ursula sagte: „Ich bekomme mehr und mehr mit, dass das Geschäft der Schulleitung ein sehr einsames ist. Man kann sich niemandem wirklich anvertrauen, weil man doch für alle der Boss ist und die Verantwortung trägt. Aber wäre es nicht besser, wenn Sie stärker das Gefühl hätten, dass man Sie dabei unterstützt, diese ganze Verantwortung zu tragen?" Das war als Frage formuliert, aber wie Ursula das mit zunehmender Betonung am Ende sagte, war es doch eine Feststellung.

„Es gibt da kaum einen Unterschied dazu, wie es einem als Lehrerin in einer Klasse geht", sagte Hanna, „man muss als der Boss anerkannt sein. Man darf sich keine Schwächen leisten, sonst verliert man sofort die Kontrolle." Ursula nickte.

„Und trotzdem: Mit der Zeit entwickelt sich eine Beziehung zu einer Klasse. Man kann sich dann etwas zurücknehmen, sich ein wenig öffnen. Man kann dann zeigen, dass man auch nur ein Mensch ist und auch von Schülerinnen und Schülern etwas lernen kann. Man kann dann auch zugeben, dass man nicht alles kann und alles weiß."

Hanna fiel etwas ein: Vor einigen Jahren hatte sie eine junge Französischlehrerin gebeten, in die Klasse zu kommen. Sie, als Schulleiterin, sollte sich von den Schülerinnen und Schülern auf Französisch interviewen lassen. „Aber mein Französisch ist doch miserabel", hatte Hanna damals abgelehnt. Die junge Kollegin hatte geantwortet: „Das weiß ich, und genau aus diesem Grund möchte ich, dass Sie in die Klasse kommen. Meine Schülerinnen und Schüler sollen erleben, dass auch Schulleiterinnen Fehler machen und möglicherweise erleben die Schüler und Schülerinnen dabei, dass sie sogar mehr wissen als Sie."

Ursula war gegangen. Hanna blieb noch sitzen. Sie dachte darüber nach, was sie jetzt gelernt, was sie erfahren hatte: über sich selbst, über ihre Schule, über Selbstevaluation. Das Wort Selbstevaluation war nicht ein einziges Mal in diesem Gespräch gefallen. Aber genau das war es gewesen – ein ziemlich langer, scharfer und kritischer Blick darauf, was es heißt, die Leitung einer Schule zu haben. Hanna verstand jetzt auch besser, was ‚kritischer Freund' heißen kann.

Hanna nahm sich noch eine dreiviertel Stunde Zeit, sich ein paar Aufzeichnungen zu machen. Ursula hatte ihre zwei ‚Hausarbeiten' gestellt. Zum einen sollte sie eine Art Tagebuch führen. Darin sollte sie jeden Tag aufzeichnen, was sie machte, für wen und wofür sie ihre Zeit verwendete und was sie dabei erfuhr. Zeit als Ressource. Hanna wusste schon jetzt, dass sie ihre Zeit nicht unbedingt optimal nutzte. Wo sie sein wollte und wo sie auch sein sollte, das war bei den Schülerinnen und Schülern, bei den Lehrerinnen und Lehrern. Tatsächlich verbrachte sie die meiste Zeit des Tages aber in ihrem Büro und beschäftigte sich mit Problemen. Die zweite Hausarbeit für Hanna bestand darin, dass sie sich zu einigen Fragen ihre Gedanken machen und diese auch niederschreiben sollte.

Die Fragen lauteten:
- Was erwarte ich von diesem Projekt?
- Auf welchen Stärken kann ich aufbauen und an welchen weiter arbeiten?
- Was unternehme ich als nächstes?

Die Antwort auf die erste Frage war ‚bessere Schülerleistungen'. Sie wollte nach einem Jahr guten Gewissens sagen können, dass die Leistungen der Schüler und Schülerinnen besser geworden waren. Aber hatte sie dieses Ziel nicht auch bisher schon immer verfolgt? – Ohne greifbaren Erfolg. Hatte Leonhard Recht? Trieb sie ihre Lehrerinnen und Lehrer zu hart an? Oder in die falsche Richtung?

„Kennst du die Definition für Schwachsinn?", hatte Leonhard sie eines Abends hinter seiner Zeitung heraus gefragt. Es war eine rein rhetorische Frage. Sie wusste, dass er ihr die Antwort in ein paar Sekunden selbst geben würde. Sie wartete also nachsichtig.

„Schwachsinn", sagt er, und jetzt tauchte er hinter seiner Zeitung auf, um seine Worte deutlich zu unterstreichen, „Schwachsinn bedeutet, immer das gleiche zu tun, aber jedes Mal ein anderes Ergebnis zu erwarten."

Hanna lächelte bei der Erinnerung daran, und wie sie das damals abgetan hatte, als einen dieser schlauen Sprüche aus Leonhards endlosem Repertoire. Sie machte mit ihren Aufzeichnungen weiter. Sie war sich nicht mehr ganz sicher, ob an den Worten Leonhards nicht doch etwas Wichtiges dran war. Wenn es gelänge, die Schule zu einem Ort zu machen, an dem Schüler ihr Wissen erweiterten und wo Lehrer und Schüler in einer angenehmen Atmosphäre zusammenarbeiteten, wäre das nicht auch eine gute Möglichkeit, die Schule als Ganzes attraktiver zu machen?

Die Eltern erwarteten gute Schulleistungen – sicher, aber sie erwarteten auch eine gute Beziehung zwischen Lehrern und Schülern, sie erwarteten auch eine kompetente, kontaktfreudige und vertrauensvolle Lehrerschaft, und sie erwarteten, dass an der Schule Fröhlichkeit herrsche. Grundsätzlich erwarteten sie, dass ihre Kinder glücklich und zufrieden seien. Wenn sie erreichen könnte, dass Leistungen der Schülerinnen und Schüler gesteigert würden – durch eine wirklich gründliche Selbstevaluation, durch einen wirklich anregenden und tief gehenden Dialog über das Lernen und den Unterricht, auch durch eine nüchterne Analyse darüber, wofür wie viel Zeit verwendet wird und ob man die nicht besser nützen könnte -, dann ... ja dann ...

Zweiter Punkt ihrer ‚Hausarbeit': Auf welchen Stärken kann ich aufbauen? Hanna wusste, dass sie als Schulleiterin nicht nur nach den Prüfungsergebnissen der Schülerinnen und Schüler beurteilt wurde. Auch nicht nur daran, wie viel Fröhlichkeit an der Schule herrschte. Sie wurde vor allem danach beurteilt, ob ihre Schule ‚gut lief': Gab es keine negativen Schlagzeilen in der Presse? Herrschte an der Schule Disziplin? Wurden die Hausarbeiten kontrolliert? Dieses Projekt, so verführerisch es auch war, barg Risiken in sich. Es konnte auch so etwas werden wie die Büchse der Pandora. Sie musste sich auf ein paar Schlüsselpersonen verlassen können, damit das gut lief. Zum ersten Mal kam ihr zum Bewusstsein, was die viel strapazierte Redewendung von ‚shared leadership' wirklich bedeutete. ‚Verlass dich auf den Prozess', hörte Leonhard nicht auf zu wiederholen – solange, bis es nur mehr eine leere Formel geworden war. Aber dieses Projekt ging nicht nur sie an, es würde nur funktionieren, wenn sie zuließ, dass es sich entwickeln konnte. Bisher hatte der Prozess der Selbst-Evaluierung aber bereits gezeigt, dass es an ihrer Schule Energie und Bereitschaft gab, Verantwortung zu übernehmen. Die Frage war nur, warum das Hanna nicht schon früher bemerkt hatte.

Dritter Punkt: Was als nächstes tun? Hanna wusste, dass sie sich auf etwas eingelassen hatten, für das die Lehrer und Lehrerinnen auch viel Beratung und Unterstützung brauchten. Unterrichtsbeobachtungen in den Klassen würden vermutlich notwendig und wichtig sein. Aber das war eine heikle Angelegenheit. In der Forschung wurden dazu meist besonders ausgebildete Beobachter eingesetzt – aber auch dann musste die Gültigkeit dieser Beobachtungen noch ausdiskutiert werden. Meist endeten die Ergebnisse einer solchen Forschung in den staubigen Regalen von Bibliotheken. Ein Zyniker in ihrem Kollegium hatte dazu gemeint: ‚Und dort wird das Ganze nur mehr von gebildeten Mäusen durchgekaut.' Unterrichtsbeobachtung in diesem Projekt bedeutete etwas ganz anderes. Hier standen die lebendigen Menschen im Vordergrund, die schon jahrelang Kraft in ihre Arbeit investiert hatten. Es gab viele Lehrer an ihrer Schule, die es geradewegs ablehnen würden, im Unterricht beobachtet zu werden. Auch nicht von ihr, nur weil sie hier der Boss war. Und schon gar nicht von Schülern, denn diese waren trotz allem nur Schüler. Und schon überhaupt nicht von Eltern. Niemand konnte wissen, was die dann in ihrer Nachbarschaft herumerzählen würden. Auch nicht von Inspektoren, von denen dann ihre weitere berufliche Karriere abhing. Und letztlich stellte jeder Beobachter bis zu einem bestimmten Grad auch eine Störung dar und hatte nur eine begrenzte Sichtweise.

Das waren Fragen, die sie an Ursula richten musste. Dann kam ihr aber eine weitere Überlegung: Warum sollten diese Fragen nicht einfach mit dem Kollegium besprochen werden? Warum sollten sie sich nicht gemeinsam damit auseinander setzen und gemeinsam um eine Lösung raufen? Das gehörte doch auch zu dem Lernprozess, auf den sie sich eingelassen hatten. Die Teilnahme an der Konferenz, in der diese Fragen besprochen werden sollten, war freiwillig. Hanna war aber ganz sicher, dass immer auch einige von den ,Untergrundkämpfern' anwesend sein würden.

Hanna hatte sich noch nie für eine Konferenz so wenig vorbereitet. In den ersten Jahren, da sie Schulleiterin war, gab ihr einmal jemand den Rat, nie in eine Konferenz zu gehen, ohne vorher genau zu wissen, was dabei heraus kommen würde. Dieser Grundsatz, an den sie sich bisher gehalten hatte, zerbröselte also.

Man musste die Teilnehmerinnen und Teilnehmer an dieser Konferenz zuerst davon überzeugen, dass die Frage wirklich offen gestellt war und nicht irgendwo ein Hintergedanken lauerte. Aber dann beschäftigen sich alle sehr eingehend mit der Frage ,Wie kann Unterrichtsbeobachtung so durchgeführt werden, dass dabei wirklich neue Erkenntnisse gewonnen werden, wir sie aber trotzdem nicht als bedrohlich, sondern als hilfreich empfinden, es aber auch nicht zu zeitaufwändig wird'?

„Wieso führen wir überhaupt Unterrichtsbeobachtungen durch?", frage Simone, eine Kollegin, die erst kurz an der Schule war.

Auf diese Frage war Hanna nicht vorbereitet, daran hatte sie überhaupt nicht gedacht. Hoffentlich war die Antwort in den Projektunterlagen zu finden, die die Experten ausgearbeitet hatten. Für je zwei oder drei hatte Hanna genügend Fotokopien. Sie sahen sich nun diese Unterlagen durch; dreißig verschiedene Maßnahmen und Werkzeuge waren darin angeführt. Einige dieser Methoden lehnten sie gleich als zu umfangreich oder zu komplex, andere als zu einseitig und zu zeitaufwändig ab. Nach zwei Stunden wurden zwei Entscheidungen getroffen. Erstens erfolgte jeder Einsatz dieser Maßnahmen freiwillig und zweitens entschieden sie sich für vier ,Werkzeuge': paarweise gegenseitige Unterrichtsbesuche, fallweises Beschatten, Bildung von Focus-Gruppen und Durchführung verschiedener Kraftfeldanalysen.

Die Kraftfeldanalyse wurde erst nach einer längeren Debatte akzeptiert. Man bezweifelte ihren Sinn und auch, wie hilfreich das wirklich sein könnte. Thomas hatte eine spontane Idee: Warum sollte man nicht fünf Minuten dafür verwenden, das einfach einmal paarweise auszuprobieren? Er schlug das Thema ,Unsere Schule – förderliche und hinderliche Bedingungen für ihre Weiterentwicklung' vor. Thomas teilte leere Blätter aus und demonstrierte die Vorgangsweise am Overhead-Projektor. Fünf Minuten später im Plenum bat Thomas jedes Paar um einen wichtigen Punkt. Seine Zusammenfassung sah so aus:

förderlich für die Weiterentwicklung	hemmend für die Weiterentwicklung
ein engagiertes Kollegium	Zynismus und ‚Brunnenvergiftung‘
eine interessierte und unterstützende Elternschaft	Schüler, die stören
kritische Freunde	eine feindlich gesinnte Öffentlichkeit (vor allem Presse)
hilfsbereite Kolleginnen und Kollegen	Mangel an Ressourcen
Fortbildungskurse (gute!)	zuviel administrative Arbeiten
begeisterte Schülerinnen und Schüler	zu wenig Zeit
Selbstevaluation	ein vollgestopfter Lehrplan

Die darauf folgende Diskussion musste schließlich abgebrochen werden. Darüber hätte man noch lange reden können. Thomas schlug vor, diese Methode auch bei den Schülerinnen und Schülern anzuwenden – etwa für die Frage ‚Was hilft uns beim Lernen? Was behindert uns dabei?‘ Abgesehen von zwei Kollegen, die zweifelnd den Kopf schüttelten, meinten alle, dass es sicher einmal wert wäre, diese Methode auszuprobieren.

Acht Lehrerinnen und Lehrer beschlossen, die paarweisen gegenseitigen Unterrichtsbesuche auszuprobieren. Dazu wurden noch Gesichtspunkte besprochen, auf die bei diesen Hospitationen das Augenmerk gelegt werden sollte – unter dem Generalthema ‚Lehren und Lernen‘. Auch die Art, wie solche Rückmeldungen gegeben werden sollten, wurden besprochen. Die Paare wurden über die Fächergrenzen hinweg gebildet: Sport – Geschichte, Physik – Geographie, Kunst – Englisch, Mathematik – Technik-Unterricht.

Sechs ältere Schüler bzw. Schülerinnen meldeten sich freiwillig dazu, einen jüngeren Schüler einen Tag lang im Rahmen des ‚Beschattens‘ zu begleiten. Dazu hatten sie auch einen Fragebogen, der für jede Stunde ausgefüllt werden musste, und in dem es vor allem darum ging, wie die Schüler ihre Lernzeit nutzten.

Drei Arbeitsgruppen wurden eingerichtet, in denen gemeinsam mit Eltern und Schülerinnen und Schülern die Beziehung zwischen Schule und Elternhaus untersucht werden sollte. Den Vorsitz in diesen Gruppen übernahm Ursula.

Die Kraftfeld-Analyse könnte zusätzlich in allen Bereichen mit einem besonderen Schwerpunkt eingesetzt werden.

Hanna hatte diese Konferenz früher verlassen – sie musste sich um Wichtigeres kümmern: Toilettentüren, eingeschlagene Fensterscheiben, Alarmanlagen, neugierige Zeitungen, die eine gute ‚story‘ witterten – das waren die Dinge, die sie in den nächsten paar Tagen auf Trab hielten. Und als sich die Tage zu Wochen dehnten, wurde Hanna bewusst, dass das Selbstevaluierungs-Projekt ohne sie weiter lief. Erst als sie sich an das bevorstehenden nächste Gespräch mit Ursula erinnerte und ihre Tagebucheintragungen dazu machte, konzentrierte sie sich wieder darauf.

Für ihr Gespräch mit Ursula brauchte sie noch Informationen über den letzten Stand. Sie wollte Thomas in seiner Klasse besuchen.

Thomas unterrichtete. Sie wartete draußen vor der Tür. Er war so in sich versunken, dass er sie draußen vor der Glastür gar nicht sah. Nach ungefähr einer Minute trat sie ein. Es war ein Augenblick absoluter Stille. Thomas Erikson stand da, den Kopf zur Seite geneigt, als ob er auf eine Erleuchtung oder die Antwort auf eine ganz schwierige Frage wartete.

„Weil …"

Hanna sah, dass das dunkelhaarige Mädchen, das sprach, Serena war, ein Mitglied der Selbstevaluierungsgruppe. Irgendwie erschrak Hanna, als ihr bewusst wurde, von wie wenigen Schülerinnen und Schülern ihrer Schule sie die Namen kannte. Serena war gerade dabei, die Antwort auf eine schwierige Frage zu formulieren.

„… weil ich nicht glaube, dass es Fakten gibt, die das Wichtige ausdrücken. Natürlich gibt es solche, wie die, dass Columbus 1492 den Atlantik überquerte. Aber das wirklich Wichtige daran sind die verschiedenen Sichtweisen, die es darüber gibt. Er richtete fürchterliches Unheil an, starb schließlich ausgestoßen und geächtet, und trotzdem wird er als großer Held gefeiert. Wir besuchten letztes Jahr das Haus von Columbus auf Gomera. Außerdem waren ja die Wikinger fünf oder sechs Jahrhunderte vor Columbus in Amerika. Es war also sicher nicht so, dass er Amerika ‚entdeckte'. Das ist kein Faktum."

Thomas Erikson wartete, bis sie zu sprechen aufgehört hatte, dann wandte er sich Hanna zu. Als sie gemeinsam aus der Klasse gingen, stand eine Schülerin auf, stellte sich vor die Klasse und machte dort weiter, wo Thomas aufgehört hatte.

„Sie sind an das gewöhnt", sagte Thomas draußen am Gang. „Sie machen das auch recht gut. Um den Nachwuchs für unseren Beruf brauchen wir uns keine Sorgen zu machen."

Hanna fragte ihn nach dem letzten Stand des Projekts. „Nach Ihrem Wissensstand und Ihrer Einschätzung. Ich habe ja gerade erfahren, dass es keine Fakten gibt."

Sie konnte nicht anders, als diese kleine ironische Anspielung zu machen, aber Thomas trug es mit Fassung.

„Aus meiner Sicht, die selbstverständlich nicht den Tatsachen entspricht, sind einige ganz wichtige und gute Dinge passiert", begann Thomas. „Die gegenseitigen paarweisen Unterrichtsbesuche sind ein voller Erfolg. Die meisten wenigstens. Ein oder zwei Personen können nicht wirklich gut miteinander. Ich habe mit Frau Braun ein paar kleine Reparaturen vorgenommen. Tatsache ist, dass … Margaret und ich ein paar ganz tolle Ideen zum Team-Unterricht entwickelt haben. Die Kinder haben auch noch ein paar gute Ideen beigesteuert, und ich glaube, Margaret hat wirklich viel davon. So wie ich auch. Das Wichtigste aus meiner Sicht ist, dass ich von Margaret gelernt habe, auch die Stärken von Schülern zu sehen, die ich bereits abgeschrieben hatte. Ich habe eine Menge von ihr gelernt.

Es geschehen immer noch Zeichen und Wunder, dachte Hanna. Sie hatte nicht die Absicht gehabt, Thomas das Papier zu zeigen, das sie in der Hand hielt. Sie hatte es für ihre Besprechung mit Ursula vorbereitet. Aus einem spontanen Impuls heraus gab sie es Thomas doch zum Durchlesen (s. Abbildung 4.2).

„Es ist ein Fragebogen zur Selbstevaluation, den mir Ursula gegeben hat. Ich habe mich da selbst einmal eingeschätzt. Mich würde interessieren ..." Hanna zögerte, „... mich würde interessieren, was da herauskommen würde, wenn ich das dem ganzen Kollegium geben würde, um mich zu evaluieren."

„Das wäre sehr mutig", sagte Thomas. „Aber darf ich Ihnen vorschlagen, damit noch ein wenig zuzuwarten – ein paar Monate vielleicht, bis das Projekt abgeschlossen ist?"

Thomas war diplomatisch. Und Hanna verstand sehr gut, was er ihr damit sagen wollte. Wenn sie jetzt den Fragebogen austeilte, könnte das den einen oder anderen Schock für sie bedeuten. Aber wenn sie in den nächsten Monaten noch einiges erreichte und sich das Projekt – unter ihrer Leitung – gut weiter entwickelte, dann würden sicher erfreulichere Ergebnisse heraus kommen.

„Ich glaube, das ist ein guter Rat", sagte Hanna. „Ich danke Ihnen, Thomas."

Führungsqualitäten von Schulleiter/innen	eindeutige Stärke	Stärken überwiegen	Schwächen überwiegen	eindeutige Schwäche
Engagement				
Sachwissen auf dem letzten Stand				
Fähigkeit zu initiieren				
Fähigkeit zu leiten				
Kommunikationsfähigkeit				
effizientes Management				
kann erfolgreich delegieren				
erhöht die Unterrichtsqualität				
schafft gegenseitiges Vertrauen				
regt andere an				
positiver Einfluss auf den Unterricht				
kann effizient evaluieren				
hat Visionen und kann sie längerfristig verfolgen				
zieht Entscheidungen durch				
gute Beziehung zum Kollegium				
gute Beziehung zu den Schülerinnen und Schülern				

Abb. 4.2: Fragebogen zur Einschätzung von Führungsqualitäten

5
Ursula
Die kritische Freundin

OBJEKTIVITÄT – DAS IST
DER BLICK VON AUSSEN

Ursula hörte dem aufmerksam zu, was ihr Frau Barr über ihre Schule und ihre Rolle an dieser Schule erzählte. Zuhören konnte eine ziemlich harte Arbeit sein, wenn man versuchte, auch die Zwischentöne zu hören und die Gefühle zu entdecken, die hinter den Worten lagen. Sie versuchte, die Schule mit Hanna Barrs Augen zu sehen, mit der ganz persönlichen Bedeutung, die die Schule für Hanna hatte.

Je länger sich die Erzählung hinzog, desto deutlicher wurden auch die persönlichen Hintergründe. Begonnen hatte das Gespräch sehr sachlich, sehr vorsichtig – Hanna Barr sprach über Strukturen, Abläufe, Rollen und Verantwortlichkeiten. Es schien am Beginn, als erzähle Hanna Barr eine Geschichte über jemand Fremden. Ursula hörte zuerst nur zu, ganz vorsichtig stellte sie einige Fragen, und mit der Zeit begannen die Schutzschichten abzubröckeln, die Person der Hanna Barr wurde deutlicher sichtbar, und was es für sie persönlich bedeutete, eine so große Schule zu leiten.

Hanna Barr hatte ganz offensichtlich viel in diese Schule hineingesteckt. Die Erfolge der Schule waren ihre Erfolge; die Misserfolge der Schule waren ihre persönlichen Misserfolge. Das europäische Projekt war für sie wichtig. Es könnte so etwas wie ein Katalysator sein, der die Schule weiter brachte und diese aus der erstarrten Routine herausreißen könnte. Aber Hanna Barr sah das Projekt nicht mit ungetrübter Freude. Sie hatte Angst, dass man dabei die eine oder andere ihrer Schwächen entdecken würde. Sie war keine Schulleiterin, wie sie gerne eine gewesen wäre. Sie hatte kein so großes Charisma wie einige ihrer Kolleginnen und Kollegen, sie konnte einen Raum nicht mit ihrer Ausstrahlung füllen. Sie war als Strategin, Planerin und Managerin nicht so erfolgreich, wie sie sich das wünschte. Sie war keine große Rednerin mit einem Schatz von Geschichten und Anekdoten, der man gerne und lange zuhörte. Sie war nicht so belesen, wie sie sich das wünschte. Sie war keine große Innovatorin, sie brach nicht gerne mit Traditionen, sie war nicht besonders risikofreudig und keine große Unternehmerin.

„Viel bleibt also nicht übrig", sagte Hanna schließlich als klage sie sich selber an. Ursula stimmte nicht zu und verneinte auch nicht. Die Beziehung zwischen ihr und Hanna Barr war erst zwei Stunden alt. Soviel war inzwischen aber deutlich geworden: So sah sich Hanna selbst und andere sie vermutlich auch. Ursula fragte sich, bis zu welchem Ausmaß das wirklich Hanna war, ihr wirklicher Charakter. Oder ob das nur die Folge davon war, dass sie in dieser und keiner anderen Umgebung lebte und arbeitete. Ursula stelle diese Frage laut, und Hanna grübelte eine Weile, bevor sie antwortete.

„Ich bin jetzt zehn Jahre an dieser Schule. Es kommt mir komisch vor, aber in bestimmter Weise hat mich diese Schule mit ihrer ganzen Besonderheit geformt und geprägt. Hier bin ich nicht die Missionarin oder die Innovatorin, die ich vielleicht an einer anderen Schule hätte sein können. Ich vermute fast, dass ich teilweise zu dem geworden bin, wie ich bin, weil diese Schule so ist und nicht anders.

„Was ich auch spüre", sagte Ursula, „ist, dass Sie anderen Menschen viel Spielraum lassen. Sie ermöglichen es Ihren Lehrerinnen und Lehrern, sich weiter zu entwickeln. Sie unterstützen sie dabei, ihre Arbeit gut zu machen."

„Da sind Sie jetzt aber sehr gütig mit mir", erwiderte Hanna. „Ich glaube, das ist es, was ich gerne möchte. Das ist die Art, wie ich meine Führungsaufgabe gerne verstehen würde, aber wirklich gelungen ist es mir nicht. Ich habe die vielen positiven Dinge, die an meiner Schule passieren, bemerkt – Thomas Erikson und sein Literatur- und Geschichtsunterricht zum Beispiel – aber ich habe ihn nie so unterstützt, wie er es verdient hätte. Ich vermute, das war deshalb so, weil ich mich immer um die ‚Kranken, Mühseligen und Beladenen' gekümmert habe." Sie lächelte, als sie dieses Bild gebrauchte. Ich glaube, dass es einfach schwierig ist, dauernd mit Problemen zu kämpfen. Ich bin schon froh, wenn ich jeden Tag über die Runden komme."

„Die Tyrannei des Dringlichen?"

Hanna erinnerte sich an dieses Zitat von Steven Covey, dessen Buch ihr Mann ihr einmal zum Lesen geben hatte. ‚Die sieben Wege zur Effektivität' – dieses

Buch hatte sie in Bezug auf ihre Fähigkeiten noch mehr zweifeln lassen. Aber in einer Hinsicht hatte Covey den Nagel auf den Kopf getroffen: Sie war ein Opfer des Dringlichen. Was sie brauchte, war Zeit, die positiven Dinge zu sehen und auf diesen aufzubauen. Sie erinnerte sich daran, dass sie irgendwo gelesen hatte ‚Felsen braucht man nicht zu gießen‘, aber das war es, was sie laufend machte. Immer wieder versuchte sie, die verdorrte Erde zum Sprießen zu bringen, statt dass sie sich um die grünen Knospen gekümmert hätte.

Ursula reichte Hanna eine Zeichnung, die in einem Seminar zur Schulentwicklung unter dem Titel ‚Schatzkarte zur Schulentwicklung‘ entstanden war:

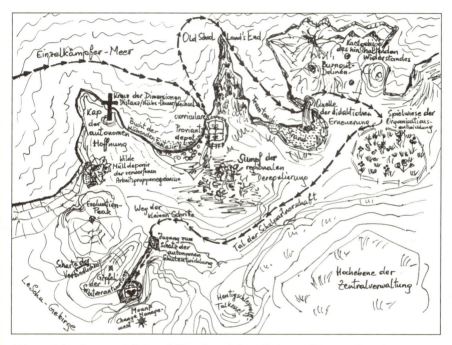

Abb. 5.1: Schatzkarte zur Schulentwicklung (aus: Schratz/Steiner-Löffler 1998, S. 231)

Das traf wohl auch auf ihre Schule zu, dachte sich Hanna, als sie die Zeichnung betrachtete. Die meisten ihrer Lehrerinnen und Lehrer schwammen noch draußen im Meer der Einzelkämpfer, manche waren schon in den Burnout-Dolinen verschwunden, an der Quelle der didaktischen Erneuerung waren nur wenige anzutreffen, und in das Tal der Schulpartnerschaft wagte sich auch höchst selten jemand, obwohl nur durch dieses Tal der Weg zum Schatz der autonomen Schulentwicklung führte.

Es war eigentlich harte Arbeit, was Ursula da machte, trotzdem war die Zeit schnell vergangen. Sie hatten vieles besprochen und eine Reihe von Türen ein Stück weit aufgestoßen. Am Ende kamen sie überein, dass Hanna jeden Tag eine

Übersichtstabelle ausfüllen sollte: Welche Art von Entscheidungen hatte sie getroffen? – Waren diese 1) wichtig und vordringlich 2) wichtig, aber nicht vordringlich 3) vordringlich, aber nicht wichtig oder 4) weder vordringlich noch wichtig. Mittelfristig, so kamen Ursula und Hanna überein, sollte Hanna versuchen, mehr Zeit für den zweiten Quadranten zu verwenden: wichtige, aber nicht vordringliche Entscheidungen sollten getroffen werden. Hanna hatte sich auch bereit erklärt, ein Tagebuch zu führen, in dem sie aufzeichnete, wie sie ihren Tag verbrachte: Mit wem und womit beschäftigte sie sich – und in welcher Absicht. Ursula würde in zwei Wochen wieder kommen, dann würde man besprechen, was inzwischen passiert war.

Die Zeit, die Ursula mit Hanna verbracht hatte, war für beide wertvoll. Hanna hatte jemanden gefunden, dem sie sich bei ihrem sicher einsamen Geschäft anvertrauen konnte. Ursula hatte in der kurzen Zeit eine Menge über das Geschäft der Schulleitung erfahren. In Zukunft würde sie etwas vorsichtiger sein, wenn sie über Führungskompetenzen für zukünftige Schulleiter sprach – weniger verallgemeinernd und hochtrabend. Diese Kompetenzen konnte man nicht einfach aufzählen und in der richtigen Dosierung jemandem einimpfen.

Diese neu entstandene Nähe zwischen Hanna und Ursula hatte für Ursula aber auch ein Problem geschaffen: Ganz offensichtlich hatte Hanna sie zu ihrer ‚kritischen Freundin‘ gemacht. Trotzdem sah sich Ursula als die kritische Freundin für die ganze Schule, für das ganze Kollegium, für alle dort Angestellten, auch für die Eltern und Schülerinnen und Schüler. Es war wichtig für sie, dass sie nicht in zu enger Verbindung und Vertrautheit zur Schulleitung gesehen wurde, denn das könnte das Vertrauen beinträchtigen, das sie auch zu den anderen aufbauen wollte. Ursula legte Wert darauf, viel Zeit mit den Lehrerinnen und Lehrern zu verbringen, beim Mittagessen oder bei Klassenbesuchen, wenn sie dazu eingeladen wurde. Es ging ihr darum, diese Schule durch die Brille möglichst vieler zu sehen.

Es war eine ganz gewöhnliche, unspektakuläre Schule. Der Betrieb lief routinemäßig, fast vorhersehbar ab. Die Selbstevaluierungsgruppe war die erste ‚Störung‘ dieser Routine. Aber sie hatte eine Menge von bisher blockierter Energie frei gesetzt. Es kam Ursula manchmal so vor, als wäre sie mit einer Kamera unterwegs, mit der man die Energieströme festhalten konnte: Die kalten und die heißen Stellen dieser Schule, das eisige Blau, das Orange, das Rot. Sie wusste, dass es an der Schule Orte gab, die in den buntesten Farben leuchteten. Und es gab Klassen, in denen überhaupt keine positiven Ströme von Energie flossen, weder zwischen den Lehrern und den Schülern, noch zwischen den Schülerinnen und Schülern untereinander.

Der Prozess der Veränderung: Er verlief auf bestimmte Weise sowohl von unten nach oben, als auch von oben nach unten. Die ‚Verstörung‘ war durch ein paar Lehrer und Schüler ausgelöst worden. In Luxemburg würde Ursula später eine spanische Lehrerin treffen. Diese verglich den Vorgang mit dem langsamen Durchsickern von Wasser durch ein poröses Gestein. Es sickerte nicht nur nach unten, es verbreitete sich nach allen Seiten, dahin rascher, dorthin langsamer. Das war ein zutreffendes Bild für das langsame Eindringen dieser Prozesse in das Bewusstsein von Menschen.

Der Traum mit den Türen, den Thomas Erikson geträumt hatte, blieb nicht nur ein Traum. Die Türen gingen im wahrsten Sinne des Worte auf, rein physisch, aber auch, was die Berufseinstellung betraf.

Nicht nur, dass Lehrer und Lehrerinnen ihre Kollegen in das Heiligtum ihrer eigenen Klassenräume hineinließen, offener wurden auch das Denken und die Einstellungen. Einige Lehrer und Lehrerinnen begrüßten es ganz offen, dass die Schüler und Schülerinnen ihren eigenen Unterricht evaluierten, andere hingegen experimentierten eher vorsichtig, aber zunehmend angespornt durch die Begeisterung der Kollegen. Man hatte einfach entdeckt, dass das eine erhellende und hilfreiche Erfahrung war.

Eine Lehrerin hatte Ursula das Ergebnis einer Umfrage über ihren eigenen Unterricht gezeigt, die sie in sechs Klassen durchgeführt hatte. Daraus erwuchs eine so fruchtbare Diskussion, dass Ursula sich darüber Aufzeichnungen in ihrem Tagebuch machte. Sie schrieb:

Schließlich fühlte ich mich auch von Roberta akzeptiert, als mich diese um Rat fragte. Roberta war darüber erstaunt, dass der gleiche Fragebogen, den sie in sechs Klassen eingesetzt hatte, zu unterschiedlichen Ergebnissen geführt hatte. Von drei Klassen wurde ihr Unterricht sehr positiv bewertet. Zwei Klassen waren überwiegend positiv und in einer Klasse waren die Ergebnisse sehr unterschiedlich – auch mit deutlich negativen Bemerkungen. Roberta sagte, dass sie an der Universität Vorlesungen über Gültigkeit und Verlässlichkeit von Forschungsmethoden gehört habe.

War ihr Forschungsinstrument nun nicht verlässlich? Was sollte sie davon halten? Wir besprachen, welches Verhältnis Roberta zu den einzelnen Klassen habe. Auf welche Klassen freute sie sich? In welchen Klassen war sie am zufriedensten?

Es wurde sehr rasch klar, dass sie die positiven Rückmeldungen von den Klassen bekommen hatte, auf die sie sich selbst freute. Ich fragte sie, ob sie möglicherweise in verschiedenen Klassen auch unterschiedlich unterrichtete. Zuerst war sie erstaunt, aber dann überraschte sie mich mit einer Aussage, die so unerwartet wie einleuchtend war. Sie sagte etwa:, Ich glaube, ich bin nicht überall die gleiche Lehrerin. Manche würden sagen, Frau Kohl ist eine gute Lehrerin, aber manchmal und in manchen Klassen bin ich das nicht. Es lässt sich damit vergleichen, was es heißt, eine gute Ehefrau zu sein. Es hängt von

dem Standpunkt dessen ab, der das sagt: Meine Kinder? Mein erster Ehe-
mann? Oder mein zweiter Ehemann? Von allen würde ich sehr unterschied-
liche Zeugnisse ausgestellt bekommen.'

Das erinnerte mich daran, dass ich einmal etwas über ‚polykulares' und
‚monokulares' Wissen gelesen habe. Die Idee, die dahinter steckt, ist die fol-
gende: Ein Paar Augen nimmt etwas wahr und hält das vermutlich für die
objektive Sicht der Realität. Mehrere Paare von Augen würden das aber un-
terschiedlich sehen – verschiedene Winkel, verschiedene Perspektiven.

Die ganze Wahrheit liegt immer im Prozess, der erst entschlüsselt werden
muss. Ich fand diese Ansicht eigentlich recht beruhigend und schickte den
Artikel an Roberta. Ich sollte ihn vermutlich auch einigen unserer Politiker
und Schulinspektoren schicken!

„Die Japaner hatten ursprünglich kein Wort für das, was wir ‚Objektivität'
nennen. Das Wort musste erst erfunden werden, als man mit dem Westen
in Kontakt trat. Heute wird das Wort kyakkanteki für Objektivität verwendet;
wörtlich übersetzt bedeutet das ‚aus der Sicht des Gastes'; shukanteki hingegen bedeutet ‚aus der Sicht des Gastgebers' und wird für Subjektivität
verwendet. Da stecken sicher einige interessante Hinweise dahinter. Der
Gast ist nicht einfach ein Fremder, aber er ist für die unsichtbaren Beziehungen in einer Familie vermutlich blind; der Gast nimmt zwar eine Anzahl
verschiedener Personen wahr, aber im Gegensatz zum Gastgeber kennt er
die Dynamik zwischen den einzelnen Personen nicht." (Hampden-Turner/
Tropenaars 1993, S. 113)

Und weiter ...

„... Ein Problem, das mit dem Begriff der Objektivität verbunden ist, besteht
auch darin, dass jene, die für sich die objektive Sicht beanspruchen, glauben, dass sie den Blick auf nichts Neues mehr zu richten brauchen, dass sie
niemandem mehr zuhören brauchen und sie ihre Überzeugung nie mehr
ändern müssen. Sie haben eben die ‚Daten' und kennen die ‚Voraussetzungen'. Jene aber, die eher eine polyokulare Sicht verfolgen, werden nie zufrieden sein, nie meinen, dass sie ‚ausgelernt' hätten." (S. 114-115)

Einige Tage später bekam Ursula ein E-mail von Roberta:

„Ja, aber ... in Island gibt es den Begriff ‚aus der Sicht des Gastes' auch. Dort
bedeutet er jedoch, dass man Dinge gar nicht mehr wahrnimmt, weil sie einem
so vertraut sind. Hast du das auch schon einmal erlebt – wenn du längere Zeit
nicht zu Hause warst und wieder heimkommst, schaut manches zum Teil neu aus,

so als ob Du es mit neuen Augen wahrnehmen würdest? Das ist doch auch ‚aus der Sicht des Gastes‘?“

Ursula hatte eine Diskussion in Gang gesetzt, die sich über einige Wochen hinzog. Dabei wurde sie genau so herausgefordert, wie die Lehrerinnen und Lehrer an der Schule, die sich nach und nach an der kleinen Web-Site-Konferenz beteiligten. Diese neuentdeckte Begeisterung an Reflexion und Auseinandersetzung betraf selbstverständlich nicht alle im Kollegium.

Die Emigranten waren noch weiter emigriert; die aufrechten Gegner opponierten in der Hauptsache weiter; viele von den Abwartenden wurden jedoch in das Lager der Aktiven hinüber gezogen. Die Missionare aber, so wenige es waren, verhielten sich weniger messianisch. Es schien, als verhielten sie sich etwas zurückhaltender, aber auch gestärkt durch den gemäßigteren und praktischen Zugang ihrer Kolleginnen und Kollegen.

Luxemburg

Erst in Luxemburg wurde Ursula mit der europäischen Dimension dieses Projekts vertraut. Sie war an einem trüben, nebligen Tag im November angekommen. Das war ein eher enttäuschender Empfang in dem kleinen Herzogtum. Das riesige Glasgebäude, in welchem die Konferenz stattfinden würde, schaute auch eher abweisend aus an diesem grauen Morgen. Der Konferenzraum war riesig und unpersönlich. An den Wänden hingen die Flaggen aller europäischer Staaten, von denen Ursula die Hälfte gar nicht kannte. Die hohe Decke, die Wände aus Glas, die Größe des Saales, die lange Reihe von Mikrophonen und die Übersetzerkabinen überzeugten Ursula von zweierlei: In diesem riesigen, einschüchternden Raum würde sie auf keinen Fall zum Mikrophon gehen und zweitens: Etwas viel Größeres und Wichtigeres, das nicht nur Schule betraf, spielte sich hier ab.

Am ersten Vormittag gab es nichts anders als eine Reihe von Vorträgen von Leuten, die bei einer solchen Gelegenheit eben reden mussten. Wichtige Leute redeten wichtigtuerisch. Was sie an diesem Vormittag am meisten beeindruckte, war die Rede der Vertreterin der OBESSU, dem Organisationsbüro europäischer SchülerInnenunionen. ‚Die Schüler wissen am besten Bescheid‘ war nicht nur der Titel des Vortrags, sondern auch die Überschrift eines Flugblattes, das ihr Maurice, ein Schüler, beim Eintritt in den Konferenzraum in die Hand drückte. Stimmte das wirklich, dass die Schüler und Schülerinnen am besten Bescheid wissen? Ursula fragte sich, was Serena mit all dem anfangen konnte. Die Teilnehmer waren Personen aus ganz verschiedenen Bereichen: Politiker, Lehrer, Schulleiter, Eltern, Mitglieder der Schulbehörden, Forscher und Wissenschaftler, Beamte, Eurokraten, kritische Freunde und – Serena.

In Arbeitsgruppen – bunt zusammengewürfelt – tauschten sie Erfahrungen in einem Dutzend Sprachen aus, wobei einzelne Teilnehmer und Teilnehmerinnen für andere übersetzten – Italiener, Spanier und Portugiesen versuchten eine gemeinsame Sprache zu finden, obwohl sie von einem Dutzend verschiedener Idiome und Mundarten getrennt wurden. Gemeinsam war ihnen allen das Engagement für ihre eigene Schule.

Ursula nahm an einem Workshop zum Thema Foto-Evaluation teil. Das Sprachproblem war dort nicht geringer. Bis dahin hatte sie die Kraft und die Möglichkeiten visueller Darstellungen kaum geschätzt; aber mit dieser Methode konnte noch ein Stück über die Sprache hinaus gegangen werden. Mit Kameras ausgerüstet hatten sie in kleinen Gruppen wichtige Augenblicke in anderen Arbeitsgruppen festgehalten, eingefrorene Momente der Beziehung zwischen den Teilnehmern, eingerahmte Begriffe aus den Plakaten, die sonst vermutlich unbeachtet geblieben wären. Im Foyer des Kommissionsgebäudes arrangierten sie dann ihre Fotos – als eindrucksvolle und aussagekräftige Kollage. Ursula war sich sicher, dass dieses Foyer noch nie vorher solch respektlose Bilder gesehen hatte.

Während der Kaffeepause zeigte Ursula Thomas und Serena die Ergebnisse ihrer Arbeit und erklärte ihnen den Prozess einer Foto-Evaluation.

„Wäre das auch etwas für unser Repertoire?", fragte sie.

„Was meinst du, wie das unser Haufen aufnehmen würde?", erwiderte Thomas.

„Ich sehe nicht, warum das nicht gehen sollte", sagte Ursula, „solange wir nur die Stimmen aus dem Hintergrund überhören."

„Machen wir es doch", sagte Serena. In ihrem Kopf entstanden bereits alle diese Bilder, die sie von ihrer Schule und ihrer Klasse machen würde. Die Toiletten nicht zu vergessen.

Ursula führte über das Projekt ein Tagebuch. Am Ende des ersten Tages notierte sie die wichtigen Themen und die Fragen, die sie sich selbst gestellt hatte:

- *riesige Unterschiede, wie weit die Leute mit Selbstevaluation in den unterschiedlichen Ländern sind*
- *die unterschiedlichen Einstellungen (Begeisterung, Vorsicht, Skepsis) spiegeln zum Teil die Gesellschaftssysteme und die nationalen Charaktere wider*
- *„harte Forschung" gegen „weiche Forschung" – Daten als Ausgangspunkt für ein Gespräch*
- *Frage: Wie bringt man diese beiden Lager zusammen – von der Tyrannei des ‚entweder – oder' zur schöpferischen Kraft des ‚sowohl – als auch'*
- *Frage: Was müssen wir tun, um die Zweifler und Skeptiker auch mitzunehmen?*

Selbstverständlich spielte die Rolle des kritischen Freundes dabei eine Schlüsselrolle. Da gibt es so riesige Unterschiede:

- *direktives Vorgehen oder non-direktives*
- *von der Unterstützung bis zur Intervention*
- *was bewährt sich am besten – hängt das von der Geschichte einer Schule und von deren Umfeld ab?*
- *Kann ich an der einen Schule intervenierend vorgehen, an einer anderen nicht?*
- *Wieviel hängt davon ab, welche Erwartungen die Menschen in mich setzen? Wie weit muss ich diesen Erwartungen entgegenkommen? Sie mehr als nur erfüllen? Oder mich widersetzen, die Erwartungen verändern?*
- *Ist die Veränderung von Erwartungen ein wichtiger Teil meiner Arbeit?*
- *Ich bin etwas verwirrt durch einen Bericht von zwei Schulen aus Island: Deren Erfahrungen mit kritischen Freunden war total verschieden. Aber beides mal war es die gleiche Person! Aber ... ist der kritische Freund die gleiche Person in zwei verschiedenen Kontexten?*

Das beste von all den Veranstaltungen heute morgen: ein Herr aus dem Englischen Erziehungsministerium (DfEE) zeigte als erstes einen Cartoon auf dem Overhead-Projektor:
„Ich habe Stripe [Name des Hundes] das Pfeifen gelehrt."
„Warum pfeift er dann nicht?"
„Ich habe gesagt, ich habe es ihn gelehrt – nicht, er hat es gelernt."

Das gefiel Ursula so gut, dass sie Bill Clark, den Vertreter des DfEE um eine Kopie bat. Diese würde sie bei der nächsten gemeinsamen Sitzung des ganzen Kollegiums einsetzen. Hanna Barr hatte sie gebeten, dort zu referieren.

März – Konferenz des gesamten Kollegiums

Die erste Konferenz, an der das ganze Kollegium teilnehmen würde (nicht nur Freiwillige!), war kurz vor den Osterferien angesetzt. Es war für Ursula insgesamt eine etwas bedrohliche Aussicht. Sie hatte bisher nur wenig Erfahrungen mit Konferenzen eines gesamten Kollegiums gemacht – und nicht alle waren erfreulich. Sie fürchtete sich ein wenig vor dieser Menge von Lehrerinnen und Lehrern, die ihre ganze Kraft wieder nur für das Negative verschwenden würden. Nach einer dieser Konferenzen, damals vor drei Jahren, hatte Ursula lange gebraucht, um sich davon zu erholen. Es hatte einigen Mut von ihr gebraucht, es später erneut zu versuchen. Vielleicht gelang es aber diesmal, dieses Potential und die Energie vom Negativen zum Positiven umzuleiten. Vor der Konferenz hatte sie sich einige Notizen dazu gemacht, welche Fortschritte es für sie als kritische Freundin gab:

- *die Leute sagen Hallo und lächeln, wenn sie mich sehen; einige nennen mich beim Vornamen*
- *manche Lehrerinnen und Lehrer fragen mich um Rat und um Vorschläge, welche Bücher sie lesen sollten*
- *manche setzen sich beim Mittagessen zu mir*
- *die stellvertretende Schulleiterin fragte mich um Rat in einer schwierigen moralischen Frage*
- *eine Lehrerin lud mich in ihre Klasse ein und bat um mein Feedback*
- *die Direktorin bat mich um eine Rückmeldung über meine Sicht der Arbeitsgruppen-Sitzungen*

Ursulas Beitrag bei der Konferenz war für 15 bis 20 Minuten geplant. Sie sollte darüber berichten, was sie in den letzten sechs Monaten, seit sie mit der Schule zusammen arbeitete, beobachtet hatte. Schließlich dauerte der Beitrag doppelt so lang.

Sie begann damit, dass sie die drei Bereiche, die sie für ihre Arbeit ausgewählt hatten, nochmals aufzeigte und um kurze Beiträge über Fortschritte in diesen Bereichen bat. Dann sprach sie über ihre eigenen Beobachtungen, wobei sie deren Vorläufigkeit und Subjektivität betonte. Es war die Sicht eines Gastes. Sie fragte auch nach, ob sie das in etwa richtig dargestellt hatte und bat um Ergänzungen seitens der Lehrerinnen und Lehrer. Zu jedem der drei ausgewählten Bereiche führte sie drei oder vier wichtige Erfahrungen an.

Zeit für Lernprozesse
- Sowohl Lehrer als auch Schüler sind sich grundsätzlich bewusst, wie sie ihre Zeit verwenden und dass Zeit eine wichtige Ressource für das Lernen darstellt
- Es gibt Belege, dass einige Schüler (vielleicht nur eine kleine Minderheit) ihre Zeit für Hausaufgaben besser nützen
- Es gibt einige Hinweise, dass Lehrer ihren Unterricht besser strukturieren

Qualität des Lernens und Lehrens
- ein viel größeres Bewusstsein, dass zwischen Unterrichten und Lernen Unterschiede bestehen
- ein größeres Interesse daran, wie Lernen vor sich geht

- eine fundiertere Debatte über Qualität von Unterricht und Lernen insgesamt
- langsame Entwicklung von Lernstrategien

Schule und Elternhaus
- ein größeres Bewusstsein der Eltern über ihre Rolle für das Lernen zu Hause
- Eltern werden stärker miteinbezogen, wenn es um die Bewertung von Lernen geht
- Eine kritischere Einstellung zum Thema Hausarbeiten insgesamt

Das setzte eine beträchtliche Diskussion in Gang. Ursula war froh, dass man ihre Beobachtungen grundsätzlich bestätigte. Von einer oder zwei deutlichen Gegenstimmen abgesehen, stimmte man Ursulas Beobachtungen im wesentlichen zu. Was sie besonders freute, war die Qualität und der Stil der Diskussion. Die Leute argumentierten offener und weniger defensiv. Sogar die Gegner klangen weniger scharf und lautstark.

Das erfreulichste Ergebnis dieser Konferenz war aber, dass man eine Arbeitsgruppe von Freiwilligen einrichtete, die sich damit beschäftigen sollte, grundsätzliche Richtlinien zum Lernen zu erarbeiten, die für die ganze Schule gelten sollten. Lernen als zentrales Anliegen der Schule sollte unterstützt und gefördert werden. Die Arbeitsgruppe einigte sich darauf, für vier Bereichen eine unterstützende Kontrolle und Koordination anzubieten:

- für das Lernen im Unterricht
- für das Lernen im Rahmen des Schullebens
- für das Lernen zu Hause
- für das Lernen in der Gemeinschaft des Stadtbezirks

Erfreulich waren auch die Veränderungen, die Ursula und Hanna Barr beobachteten. Das Projekt hatte der Schulleiterin offenbar geholfen. Hanna Barr zeigte jetzt deutlich mehr Selbstvertrauen, mehr Aufgeschlossenheit und mehr Bereitschaft, die Leitung auch mit anderen zu teilen. Thomas Erikson war dafür ein gutes Beispiel, aber es gab auch andere. Tony Campos, der Sportlehrer, schien auch neuen Schwung bekommen zu haben; er meldete sich jetzt freiwillig für Aufgaben, die er früher sicher dankend abgelehnt hätte. Frau Stern, eine Mutter, hatte eine Gruppe von Eltern um sich geschart und richtete eine Nachmittags-Lerngruppe für Schülerinnen und Schüler ein. Ursula überlegte, ob sie Hanna nicht doch ermuntern sollte, ihre persönliche Selbstevaluation durch die Kolleginnen und Kollegen durchzuführen. Es würde dabei sicher deutlich herauskommen, dass auch sie sich zum Positiven hin verändert hatte. Und wenn die Ergebnisse insgesamt nicht zu positiv ausfallen sollten, dann würde Hanna jetzt damit sicher auch besser umgehen können; Ursula war sich da ziemlich sicher.

Ursula war auch zuversichtlich, dass sie bei der zweiten großen Konferenz in Wien im November über ganz greifbare und deutliche Zeichen der Veränderung an dieser Schule würde berichten können.

Die Konferenz stand unter österreichischer Präsidentschaft; Serena, Thomas Erikson und sie selbst würden daran teilnehmen. Ursula war zuversichtlich, dass sie dort eine interessante Geschichte zu erzählen hatte.

6
Kaffee mit dem Professor

A GOOD SCHOOL IS A GOOD SCHOOL IS A GOOD SCHOOL ...

Serena warf einen letzten Blick in den Spiegel. Sie musste zur Sitzung, aber sie war schon etwas spät dran, trotzdem würde sie nicht gehen, bevor nicht auch die letzte Locke genau an dem Platz war, wo sie hingehörte. Sie betrat als Letzte das Sitzungszimmer und fühlte sich ungemütlich, als sie sich zwischen den Beinen der anderen durchzwängen musste. Die Sessel waren im Kreis aufgestellt, einige der Schülerinnen und Schüler saßen auch am Boden. Die meisten sahen älter aus als sie, auch viel ernsthafter. Mit ihr selbst zählte sie vierundzwanzig Personen.

„Wir sind nicht nur dazu da, Köpfe zu zählen", sagte jemand, als sie sich einen Platz am Boden suchte. Das war Roel, ein niederländischer Vertreter. Schon beim letzten Treffen in Luxemburg hatte Serena mit ihm Krach; er hatte sie als unfähig und ihren Beitrag damals als Blödsinn hingestellt.

Langsam konnte sie sich auf das konzentrieren, was hier im Kreis passierte. Ingvild, ein norwegisches Mädchen, redete gerade – so wie immer ernsthaft, rasch, flüssig, lebendig und völlig überzeugt von dem, was sie gerade sagte. Auch sie war über den arroganten Stil Roels offenbar verärgert. Die Sicherheit, mit der Ingvild in solchen Sitzungen auftrat, war sicher eine Folge ihrer Mitarbeit in der OBESSU, dem Organisationsbüro europäischer SchülerInnenunionen.

„Ich denke, wir sollten die Gelegenheit beim Schopf packen und mit diesen Burschen reden", sagte Ingvild gerade. „Ich glaube, wir könnten das eine oder andere von ihnen lernen. Außerdem könnten wir einen Artikel für unser Zeitschrift ‚Q' daraus machen: Aus der Sicht der Schülerinnen und Schüler."

„Worüber sollten wir mit ihnen sprechen?", fragte ein Schüler aus Deutschland.

„Darüber, was die Forschung über Selbstevaluation an Schulen herausgefunden hat. Und über unsere Rolle als Schülerinnen und Schüler dabei."

Serena bekam nun mit, dass sich Ingvild auf die ‚Experten' bezog, die den ganzen Vormittag referiert hatten.

„Nach allem, was wir heute Vormittag hier in Wien gehört haben, ist ziemlich deutlich, dass die Politiker ganz scharf auf diese Selbstevaluation sind", sagte Ingvild. Das wird ein wichtiges politisches Thema, und das gilt für alle achtzehn Länder. Aber es gibt bisher keine Garantie dafür, dass es auch uns, den Schülerinnen und Schülern, etwas bringt. Außer wir selbst kümmern uns darum. Roel hat in einem Punkt recht: Wir sind nicht nur da, um Köpfe zu zählen."

„Aber warum sollten wir mit denen reden?", sagte Roel und machte eine abweisende Handbewegung in Richtung dieser unsichtbaren Experten.

„Wir müssen mit denen reden", sagte Ingvild gleich ungeduldig wie Roel, „weil das, was sie sagen und was sie bei ihren Forschungen herausgefunden haben, zum Schluss Auswirkungen auf uns und unsere Schulen haben könnte. Außerdem sind sie recht sympathisch."

Einige in der Gruppe sahen eher skeptisch drein. Konnte bei einem solchen Gespräch etwas wirklich Praktisches herausschauen?

„Die sind doch alle von den Politikern gekauft", erwiderte Roel. So leicht ließ er sich nicht beiseite schieben. „Wenn es den Politikern nicht passt, was die herausgefunden haben, dann vergessen sie es einfach. Oder sie fordern sie auf, etwas anderes herauszufinden. Wenn diese Experten den Politikern nicht passen, dann fragen sie sie doch gar nicht mehr."

„Das ist unfair", warf Serena ein. Sie erschrak über ihren eigenen Mut. Ihr hatte der französische Professor gut gefallen; sie konnte sich nicht vorstellen, dass er sich von irgend jemandem kaufen ließ. Vom ersten Augenblick an konnte sie feststellen, ob jemand ehrlich und aufrichtig war oder nicht. Er sah etwas exzentrisch, aber sehr gescheit aus – genau so, wie eben ein französischer Professor auszusehen hatte – kahlköpfig, aber mit üppigen Locken auf beiden Seiten seines Kopfes.

Ihre Verteidigung des Professors wurde als freiwillige Meldung aufgefasst: Ohne weitere Diskussion wurde sie gemeinsam mit einem Jungen aus Frankreich, Arthur, und einer Griechin, Zoe, bestimmt, den Professor zu interviewen.

„Das passiert, wenn man zu spät kommt", sagte Ingvild anschließend – aber sie sagte es so, dass ihr Serena nicht böse sein konnte. Sie war niemandem böse, der sich mit widerlichen Burschen wie mit diesem Roel anlegte.

„Aber worüber befragen wir sie denn?", fragte Serena. Sie war etwas verlegen, weil sie das nicht wusste, aber sie spürte, dass dabei etwas herauskommen könnte.

„Was sind erfolgreiche Schulen, worauf beruht ihre Wirksamkeit und was hat das mit der Selbstevaluation von Schulen zu tun", antwortete Ingvild.

Noch einmal bedauerte es Serena, dass sie vor dem Spiegel soviel Zeit vertrödelt hatte. Die anderen waren alle in die Stadt gegangen, um Weihnachtseinkäufe zu besorgen. Serena, Zoe und Arthur aber mussten die Arbeit für die Gruppe machen.

Das Interview

Das Interview mit dem Professor fand am späten Nachmittag statt. Es war ein frischer Novembertag. Die fahle Wintersonne fiel auf die Ecke neben der Bar, wo der Professor saß. Drei Stöße von Papier waren sauber auf dem Tisch verteilt. Er hielt eine Tasse Kaffee in der Hand – auf halbem Weg zwischen der Untertasse und seinem Mund. Er war so in seine Unterlagen vertieft, dass er die Tasse scheinbar vergessen hatte. Eine Packung Gauloises lag am Rand des Tisches, sie sollte vielleicht an seine Nationalität erinnern. Als die Schüler kamen, erhob er sich und bat sie, auf den vorbereiteten Stühlen Platz zu nehmen. Das alles geschah mit der etwas übertriebenen Höflichkeit der alten Schule.

Serena empfand etwas wie Ehrfurcht – sie sollte nun diesen geduldigen gescheiten Mann ausfragen. Arthur war auserkoren worden, das Gespräch auf französisch zu eröffnen. Das sollte vor allem ihn beruhigen und nicht den Professor. Der sprach nämlich fließend Englisch mit kaum einer Spur von diesem gutturalen ‚r‘ oder diesem komischen ‚z‘, das viele seiner Landsleute statt dem englischen ‚th‘ verwendeten. Um seine eigene Nervosität zu verbergen, begann Arthur damit, dass er den Professor bat, so kurz und so verständlich wie möglich zu sprechen.

„Genau das hat auch ein Student bei einer anderen berühmt gewordenen Gelegenheit gesagt. Im Mai 1968 wurde Jean Paul Sartre gebeten, vor der allgemeinen Studentenversammlung an der Sorbonne zu sprechen: ‚Sartre, sois bref!‘ Das werde ich auch versuchen.

Vor dieser Herausforderung war der Professor schon einmal gestanden – damals, als seine eigenen Kinder ihn gebeten hatten, ihnen zu erklären, was denn das überhaupt für eine Arbeit sei, die er mache.

„Also – wer beginnt?" Der Professor betrachtete die drei jungen Leute, die in einem Halbkreis um ihn saßen – das gemütliche Mädchen aus Griechenland mit seiner runden Brille, die sie wie eine Eule aussehen ließ, die gespannte Serena, deren Name so gut zu ihr passte, und der intellektuell aussehende Arthur, der immer wieder nervös eine Haarsträhne aus seinem Gesicht schob. Arthur begann.

„Ist Selbstevaluation etwas Sinnvolles?", fragte er. Als er das sagte, war ihm schon bewusst, dass das nicht die intelligenteste Frage war. Es war auch nicht das, was er eigentlich hatte sagen wollen.

„Ja", sagte der Professor. „War die Antwort kurz genug?"

Die drei grinsten als Antwort auf den Spaß, den der Professor selbst mit seiner Antwort zu haben schien.

„Herr Professor, Ihr Spezialgebiet ist die Schulforschung. Wir wissen nicht genau, was das bedeutet. Vielleicht könnten Sie uns davon mehr erzählen und wie …" Zoe brach ab. Serena fuhr für sie fort: „Wie es …, was das mit der Selbstevaluation von Schulen zu tun hat."

„Gut. Was ich euch nicht sagen werde und sagen kann ist, wie Schulen Selbstevaluation angehen sollen. Das ist etwas, was jede Schule für sich selbst entscheiden muss. Was ich euch vorschlagen möchte ist, dass wir zuerst einmal über erfolgreiche Schulen reden. Und wenn wir das wissen, dann wissen wir auch, was wir evaluieren sollen. Was bedeutet das – ‚erfolgreiche‘ Schule? Über welche Ergebnisse von Schulen reden wir da? Welches sind die Merkmale solcher Schulen? Das sind die wichtigen Fragen."

Zoe schaute bereits ziemlich müde drein. Arthur fragte sich, warum der Professor die Fragen stellte – das war doch ihre Angelegenheit. Serena wünschte, sie wäre doch mit den anderen einkaufen gegangen. Sie wollte etwas Besonderes für ihre Mutter suchen, die in den vergangenen schlimmen Jahre so nachsichtig und geduldig gewesen war. Seit dem Tod ihres Vaters war dies das erste Mal, dass ihre Mutter allein in dem Haus war. Serena bemerkte etwas beschämt, dass der Professor sie anschaute, als ob er eine Antwort von ihr erwartete.

„Könnt ihr meinem Vorschlag zustimmen?" Die drei schauten einander einen Moment lang an. Etwas anderes gab es wohl kaum, als diesem Vorschlag zuzustimmen. Mit der größtmöglichen Begeisterung, die sie im Augenblick aufbringen konnten, drückten sie ihre Zustimmung aus. Arthur schaltete seinen Recorder ein. Serena fasste ihre Überlegungen noch einmal zusammen und fragte: „Also, Herr Professor, was meinen Sie damit, wenn sie von ‚erfolgreichen‘ Schulen sprechen?"

„Es gibt die Definition einer ‚erfolgreichen‘ Schule, und die heißt: eine Schule, in der die Schülerinnen und Schüler größere Fortschritte machen, als man erwarten kann."

„… erwarten kann? Wer erwartet da was?" Zoe und Serena hatten das fast gleichzeitig gesagt und sahen sich anschließend verlegen an.

„… als erwartet werden kann …" Der Professor unterbrach sich selber. Er suchte einen anderen Einstieg. „Also, sagen wir es so: Ich bin sicher, dass euch das bekannt vorkommt: Schüler, die am Beginn eines Schuljahres sehr gut sind, sind meistens auch bei den Besten am Ende des Schuljahres." Dem war wohl zuzustimmen.

Der Professor fuhr fort: „Bekannt ist euch aber auch, dass Kinder, sagen wir aus sogenannten ‚einfachen Familien‘ in der Schule oft nicht so gut sind wie die Kinder von Lehrern oder von Ärzten oder eben Kinder aus Familien, die wir mit ‚Mittelschicht‘ bezeichnen.

Die drei sagten nichts. Sie hörten jetzt etwas aufmerksamer zu. Serena schien aber zu zweifeln. Sie kannte in ihrer Klasse wenigstens drei, auf die das, was der Professor gesagt hatte, nicht zutraf. Sie gehörte auch zu diesen dreien.

„Also: Was Schülerinnen und Schüler können, wenn sie die Schule verlassen, hängt nicht nur davon ab, wie gut Schulen sind. Es hängt auch davon ab, was sie wissen und können, wenn sie mit der Schule beginnen. Das nennen wir den ‚kulturellen oder sozialen Hintergrund‘. Und wir wissen aus allen Untersuchungen, dass dieser Hintergrund einen sehr großen Einfluss darauf hat, wie erfolgreich Schüler und Schülerinnen in der Schule sind. Das ist also die Grundlage, von der wir *erwarten,* dass manche Schüler besser sind als andere.

Der Professor bemerkte die wachsende Ungeduld mit dieser Antwort. Er drehte seine Handfläche nach außen, so als ob er sagen wollte: Das ist noch nicht das Ende der Geschichte.

„Wenn ich euch jetzt richtig einschätze, und es gibt viele Leute, die ebenso denken wie ihr, dann gefällt euch diese Vorstellung nicht. Das darf es doch nicht sein, dass die Schule letztlich überhaupt keinen Unterschied bringt und es doch nur von den Eltern und der sozialen Schicht abhängt, in die man hineingeboren wurde." „Deshalb ..." der Professor unterbrach sich. Er wollte sehen, ob die drei Skeptiker ihm noch folgen konnten. Serena hatte etwas vor sich hingeflüstert, aber der Professor hatte es verstanden und wiederholte ihre Worte:

„Das Ende von allen Geschichten steckt bereits in ihren Anfängen", wiederholte er. „Vom englischen Dichter T.S. Eliot, glaube ich." Er ließ diesen Satz kurz in der Luft hängen, teilweise aus Selbstzufriedenheit, teilweise aus Bewunderung für Serena, die das beigesteuert hatte.

„Was nun die Schulforschung herausfinden wollte, war nun eben dies: Gibt es Schulen, in denen diese Zusammenhänge nicht mehr wirksam sind – Schulen die diese Tatsache umdrehen. Gibt es also Schulen, an denen Schülerinnen und Schüler – ganz gleich welchen sozialen Hintergrund sie haben – weiter kommen und mehr leisten, als man von ihnen erwarten kann? Das sind die Schulen, wie ich schon vorhin gesagt habe, die wir ‚erfolgreiche‘ Schulen nennen.

„Gut" wiederholte Arthur, „weil die Schüler dort größere Fortschritte gemacht haben, als man auf Grund ihres sozialen Hintergrundes hätte vorhersagen können." Vielleicht wollte Arthur damit nur zeigen, dass er zugehört hatte.

„Dann also", meint Zoe, „würden Sie meine Schule als eine erfolgreiche Schule bezeichnen. Mein Papa ist nur ein Bauer, aber ich war in der Schule immer sehr gut, besser als alle Leute in meinem Dorf erwartet hätten."

„Wenn das für viele Schüler und Schülerinnen an deiner Schule zutrifft, Zoe, dann, da hast du recht, dann besuchst du eine ‚erfolgreiche' Schule.

„Aber", warf Serena ein, „wenn nur Zoe so gute Leistungen hätte und die Kinder der anderen Bauern nicht, dann ..."

„... wäre es keine erfolgreiche Schule", sagte Arthur und füllte damit den unausgesprochenen Teil ihres Satzes.

„Dann nicht", pflichtete der Professor bei. Das Ganze ist eine ziemlich schwierige Gleichung. Wie viele der Schülerinnen und Schüler haben bessere Leistungen, als erwartet werden kann, das ist wirklich die Frage. Ein bestimmter Prozentsatz der gesamten Schülerschaft müsste es sicher sein. Aber eine wirklich erfolgreiche Schule ist eine, an der alle Schülerinnen und Schüler besser sind."

„Sie sprechen von ‚besser sein', Herr Professor", sagte Zoe. Es klang etwas aggressiver, als sie das gewollt hatte. Was heißt das ‚besser sein'?"

„Also – wie gesagt: besser als man auf Grund der Hintergrundfaktoren oder auf Grund der sozialen Schicht, um dieses schreckliche Wort zu gebrauchen, am Beginn des Schulbesuches hätte erwarten können. Das ist es, was wir Leistungszuwachs nennen."

„Aber nochmals – ‚besser worin, besser wobei'? Zoe blieb hartnäckig.

„So leicht wollt ihr es mir also nicht machen, oder? Ihr drei seid klüger, als euch gut tut. Also, wenn wir ‚besser' sagen, dann sprechen wir von Leistungen. Und es müssen Leistungen sein, die wir auf irgend eine Weise messen können."

„Sie sprechen jetzt von Tests und Prüfungen und solchen Dingen?", fragte Zoe.

„Ja, gewiss. Die Leistungen, die Schüler bei Prüfungen erbringen, können wir messen und vergleichen. Das ist wichtig, oder wollt ihr mir da nicht zustimmen?"

Die drei sahen einander fragend an. Stimmen wir alle dem zu? Arthur war schon dabei, seinen Mund aufzumachen, aber da fuhr der Professor fort:

„Aber selbstverständlich ist das noch nicht die ganze Geschichte. Wir sind nicht nur an dem interessiert, was wir bei Tests und Prüfungen messen können. Es gibt noch andere Dinge, die ebenso wichtig sind – zum Beispiel: Persönlichkeitsentwicklung, soziale Fähigkeiten, Demokratiebewusstsein und noch eine Menge anderer Dinge ... und, ja, jetzt werdet ihr mich fragen, wie man diese Dinge messen kann. Und die Antwort lautet, dass man das selbstverständlich nicht leicht messen und vergleichen kann, aber die Forschung hat immer wieder versucht, auch das zu tun. Die besten wissenschaftlichen Untersuchungen beinhalten auch alle diese Aspekte."

„Das klingt sehr mathematisch", warf Arthur ein. Aber ich glaube nicht, dass man diese Dinge einfach alle zusammenzählen kann. Man kann doch nicht eine

Addition machen und sagen – das ist es. Für mich persönlich ist wichtig, ob ich gerne zur Schule gehe, ob ich meine Lehrerinnen und Lehrer mag und ob ich dort wirklich lernen möchte. Verstehen Sie, was ich meine?"

„Ich glaube schon", sagte der Professor. „‚Wohlbefinden' – so heißt das doch. Gerade wir in Frankreich nehmen das in unserer Forschung sehr ernst. Und es wird dich nicht wundern, was wir aus unseren Untersuchungen erfahren haben: Schulen, die im Bereich der Leistungen sehr erfolgreich sind, sind oft auch die Schulen, in die die Schüler gerne gehen, wo sich Schüler wohlfühlen, wo Schüler mit ihren Lehrerinnen und Lehrern gut auskommen und sie davon überzeugt sind, dass diese es gut mit ihnen meinen. In Wirklichkeit ist es aber doch ein bisschen komplizierter. Vielleicht kann man es so zusammenfassen: Wohlbefinden und gute Leistungen, das sind mächtige Faktoren."

Arthur war mit der Antwort immer noch nicht zufrieden. „Wer entscheidet denn darüber, was gemessen werden soll? Wer sagt, was ‚erfolgreich' bedeutet oder nicht bedeutet? Warum fragt man nicht uns? Uns Schülerinnen und Schüler? Wir können sehr gut beurteilen, ob eine Schule gut ist oder nicht, weil wir jeden Tag fünf Stunden dort sitzen müssen."

„Eigenartig, dass du das sagst", sagte der Professor. Er zeigte mit seiner Kaffeetasse in das andere Ende des Raumes. „Seht ihr den Herrn dort drüben? Er würde mit euch sofort übereinstimmen. Er hat Schülerinnen und Schüler darüber befragt, was eine erfolgreiche Schule und was erfolgreiche Lehrer ausmacht. Die Ergebnisse diese Befragung nahm er dann als Ausgangspunkt für die Selbstevaluation der Schule. Das Interessante an diesen Kriterien ist, dass sie mit denen von erfolgreichen Lehrern weitgehend übereinstimmen. Das haben Forschungsergebnisse gezeigt. Ich habe mit einem bekannten Kollegen auch Forschungen über das Wohlbefinden durchgeführt: Wir haben herausgefunden, dass die Kriterien für Wohlbefinden für Jungen und für Mädchen die selben sind, und es sind die selben für Kinder mit hohem oder niedrigem sozio-ökonomischem Hintergrund."

„Mir scheint, Sie machen die Dinge immer noch komplizierter", sagte Zoe etwas ungeduldig. „Warum sprechen Sie nicht einfach von guten Schulen?"

„Jetzt verheddern wir uns ein wenig in unserer Sprache", stimmte der Professor zu und lächelte. „Gut, sehen wir, ob ich das ein wenig klären kann. Ich meine, eine ‚gute' Schule", und er schrieb das Wort ‚gut' mit seinem Zeigefinger in die Luft, „eine gute Schule ist ein viel breiterer Begriff als eine ‚erfolgreiche' Schule. Der Begriff ‚erfolgreich' wurde verwendet, um die Geschichte zu vereinfachen. Damit wollten wir das Augenmerk auf bestimmte Bereiche lenken, von denen alle überzeugt sind, dass sie wichtig sind. Und auf Dinge, die wir leichter messen können. Erfolgreich ist genauso ein Werturteil wie gut, aber man kann als Forscher leichter damit umgehen."

„Eine Schule könnte also erfolgreich sein ohne gleichzeitig gut zu sein?", fragte Arthur eher skeptisch.

„Theoretisch, ja", sagte der Professor. „Aber in diesem Fall müsste man mir sehr genau erklären, was man unter gut wirklich versteht." Wieder schrieb er das Wort ‚gut' mit dem Finger in die Luft.

Serena hatte die letzte Zeit geschwiegen. Etwas ging ihr durch den Kopf. Sie hatte schon die ganze Zeit versucht, es mit Worten auszudrücken. Schließlich sagte sie: „Ich bezweifle, dass das alles in Wirklichkeit so ist."

Die anderen sahen sie erwartungsvoll an.

„Wir reden jetzt von guten Schulen, von erfolgreichen Schulen, von Wohlbefinden an der Schule und so. Ich glaube, das ist alles ganz anders. Ich langweile mich manchmal an meiner Schule zu Tode und habe alles satt. Manchmal macht mir das aber ungeheuren Spaß, was wir machen, weil wir eben einen tollen Lehrer haben oder das Fach mich interessiert, wie zum Beispiel Geschichte. Aber Biologie ist meistens nur schrecklich. Sie sprechen, als ob es eine Schule gäbe, an der immer alles gleich wäre."

„Salina hat auf ein wichtiges Problem in diesem Zusammenhang hingewiesen", sagte der Professor nachdenklich.

Serena wünschte sich, dass ein so gescheiter Mensch wie dieser Professor sich wenigstens ihren Namen merken könnte. Sie korrigierte ihn aber nicht, weil er gerade wieder in Fahrt kam.

„An einer erfolgreichen Schule könnte man erwarten, dass alle Lehrerinnen und Lehrer ziemlich in Ordnung sind. In der Sprache der Statistik hieße das, es gibt eine positive Korrelation zwischen der Qualität des Unterrichts in den einzelnen Unterrichtsgegenständen. Aber selbstverständlich gibt es nur ganz wenige Schulen, an denen alle Lehrerinnen und Lehrer gut sind – wenn ihr mir erlaubt, dieses Wort hier zu verwenden." Er wandte sich besonders an Arthur. „Ich vermute, es wird immer Unterschiede zwischen den einzelnen Gegenständen geben, weil Lehrer eben auch Menschen sind. Da kann es schon passieren, dass die Leistungen der Schülerinnen und Schüler in Biologie weit hinter den Erwartungen zurück bleiben. In Geschichte dagegen sind sie weit höher, als man erwarten würde.

„Also ist es doch nicht die Schule, die erfolgreich ist; es sind vielmehr die Lehrerinnen und Lehrer", warf Serena ein.

„Jetzt wird es noch ein wenig komplizierter. Also – ihr stellt ziemlich schwierige Fragen, das man muss man euch schon lassen." Die drei warteten. Eigentlich hatten sie sich vorgestellt, dass Professoren dafür bezahlt werden, dass sie schwierige Fragen beantworten konnten.

„Gut, drei Dinge …", sagte der Professor. „… zum Ersten: Die Fortschritte der Schülerinnen und Schüler in Geschichte und Biologie hängen davon ab, wie erfolgreich eure Lehrer sind. Und das ist so wie Salina gesagt hat, das zählt mehr als die Schule, die ihr gerade besucht. Wenn ihr mir gestattet, den Jargon der Wissenschaftler zu verwenden: Lehrer-Effekte sind stärker als Schul-Effekte. Aber – und da gibt es ein ‚Aber‘: Es ist auf der anderen Seite auch richtig, dass es zum Teil von der Schule abhängt, wie erfolgreich ein Lehrer oder eine Lehrerin ist. Es wäre also durchaus möglich, dass Salinas toller Geschichtslehrer an einer anderen Schule nicht so toll wäre.“

Serena überdachte das sorgfältig. Sie versuchte, sich Herrn Erikson als einen schlechten Lehrer vorzustellen. Es gelang ihr nicht.

„Und – jetzt mixen wir noch eine andere Zutat hinein: Dein Geschichtslehrer wird wahrscheinlich eine ganz unterschiedliche Beziehung zu einer Klasse haben, in der sich die meisten für sein Fach interessieren und auch gute Leistungen erbringen wollen und zu einer anderen Klasse, in der viele Schüler Probleme haben und Probleme machen. Und nicht nur die Lehrer verhalten sich in guten Klassen anders. Auch die Schülerinnen und Schüler sind besser, wenn es viele Mitschüler in der Klasse gibt, die auch interessiert sind. Und wenn nun ein Lehrer an einer Schule arbeitet, an der auch die Kollegen und Kolleginnen gute Arbeit leisten, wenn der Großteil von ihnen erfolgreich ist, dann wird ein Lehrer oder eine Lehrerin stark dazu angeregt, selbst auch erfolgreicher zu sein.“

Der Professor machte eine Pause und nahm einen Schluck von seinem kalten Kaffee. Zoe unterdrückte ein Kichern.

„Dazu kommt noch: Wenn Lehrer oder Lehrerinnen mit Schwierigkeiten konfrontiert sind, dann erhalten sie an der einen Schule mehr Unterstützung als an einer anderen. Ein berühmter Kollege von mir bezeichnete das einmal als ‚nested layers‘: Die Schüler und Schülerinnen lernen, die Lehrer und Lehrerinnen unterstützen sie dabei, das Beste zu geben, und die Schule als Ganzes unterstützt die Lehrerinnen und Lehrer ihrerseits. Auf diese Weise hat die Schule einen indirekten Einfluss. Aber einen wichtigen.“

Arthur wollte über ‚nested layers‘ etwas fragen. Serena versuchte, sich den ‚berühmten‘ Kollegen des Professors vorzustellen. Zoe aber starrte auf den kalten Kaffee, in dem der Professor gedankenverloren rührte, während er sprach. Sie überlegte sich, ob ihre Physiklehrerin Recht hatte, wann sie behauptete, wenn man Kaffee nur lange genug und fest genug rührte, dann würden die Moleküle Wärme erzeugen. Je länger sie dem Professor zuschaute, desto unwahrscheinlicher kam ihr das vor.

„Das Dritte ist das Folgende: Das Ausmaß des Lehrer-Effekts und des Schul-Effekts ist sehr unterschiedlich und hängt vor allem damit zusammen, wie viel Kommunikation und Zusammenarbeit es an einer Schule zwischen den Lehrern gibt. Wenn es keine Kommunikation zwischen den Lehrern gibt, vor allem wenn die Lehrer nicht wissen, wie es in anderen Klassen als den ihren zugeht, dann ist der Schul-Effekt sehr schwach und der Lehrer-Effekt sehr hoch.“

Zoe hatte die paar letzten Minuten nicht zugehört. Mit ihren Gedanken war sie vom Winter hier in Wien zu ihrer Schule außerhalb von Athen gewandert. Dort würde die Sonne jetzt warm scheinen und nicht so trüb wie hier. Sie schaute auf die Uhr. Gerade jetzt würden ihre Klassenkameraden aus den Klassen und zu den Bussen stürmen. Nichts würde ihnen wichtiger sein, als den Abstand zwischen sich und der Schule so rasch wie möglich zu vergrößern.

„Zoe, worüber denkst du nach?"

„Ich überlege gerade, was das bedeutet: Wäre ich in die Schule im nächsten Dorf gegangen und nicht in meinem eigenen Dorf, wäre ich dann vielleicht eine bessere Schülerin?", fragte sie.

„In diesem Fall wärst du vermutlich jetzt nicht hier, Zoe", sagte der Professor. Aber selbstverständlich hast du die richtige Frage gestellt. Schauen wir uns das einmal an einem Beispiel an: Sagen wir, am Ende deiner Grundschulzeit hättest du bei einem Mathematiktest den 500. Platz von 1000 Schülern erreicht. Anschließend hättest du die Auswahl zwischen zwei Gymnasien. Nehmen wir an, eines von den beiden ist erfolgreicher als das andere. Wenn du das erfolgreichere besuchst, erreichst du nach deiner Mittelschulzeit den Platz 420 von 1000 getesteten Schülern. Wenn du in das andere gehst, erreichst du Platz 580."

„Das ist doch nicht so schlimm", sagte Serena.

„Nicht wirklich ein großer Unterschied", meinte Arthur.

„Doch, das <u>ist</u> ein großer Unterschied!", sagte Zoe, „160 Plätze Differenz!"

Der Professor lächelte. Diese unterschiedlichen Meinungen machten ihm offensichtlich Spaß. „Ihr führt euch jetzt ganz so auf wie eine Gruppe von Forschern, die darüber streiten, ob das Glas halb voll oder halb leer ist. Es kommt darauf an, von welcher Seite man das betrachtet. Der Unterschied ist nicht dramatisch, das stimmt. Aber er wäre dramatisch, wenn er darüber entscheiden würde, ob man anschließend die Universität besuchen darf oder nicht oder ob man einen besseren Arbeitsplatz bekommt oder nicht."

Mit einer Handbewegung sorgte der Professor wieder für Aufmerksamkeit. Er war noch nicht ganz fertig. Serena, die offensichtlich etwas sagen wollte, musste warten.

„Und Zoe, wenn deine Nachbarschule zufällig eine ganz unten wäre, also eine teilweise erfol<u>glose</u> Schule im Vergleich zu der Schule in deinem Dorf, könnte der Unterschied 680 zu 320 betragen."

„360 Plätze Unterschied", meinte Zoe erstaunt und vielleicht ein wenig stolz über ihr gutes Kopfrechnen.

„Alles nur Mathematik", warf Arthur ein. „Das klingt für mich ein wenig zu sauber und zu glatt. Ich glaube einfach nicht, dass Sie mit ihren Statistiken alles miteinbeziehen können, was Menschen ausmacht. Menschen sind doch nicht immer berechenbar ..."

„Da hast du selbstverständlich Recht, Arthur. Wir haben es hier nicht mit Äpfeln oder Birnen zu tun. Das Wichtigste bei unserer Forschung bleiben die Menschen: Jungen und Mädchen, die sich von einem Jahr auf das andere verändern. Die Lehrer und Lehrerinnen sprechen daher auch von einem ‚guten Jahr‘ oder einem ‚schlechten Jahr‘, wenn sie von Schülern im Jahr 98 oder 99 sprechen. Wir als Forscher müssen aber mit dem irgendwie zu Rande kommen. Wir sprechen von allen diesen Faktoren als ‚Input‘.“ Als der Professor Serenas Bestürzung bemerkte, fügte er hinzu: „Ja, ich fürchte, in dieser statistischen Welt der Forschung, Salina, bist du auch ein ‚Input‘. In der wirklichen Welt bist du eine einzigartige Person. Aber wenn wir mit unserer Forschung über Schulen weiter kommen wollen, dann müssen wir dich auf einen Cocktail aus Zahlen reduzieren, mit dem wir dann umgehen können. Sagen wir: Geschlecht: weiblich. Alter: Sechzehn? Siebzehn? Soziale Schicht? Welche Schulen hast du bisher besucht? Und so weiter. Wie unzulänglich das auch immer sein mag, Salina, aber um das in den Griff zu bekommen, was dich als Person ausmacht, hilft es uns, die Bedeutung dieser einzelnen Faktoren zu erforschen.“

Er machte eine Pause. Alle wussten, dass er sich jetzt gerne eine Gauloise angezündet hätte. Aber er verzichtete darauf, er wollte kein schlechtes Vorbild sein. Serena konnte schwören, dass er ihr einmal mit den Augen zugezwinkert hatte. Sie fragte sich, ob ein fünfzig Jahre alter Professor unanständige Gedanken in Bezug auf ein sechzehnjähriges Mädchen haben könnte. Sie verwarf diese Gedanken aber rasch wieder.

„Also“, der Professor fuhr ohne Atempause fort, „die Dinge verändern sich, die Menschen verändern sich, deshalb richten wir unser Augenmerk auch auf die Veränderungen, die mit der Zeit passieren. Wir finden, dass es große Unterschiede zwischen den Leistungen von Jungen und Mädchen in verschiedenen Fächern gibt. Aber diese Unterschiede verändern sich, je länger Jungen und Mädchen in die Schule gehen. Einige Studien haben gezeigt, dass zum Beispiel in einem bestimmten Alter in Mathematik die Mädchen schlechter sind als die Jungen, aber dann holen die Mädchen auf und überholen die Jungen sogar. Manche Studien zeigen, dass die Unterschiede zwischen Unterschichtkindern und Mittelschichtkindern im Laufe der Zeit immer größer werden. Meine Schlussfolgerung aus dem Ganzen – mit der man überhaupt nicht übereinstimmen muss – ist die, dass die erfolgreichen Schulen auch nicht alle gleich sind. Einige davon sind für eine bestimmte Gruppe erfolgreich, meinetwegen für Mädchen, andere eher für Jungen. Aber gleichgültig, was man für ein Schüler ist, es ist immer besser, eine erfolgreiche Schule zu besuchen als eine weniger erfolgreiche.

Dann herrschte plötzlich Stille. Niemand stellte mehr freiwillig Fragen. Der Professor fasste zusammen: „Und darum, meine lieben Freunde, ist die Forschung über erfolgreiche Schulen notwendig. Das ist auch der Grund, warum

Selbstevaluation wichtig ist. Solange Schulen selbst nicht wissen, wie gut sie sind und ob sie sich zum Besseren oder Schlechteren hin entwickeln, sind sie ziemlich hilflos. Und dann ist es leicht, die Schuld auf andere abzuschieben: auf schlimme Schülerinnen und Schüler, auf unfähige Eltern, auf fehlende Mittel, zu wenig Geld von der Regierung. Aber wenn Schulen wissen, wo ihre Stärken und Schwächen liegen und wenn die Schulen die Methoden und Werkzeuge kennen, mit denen sie das alles heraus finden können, erst dann können sich Schulen zum Positiven hin weiter entwickeln."

„Das war also die Antwort", sagte Zoe – es klang sehr danach, als ob sie das Gespräch damit abschließen wollte. Sie schaute angestrengt auf ihre Uhr, und dem Professor war klar, dass sich ihre Aufmerksamkeit nicht mehr länger strapazieren ließ.

„Ja, Zoe, es gibt Beweise dafür, dass Selbstevaluation unsere Schulen auch erfolgreicher machen kann ..."

„Das bedeutet also", unterbrach ihn Zoe, „dass die Schulen, die hier bei dieser Konferenz vertreten sind, erfolgreicher werden sollten."

„Pas forcément", sagte der Professor eher zu sich selber. Es schien, als müsse er seine Gedanken erst ins Englische übersetzen. „Nicht unbedingt, nicht notwendiger Weise."

„Schulen könnten irgend eine Form von Evaluation machen, und es würde überhaupt keine Auswirkungen darauf haben, was und wie die Schüler und Schülerinnen in Zukunft an dieser Schule lernen", meinte Serena. Sie versuchte, die Gedanken des Professors vorwegzunehmen.

„Ich hätte es selber nicht besser sagen können", meinte der Professor. Sogar die modernste und ausgeklügeltste Form der Evaluationen würde nicht garantieren, dass Schüler und Schülerinnen mehr, besser, lieber, leichter lernen.

Das was zählt ist: Was mache ich mit den Ergebnissen der Evaluation? Aber darauf kommen wir noch zu sprechen. Ziehen wir also Bilanz."

Die jungen Leute schauten sich ihre Aufzeichnungen an und Arthur begann:

„Also: Wenn alle Schulen gleich erfolgreich wären, wäre es nicht notwendig, sie zu evaluieren. Aber sie sind nicht gleich. Die Forschung zeigt, dass es da Unterschiede gibt, manchmal große. Und darum kann jede Schule noch erfolgreicher, noch besser werden."

„Ausgezeichnet, junger Mann! Einer unserer Lieblingssprüche heißt: „Jeder kann noch dazu lernen". Aber vergiss nicht, es gibt unterschiedliche Anlässe, warum Schulen evaluiert werden sollten. Nicht nur, um sie miteinander zu vergleichen. Also, was noch, Salina?"

„Wie erfolgreich eine Schule ist, das ist auch von Fach zu Fach verschieden." Sie machte eine Pause und wartete auf eine Frage. Aber der Professor nickte nur, um sie zum Weiterreden zu ermuntern.

„Um also ein vollständiges Bild von einer Schule zu bekommen, muss man alle Fächer und alle Bereiche evaluieren."

„Sehr gut", sagte der Professor. „Nicht unbedingt alle, aber alle, die eine Rolle spielen – oder genauer gesagt, alle, die für die Beteiligten eine Rolle spielen. Gerade an diesem Projekt sehen wir recht genau, dass es wichtig ist, dass alle Beteiligten an einer Schule, vor allem natürlich Lehrer und Schüler, sich darauf einigen müssen, welche Bereiche evaluiert werden sollen.

„Noch etwas?", frage er. Als sich von den jungen Leuten niemand mehr zu Wort meldete, sagte er: „Darf ich dann ein paar Schlussfolgerungen ziehen?"

„Bitte", sagte Zoe.

Der Professor zögerte einen Augenblick. Er wollte ganz sicher gehen, von den jungen Leute trotz der Sprachbarriere richtig verstanden zu werden.

„Drei Dinge. Erstens: Wie erfolgreich eine Schule ist, ändert sich von Jahr zu Jahr. Darum sollte Evaluation nie aufhören, sie muss eine Dauereinrichtung, etwas Kontinuierliches sein. Dadurch hat man auch Daten, die man zum Vergleich heranziehen kann. Zweitens: Erinnert euch, was wir von den ‚nested layers' gesagt haben. Das bedeutet, dass das Ziel der Evaluation nicht nur die Schule betrifft, sondern auch einzelne Klassen, einzelne Lehrer. Darum war es uns in diesem Europa-Projekt auch wichtig, dass Lehrer von anderen Lehrern evaluiert werden, dass Schülerinnen und Schüler beteiligt sind und selbst untersuchen, wie sie lernen und unterrichtet werden. Das erst schafft die Offenheit, die gemeinsame Basis, auf der Schülerinnen und Schüler, Lehrerinnen und Lehrer sowie Eltern über ihre gemeinsamen Probleme, Themen, Möglichkeiten und Chancen sprechen können. Evaluation muss überhaupt nichts hoch Wissenschaftliches sein, man braucht auch nicht unbedingt „harte" Untersuchungen und Daten dazu. Es kann auch nur ein Gespräch sein. Sobald jemand zu jemandem anderen sagt: ‚Ich glaube, dies oder jenes könnte man auch besser oder anders unterrichten', sind die Betreffenden schon dabei, Evaluation zu betreiben."

„Aber das alles ist doch nicht neu. Das tun doch ohnehin alle", sagte Arthur.

„Ja und nein. Man sagt, Lehrer und Lehrerinnen seien von Natur aus Evaluatoren. Das stimmt. Aber sind wir das nicht alle? Was wir aber brauchen, sind Beweise, Belege, Daten. Habt ihr schon einmal von der V-A-M-V-Gleichung gehört?"

Natürlich hatten sie noch nichts davon gehört, trotzdem nickten sie alle gleichzeitig.

V-A-M-V: Vorurteil, Ahnung, Meinung, Vermutung. Damit kommt man im Leben recht weit. Es sind wichtige menschliche Fähigkeiten, etwas zu ahnen oder zu vermuten. Aber das alles muss immer wieder auf seine Richtigkeit hin überprüft werden. Kriege wurden auf Grund von Ahnungen und Vermutungen gewonnen."

„Und der dritte Punkt?", fragte Zoe. Erstens wollt sie den Professor daran erinnern, dass da noch etwas fehlte, zum anderen aber hoffte sie, dass er bald wirklich zu einem Ende kommen würde.

„Der dritte Punkt ist ein hypothetischer. Es ist eher nur ein Eindruck, den ich
von meinen Untersuchungen an Schulen habe, die sich deutlich zum Besseren
hin verändert haben."

„Also auch Ahnung und Vermutung?", fragte Zoe.

„Ein Eindruck, aber doch etwas gewürzt – und zwar mit einem Stück logi-
schen Denkens und einigen konkreten Hinweisen, Zoe. Es gibt an diesen Schulen,
so scheint es mir wenigstens, eine gemeinsame Grundhaltung, ein gemeinsames
Ethos, eine gemeinsame Kultur und auch die Gewöhnung an den Erfolg – wenn
ich diese Worte verwenden darf. Und diese Dinge sind nicht die Folge von raschen
Maßnahmen, sonders rühren von der Tradition solcher Schulen her, von Grund-
sätzen, die es dort gibt."

Sehr aufmerksam schauten die drei jetzt nicht mehr drein. Einen letzten
Punkt aber wollte der Professor noch klären.

„Auf Grund dieser Erfahrung oder dieses Eindrucks frage ich mich, ob Evaluation nicht etwas mit zwei Gesichtern sein muss. Damit meine ich das Folgende:
Auf der einen Seite eine breit angelegte Untersuchung der Schule als Ganzes, eine
Generaluntersuchung, wenn ihr wollt. Blutdruck, Herzfrequenz, Cholesterin-
spiegel – und alle diese lebenswichtigen Daten. Dann sollte man aber auch mit
feineren Instrumenten etwas tiefer gehen, eine genauere Einstellung vornehmen,
wenn ich diesen Vergleich gebrauchen darf. Man sollte mit einem Mikroskop
quasi auf die kleinen Details achten, auf die kleinen Erschütterungen in den Klassen, wie sie jeden Tag vorkommen.

Arthur, eher naturwissenschaftlich orientiert, gefiel dieser Vergleich.

„Ich sage euch etwas", schlug der Professor vor, „warum treffen wir uns nicht
morgen Nachmittag nach der Sitzung der Arbeitsgruppen wieder? Ich werde einige Kollegen von mir einladen, auch an einem solchen Gespräch teilzunehmen.
Diese könnten euch auch eine andere Sicht der Dinge vermitteln. Denn, liebe junge
Freunde, das, was ich gesagt habe, ist nicht der Weisheit letzter Schluss. Nur einem zuzuhören und zu glauben, das ist noch kein guter Beweis. Oder?"

Serena sah wieder das Funkeln in den Augen des Professors. Fast bestürzt
fragte sie sich: War dieses ganze Gespräch wirklich nichts anderes als eine nette
Geschichte zu ihrer Unterhaltung gewesen? War das nicht Wissenschaft, war das
nicht die Wahrheit gewesen?

7
Nochmals beim Professor

Serena, Arthur und Zoe waren zuerst in der Bar. Es hatte nicht unbedingt etwas damit tun, dass sie dieses Gespräch kaum erwarten konnten. Sie hatten vielmehr vereinbart, dass es diesmal etwas rascher gehen sollte, damit sie anschließend noch einen kurzer Einkaufsbummel machen könnten. Zuerst zögernd gaben sie dann aber doch zu, dass ihnen das Gespräch mit dem Professor vom Vortag Spaß gemacht hatte. Arthur war der stolze Besitzer eines Papiers, das er heute in seiner Arbeitsgruppe vorgelegt hatte. Jetzt legte er es wieder feierlich auf den Tisch und die drei überflogen den Inhalt. Serena war froh, dass sie die Kunst des Verkehrt-Lesens irgendwann einmal gelernt hatte.

„Darf ich euch meine berühmten Kollegen vorstellen!"

Die drei hatten nicht bemerkt, dass der Professor mit seinen zwei Begleitern eingetreten war. Da war der grauhaarige Herr, den sie schon gestern an der Bar gesehen hatten. Der andere war der große, schlanke Österreicher. Sie erinnerten sich an seinen Vortrag von gestern.

„Die drei Weisen", flüsterte Arthur Serena ins Ohr, aber nicht leise genug. Der österreichische Professor hatte es gehört und nickte verschwörerisch.

„Ich habe ein wichtiges Papier", sagte der Professor und legte ein einzelnes Blatt auf den Tisch, neben das Papier von Arthur. „Es zeigt die Ergebnisse einer Untersuchung an französischen Mittelschulen."

Fünf Personen beugten sich über das Blatt und sahen es aufmerksam durch.

„Aber die Ergebnisse sind sehr verschieden", sagte Arthur mit deutlicher Verwunderung.

„Langsam, langsam", sagte der Professor aus Frankreich. „Schau dir das genau an. Ein Forscher muss immer Einschränkungen in Kauf nehmen und Geduld haben können. Wenn du dir das genauer anschaust, dann siehst du eine Reihe von Übereinstimmungen. Auf beiden Papieren erkennst du die Bedeutung, die die Eltern haben, die Bedeutung eines strukturierten Unterrichts, die Bedeutung der Evaluation durch die Schüler, die Bedeutung von hohen Erwartungen an die Schüler, die Bedeutung der Optimierung der Lernzeit und anderes. Aber es stimmt, auf dem Papier aus Frankreich findest du nicht die Punkte Kollegialität und Zusammenarbeit oder die wichtige Rolle des Schulleiters."

„Weil man an den Einfluss dieser Faktoren in Frankreich nicht glaubt?", fragte der englische Forscher verschmitzt.

„Wahrscheinlich deshalb, weil sie hier nicht signifikant erscheinen oder weil sie in unserem Land nicht so hoch entwickelt sind. Aber man findet auch nicht den Punkt ‚Schülerleistungen' – und das ist nicht deshalb so, weil uns das nicht wichtig wäre. Das Gegenteil ist der Fall."

Merkmale erfolgreicher Schulen

professionelle Schulleitung
zielbewusst, klar; Mitbeteiligung anderer, professionell

gemeinsame Visionen und Zielvorstellungen
Einheitlichkeit der Vorstellungen und Werte, kontinuierliche Arbeit; Kollegialität und Zusammenarbeit

Lernumgebung
anregend, ordentlich

Konzentration auf Lehren und Lernen
bestmögliche Nutzung der Unterrichtszeit, intellektuell herausfordernder Unterricht

hohe Erwartungen an die Schüler
durchgehend hohe Erwartungen und Austausch dieser Erwartungen, intellektuelle Herausforderung

positive Verstärkung
klare und faire Regeln, laufendes Feedback

laufende Überprüfung der Entwicklung
Überprüfung der Fortschritte der Schüler, laufende Evaluierung der Schule

Rechte und Verantwortlichkeiten der Schüler
Förderung des Selbstwertes, Übertragung von Verantwortung, Überprüfung der Arbeiten

zielorientierter Unterricht
effiziente Organisation, klare Zielvorstellungen, strukturierter vielseitiger Unterricht

Schule als lernende Organisation
schulbezogene Personalentwicklung

Beziehung Elternhaus – Schule
Einbindung und Mitarbeit der Eltern

Abb. 7.1: Variablen aus Effektivitätsstudien in Großbritannien und Nordamerika (aus Sammons u.a. 1995)

	Französisch	Mathematik	Politische Bildung	Sozial-verhalten
Umfeld				
Eltern-Unterstützung	++	+		
hohe Erwartungen durch die Eltern	++	+		
Gegenseitige Motivation	++	+		
Klassenebene				
SchülerInnen sagen, die LehrerInnen sind kompetent und fair	+	+	++	++
Unterricht wird als strukturiert erlebt	+	+	++	++
gute Beziehungen zu den LehrerInnen	+	+	++	++
gute Disziplin und wenig Zeitverlust in der Klasse	+	+	+	+
Lerngelegenheiten	++	+	+	+
formative Evaluation	+	++	+	++
Schulebene				
Bedeutung der Unterstützung für das Lernen	+	+		+
Sorgsames Überwachen von Abwesenheiten	+	+	.	+
Bestrafungen für Fehlverhalten sind klar und bekannt	+	+	+	
LehrerInnen sehen ihre Schule als solche mit gutem Ruf		++		

Abbildung 7.2: Variablen in ihrem Bezug zur Effektivität: Französische Mittelschulen 1990-94 (nach Grisay 1997). Beispiel: In jenen Schulen, in denen die SchülerInnen (mehr als in anderen) ihre LehrerInnen als kompetent und fair bezeichnen, machen sie mehr Fortschritte (als in anderen Schulen) in Französisch, Mathematik und ganz besonders in Politischer Bildung und Sozialverhalten.

„Warum wird das dann hier nicht angeführt?", fragte Arthur.

„Eben deshalb, weil es so wichtig ist. In Frankreich haben wir einen sehr genauen nationalen Lehrplan, der allen Schulen im Detail vorschreibt, welche Ziele erreicht werden müssen. Deshalb gibt es in Frankreich auch keine so großen Unterschiede in diesem Punkt zwischen einer Schule und der anderen. Du erinnerst dich: bei der Frage der erfolgreichen Schule schauen wir vor allem darauf, was Schulen unterscheidet."

„Aber die Inhalte dieses Lehrplans könnten sehr gut oder sehr schlecht unterrichtet werden", warf der Professor aus Österreich ein. „Man kann in einem Lehrplan noch soviel Wert auf hohe Anforderungen legen, das garantiert noch lange nicht, dass gut unterrichtet und erfolgreich gelernt wird."

„Wissen Sie, welches die längste Strecke auf dieser Welt ist?", fragte der englische Professor. Er beantwortete seine rhetorische Frage gleich selbst: „Die längste Strecke auf dieser Erde ist die zwischen dem, was in den Lehrplänen steht und dem, was im Kopf eines Kindes vor sich geht."

Nie und nimmer würden die drei Professoren wissen, was gerade in Serenas Kopf vorging. Sie widmete ihre Aufmerksamkeit nämlich dem großgewachsenen Dänen, der vor einiger Zeit die Bar betreten hatte. Er schien sie aus der Entfernung zu beobachten. Sie durchsuchte ihr Gedächtnis: Mit welchen Personen, die ihr bekannt waren, konnte sie ihn vergleichen? Das Gespräch der Professoren nahm sie nur mehr als Hintergrundgeräusch wahr. Was der englische Professor vorhin gesagt hatte, rüttelte sie aber wach.

„Heißt das," fragte sie, „dass Selbstevaluation herausfinden möchte, was in unseren Köpfen vorgeht?"

„Ja", sagte der englische Professor.

„Mmm", sagte der französische Professor.

„Vielleicht", sagte der Professor aus Österreich. „Vielleicht können wir das wirklich eines Tages. Es gibt bereits eine Technologie, die die Gehirnaktivitäten fotografieren kann. Wir wissen zwar nicht, was jemand denkt, aber wir wissen, wie jemand gerade denkt."

„Was meinen Sie damit?", frage Arthur und lehnte sich interessiert vor.

„Das Ganze heißt Thermal-Images. Es werden dabei sozusagen die heißen, die aktiven Flecken im Gehirn fotografiert, und dieses Muster ändert sich von Mikrosekunde zu Mikrosekunde. Thermal-Images zeigen wie ein Lügendetektor an, ob jemand gerade emotional bei einer Sache dabei ist, ob jemand gelangweilt ist, fast schon schläft oder vor Interesse beinahe platzt."

Serena fiel ein, dass sie im Literaturunterricht einmal ein Buch gelesen hatten. Es ging in dem Buch um das Gehirn; dieses wurde in dem Buch als „Der wunderbare Webstuhl" beschrieben. Unaufhörlich webt er Bilder von dieser Welt, manche werden wieder aufgetrennt und durch neue Bilder von dieser Welt ersetzt. Sie hatte das nicht vergessen, vor allem das Bild des Webstuhles gefiel ihr.

„Mein berühmter Kollege ist wie immer drei oder vier Schritte weiter als wir übrigen", sagte der französische Professor. In Serenas Ohren klang das halb bewundernd und halb wie eine Ermahnung. Es tat ihr gut, dass auch diese Experten nicht immer einer Meinung waren. „Die Sache ist ganz einfach die", sagte der französische Professor, „wenn wir wollen, dass Schulen besser werden, dann können wir nicht einfach unsere ganzen Untersuchungen aus den Regalen holen, diese den Schulen hinstellen und sagen: Macht das jetzt! So eine Bevormundung und Gängelung wollen die nicht. Die Schulen müssen selbst herausfinden, was an ihrer eigenen Schule wichtig ist. Sie müssen selber graben, und sie müssen ein wenig tiefer graben. Aber die Forschung gibt ihnen recht hilfreiche Hinweise zum Anfangen, und einen Rahmen, in dem sie arbeiten können."

Serena war immer noch gefangen von der Vorstellung dieses bunten Gewebes in ihrem Gehirn. Es war ein schrecklicher Gedanke, dass eines Tages jemand kommen und da einfach hineinschauen könnte.

„Kennt ihr das Buch ‚Die sieben Wege zur Effektivität‘?", fragte der britische Professor. Sie schüttelten den Kopf.

„Ein wirklich interessantes Buch", sagt er, „niemand würde etwas gegen diese sieben Wege einwenden. Aber auch wenn jemand alle diese Wege geht, ist er oder sie nicht in jedem Fall erfolgreich. Außerdem gibt es sicher Menschen, die nur einige dieser Wege gehen und trotzdem sehr erfolgreich sind. Vielleicht gibt es sogar erfolgreiche Menschen, die überhaupt nichts von dem besitzen oder tun, was in diesem Buch vorgeschlagen wird. Solange Menschen Menschen sind, wird es uns nicht gelingen, das Leben und die Beziehungen untereinander auf einfache Formeln zu bringen. Aber das bedeutet nicht, dass wir nicht einige wichtige Grundsätze herausfinden können."

Serena kümmerte sich im Augenblick mehr um die Körpersprache der ‚berühmten‘ Kollegen, als um das, was der britische Professor sagte. Der englische Professor zog sich langsam wieder auf den Stuhl zurück, während sich – als sei das abgesprochen – der französische Professor nach vorne lehnte. Es war, als könnten die beiden gegenseitig ihre Körpersprache lesen: Jetzt komme ich dran. OK. Ich bin gleich fertig.

„Stellen wir uns vor: Wir könnten alle die elf oder zwölf Merkmale erfolgreicher Schulen, die auf unseren Listen stehen, auf autoritärem Weg verordnen – in der Hoffnung, dass wir dann auch größere Erfolge der Schulen garantieren könnten. Durch ein solches Vorgehen würden wir viele wertvolle Beziehungen zwischen den Lehrerinnen und Lehrern zerstören; wir würden die Fähigkeit dieser Lehrer verringern, Probleme gemeinsam anzugehen und sich neuen Herausforderungen zu stellen. Wir würden vielleicht den Erfolg der Schulen eine kurze Zeit lang steigern können, aber selbstverständlich nicht dauerhaft."

„Ist nicht das der Kern des Problems?", fragte der britische Professor. „Wenn wir jeden dieser einzelnen Punkte unabhängig von den anderen sehen und behandeln, dann reduzieren wir die Schule auf eine Anzahl von isolierten Teilen. Ein Teil heißt Disziplin, ein anderer Lernqualität, ein dritter Unterricht und wieder ein anderer Beziehungen. Das haben wir schon oft gemacht und immer ist es nur ein Herumflicken. Wir haben dann Strategien für eine bessere Disziplin, eine Hausarbeiten-Strategie, eine Strategie für Chancengleichheit. Wir müssen uns diese Dinge aber als miteinander verbunden und in Beziehung zueinander vorstellen. Wenn man an einem Ende zieht, kommt alles in Bewegung."

Er zog ein langes Stück Schnur aus seiner Jackentasche. „Wisst ihr, was eine ‚Katzenwiege‘ ist?", fragte er.

Drei Köpfe schüttelten sich gleichzeitig. Der Professor bat Zoe, beide Hände auszustrecken. Zwischen den beiden Daumen und den anderen Fingern ihrer beiden Hände spannte er nun ein Netz. Serena hatte das Spiel nicht unter diesem Namen gekannt. Sofort erinnerte sie sich aber daran, dass sie das vor Jahren mit ihrem Vater gespielt hatte. Sie lehnte sich vor, nahm zwei der gespannten Fäden und veränderte damit das Netz zu einem viel komplizierteren. Zoe, die sich auch an das Spiel erinnerte, antwortete mit einer raschen Bewegung von Daumen und Zeigefinger, und schon hatte das Netz wieder eine ganz andere Gestalt. Arthur schaute fassungslos zu. Ihm kam vor, als hätten die beiden stundenlang dafür geübt.

„Das ist die ‚Katzenwiege‘", sagte der britische Professor, „Es ist ein ganz hübsches Bild für das, was bei Schulentwicklung passiert. Meint ihr nicht auch?"

Serena war nicht ganz sicher, ob sie die Verbindung zwischen dem einen und dem anderen wirklich sah. Sie hoffte, das bald zu erfahren.

„Eine Möglichkeit, mit Schulentwicklung zu beginnen ist die: Man hat eine Reihe von Punkten, wie eben jene, über die wir gerade gesprochen haben, und schätzt von Zeit zu Zeit ein, ob man als Schule bei diesen einzelnen Punkten Fortschritte erzielt hat oder nicht. Das habt ja ihr auch mit eurem Selbstevaluationsprofil gemacht, oder?"

Die drei nickten.

„Ich vermute aber, dass es für euch nicht leicht war, diese zwölf Dinge immer auseinander zu halten. Es ist auch nicht leicht, nur bei einem Punkt zu beginnen, weil sich dann auch alles andere bewegt."

„Als wir den Punkt Qualität des Lehrens und Lernens besprachen, redeten wir auch sofort über Zeit als Lernressource, über Schülerleistungen und über die Schule als lernende Organisation", pflichtete Arthur bei.

„Mit anderen Worten: Es ist ein dynamischer Prozess", sagte der Professor. „Das möchte ich auch unter dem Begriff ‚Schulentwicklung‘ verstehen. Diese beginnt dort, wo die Diskussion über den Erfolg von Schulen aufhört. Aber ohne diese Diskussion kommt Schulentwicklung auch nicht weit."

„Wie siamesische Zwillinge", meinte Zoe.

Der Professor aus Österreich lachte und fügte hinzu: „Großartig!"

Serena mochte dieses Lachen. Ihr gefiel die Art, wie dieser Mann ihnen aufmerksam zuhörte. Sie hatte das Gefühl, dass er das für wichtig hielt, was sie sagten.

„Aber vergessen wir nicht", sagte der britische Professor, „ebenso wie die erfolgreiche Schule hat auch die ‚entwickelte Schule‘ siebenundfünfzig verschiedene Facetten. Es kommt darauf an, was jemand darunter versteht. Zum Beispiel …"

Er hielt kurz inne und strich seinen Bart. Er suchte nach einem passenden Beispiel. Serena fragte sich, welches bunte Muster wohl jetzt gerade in seinem Kopf entstand, und wie es sich veränderte.

„Ein bedeutender Kollege von mir aus Cambridge", fing er an und zwinkerte dabei Serena zu, wie um ihr Einverständnis zu dem Folgenden zu bitten, „der meint, Schulentwicklung ist das, was wir als den ‚Zuwachs' über das Maß hinaus messen können, in welchem sich Schulen ohnedies von Jahr zu Jahr verbessern. Die Standards werden von Jahr zu Jahr überall höher; aber eine ‚entwickelte' Schule überschreitet noch diese Erwartungen oder diesen Durchschnitt."

„Das ist eine sehr eingeschränkte Sichtweise von Entwicklung", sagte der Professor aus Österreich. „Es ist Entwicklung in einem bestimmten Sinn – sicher, aber diese Definition sagt nichts darüber aus, wie eine Schule ihre Entwicklungsmöglichkeiten nutzt, ihre Möglichkeiten als Schule, eine lernende Organisation zu sein."

Als er die Verwirrung der jungen Leute bemerkte, fuhr er fort: „Es bedeutet ganz einfach, eine Organisation, in der sich jeder als ein Lernender begreift. Und wenn jeder lernt und die Ergebnisse seines Lernens mit den anderen teilt, wird die Organisation als Ganzes eine lernende Organisation. Wenn ihr also glaubt, dass eure Schule als Ganzes schon einen hohen IQ hat, aber sie lernt weiterhin aus ihren eigenen Fehlern, dann wird sie immer noch intelligenter. Eine solche Schule kann man dann mit gutem Recht eine lernende Organisation nennen."

Kurze Stille. Arthur schien über das Gehörte nachzudenken. Zoe betrachtete gedankenverloren ihre Schuhe. Serena widmete ihre Aufmerksamkeit wieder dem Dänen an der Bar. Sie wollte aufstehen, zu ihm hingehen und ihn bitten, sich zu ihnen zu setzen. Dann schaltete sie ihre Aufmerksamkeit wieder vom Hintergrund auf den Vordergrund. Der britische Professor sprach.

„Das Wort ‚Entwicklungsmöglichkeiten' wird im Zusammenhang mit Schulentwicklung häufig genannt. Entwicklung meint dabei weniger die Leistungen der Schüler und Schülerinnen, sondern die Fähigkeit einer Schule, mit bestimmten Dingen besser umgehen zu können – mit Veränderungen, mit den Planungen, mit Krisensituationen. Ein Beispiel – da haben wir Arthur ... du heißt doch Arthur?" Arthur nickte.

„Also, eine Möglichkeit herauszufinden, ob sich dieser Arthur entwickelt, besteht darin, seine Leistungen im Alter von 9, 11 und 15 Jahren zu messen. Das sind deutliche Zeichen für eine Entwicklung, die wir oder die wir nicht in einem bestimmten Alter erwartet haben. Seine Leistungen haben sich verbessert, er hat sich entwickelt. Das ist ein möglicher und sinnvoller Weg, Entwicklungen zu beschreiben. Aber es gibt noch einen anderen Weg, der ist ungleich schwieriger in den Griff zu bekommen. Wenn wir so etwas hätten wie ein ‚Entwicklungs-Messgerät', könnten wir erforschen, wie Arthurs Lernen sich auch nach der Schule weiter entwickelt, im Alter von 20, 25 oder 55. Das würde ohne Zweifel etwas Wichtigeres aussagen als nur über das Hier und Jetzt. Wir würden dann etwas über die längerfristigen, die weiter bestehenden Möglichkeiten erfahren, die Arthur in Bezug auf das Lernen erworben hat. Erinnert euch an die Overhead-Folie, die heute Morgen von einem Vortragenden gezeigt wurde: ‚Es spielt keine Rolle, wie viele das Abitur mit Auszeichnung machen oder nicht machen; eine Rolle spielt aber, welche Möglichkeiten die Schüler mitbekommen haben, auch nach der Schule noch zu lernen‘. Erinnert ihr euch?“ Sie nickten.

„Wir könnten dieses Beispiel auch auf die Schule übertragen. Hat die Schule genug gelernt, um auch weiterhin noch zu lernen? Gibt es an der Schule ein Klima, in dem Lernen gedeihen kann? Das Wort ‚Klima‘ wird in diesem Zusammenhang häufig verwendet, ich meine sogar, es wird etwas zu häufig verwendet. Aber das Wort passt recht gut, weil es in seiner biologischen Bedeutung auf die Bedingungen hinweist, unter denen etwas wachsen und gedeihen kann.“

Plötzlich erinnerte sich Serena wieder an Herrn Erikson und seine Geschichte von dem Zahnarzt aus Schottland. Er hatte in seinem Labor eine Kultur von Pilzen vergessen, die rasend schnell wuchs. Auf diese Weise hatte die Welt das Penicillin bekommen, das einer jungen Frau in Long Island das Leben rettete, als keine Hoffnung mehr bestand.

„Wenn wir von Entwicklung reden, müssen wir alle diese Dinge mitbedenken“, sagte der Professor. Es ist nicht einfach, einen direkten Zusammenhang zwischen dem Klima an einer Schule und den Leistungen, die dort erbracht werden, herzustellen. Es gibt aber gute Gründe daran zu glauben, dass es diesen Zusammenhang gibt.“

Der Professor wartete auf Zustimmung und Unterstützung von seinen Kollegen. Diese waren, ganz untypisch, eine Weile still.

Dann sagte der Professor aus Frankreich: „Sicher, wir glauben, dass es diesen Zusammenhang gibt, sonst wären wir bei diesem Projekt gar nicht dabei. Aber es ist mehr als nur ‚glauben‘. Klima oder Ethos einer Schule ist ein Merkmal, das in allen Studien, die auf der ganzen Welt gemacht wurden, immer wieder auftaucht. Da sind ein paar Ergebnisse einer Untersuchung, die das etwas beleuchten. Ich habe drei Kopien für euch.“

Der Professor verteilte feierlich die Blätter. „Tut mir leid, für euch habe ich keine Kopien“, sagte er zu seinen Kollegen. „Diese Untersuchung vergleicht erfolgreiche höhere Schulen mit eher erfolglosen Schulen über eine Reihe von Jahren hinweg. Beteiligt waren Schulen in Frankreich und in England, nicht besonders viele. Ihr seht ein kleines ‚e‘, wenn es sich um englische Schulen handelt und ein ‚f‘ für französische. Als Forschungsmethode wurden Interviews verwendet. Ihr seht auch, dass die Ergebnisse in Frankreich und in England ziemlich ähnlich sind. Auch wenn nicht immer die gleichen Bereiche untersucht wurden. In den französischen Schulen wurde der Bereich ‚Unterricht' zum Beispiel nicht untersucht.

Schulen	Schulleitung	LehrerInnen	Unterricht	SchülerInnen
nicht wirksam	distanziert zu den Lehrpersonen (e,f) nicht aktiv oder lediglich administrativ (f) keine Kohärenz im Führungsteam (e)	Schwierigkeiten werden auf externe Faktoren zurückgeführt (e,f) Konflikte unter Lehrpersonen (f) hohe Zahl an Absenzen (e)	Unterrichtsqualität sehr unterschiedlich in ‚schwachen' und ‚starken' Klassen (e) Disziplin wird als Voraussetzung für den Unterricht gesehen (e)	Disziplin wird durch Bestrafung aufrecht erhalten (e) LehrerInnen kritisieren die Arbeiten und Leistungen der SchülerInnen (f)
wirksam	Führungsteam teilt dieselben Ziele (e) partizipativer Führungsstil (f)	LehrerInnen stimmen in den Zielsetzungen der Schule überein und sind von denselben Visionen getragen (e,f)	hohe Erwartungen, Interesse an Schülerleistungen und Fragen des Unterrichtens (e)	Schule hat gute Beziehungen zu Eltern (e,f) Diskussionen zwischen Lehrpersonen und SchülerInnen, sobald Probleme auftreten (e) Kultur der Wertschätzung und Anerkennung (e)

Abbildung 7.3: Kontraste zwischen sehr unterschiedlichen Schulen (nach Cousin/Guillemet 1992 und Sammons u.a. 1998)

„Deutlich sind dabei die Unterschiede der Schulen jeweils am Ende des Spektrums in Bezug auf gute Leistungen der Schüler. Schulen mit sehr guten Schülerleistungen sind auch solche, an denen viele Vereinbarungen getroffen werden, an denen Geschlossenheit herrscht und Interesse für die Schüler gezeigt wird und an denen die Qualität des Unterrichts im Mittelpunkt steht. An den Schulen mit schlechten Leistungen ist das gerade umgekehrt. Aus der Sicht der Schulenwicklung wissen wir nicht, welches die Ursachen und Folgen sind, aber das alles zeigt doch in eine wichtige Richtung, oder?"

„Es muss ziemlich schlimm sein, an so einer erfolglosen Schulen zu unterrichten", sagte Arthur. „Wenn Lehrer miteinander Konflikte haben, wie können sie sich dann jemals darauf einigen, wie sie ihre Schule evaluieren sollen? Und wenn sie das nicht können, wie soll dann ihre Schule besser werden?"

„Du bringst das Ganze auf den Punkt", antwortete der Professor. „Wenn Lehrer immer davon ausgehen, dass alle Schwierigkeiten und Probleme von außen auf sie zukommen, dann können sie sich auch nicht darauf einigen, was sie selbst tun können. Deshalb brauchen solche Schulen vermutlich Druck von außen, aber auch Unterstützung, wenn sie sich weiterentwickeln sollen. An solchen Schulen wird Selbstevaluation nie einfach sein, auf jeden Fall nicht ohne viel Hilfe von außen – und dann ist es immer noch fraglich, ob sich wirklich etwas verändert."

„Aber", warf Arthur ein, „geht es dabei nicht immer nur um Meinungen – Meinungen darüber, was ‚gut' oder was ‚erfolgreich' ist?" Wie der Professor schrieb er dabei die Worte mit einem Finger in die Luft.

Der Professor aus Frankreich antwortete – langsam, abwägend und er unterstrich dabei einzelne Worte immer wieder deutlich.

„Vergessen wir nicht ... kommen wir noch einmal auf die Untersuchung aus Frankreich zurück. Die Schüler sagen dort, das sind fähige Lehrer; die Lehrer sagen, diese Schule hat einen sehr guten Ruf ... Ja, das sind Meinungen, aber es sind auch gültige Maßstäbe. Wir haben herausgefunden, dass das Urteil der Schüler ziemlich genau stimmt, meist stimmt es sogar genauer, als das Urteil anderer Betroffener. Mit anderen Worten: Wenn die Schüler und Schülerinnen sagen, dass sie erfolgreiche Lehrer und Lehrerinnen haben, wird das auch durch den Erfolg bestätigt, den an solchen Schulen die Schüler haben. Wir gehen inzwischen davon aus, dass das Urteil der Schüler einen wichtigen und notwendigen Ausgangspunkt für einen Evaluationsprozess darstellt. Das mag nicht immer für jeden einzelnen Lehrer genau zutreffen, aber im Großen und Ganzen stimmt es. Wir sind darauf gekommen, dass man bei der Evaluation immer auch die Frage stellen muss, wie die Schüler an einer bestimmten Schule lernen, wie gerne sie in diese Schule gehen, welche Hilfen und Unterstützungen sie erhalten und welche Beziehung sie zu ihren Lehrern und Lehrerinnen haben. Nur wenn wir diese Dinge verstehen und wissen, wie wir auf sie einwirken können, kann man Schulen weiterentwickeln."

Der Professor aus Frankreich sah plötzlich müde aus. Er hatte drei Tassen Kaffee getrunken, aber der Kaffee in Österreich war nicht so stark wie der, den er gewohnt war. In Gegenwart der jungen Leute wollte er sich kein Bier bestellen. Er kam zum Abschluss:

„Ich hoffe, ihr habt jetzt ein paar Antworten auf eure Fragen. Ich wünsche mir auch, dass ihr diese unsere Vorstellungen und die Ergebnisse unserer Forschung nicht als Rezepte betrachtet, eher als Hinweise und als Vorschläge. Es gibt noch so viel, was wir nicht wissen. Aber es ist spannend, das eine oder andere noch herauszufinden."

Die drei Jugendlichen waren auch müde. Arthur bedankte sich im Namen aller drei. Als einziges männliches Mitglied der Gruppe hatte er sich das Vorrecht dazu genommen:

„Herzlichen Dank, Herr Professor. Wir haben eine Menge erfahren. Wir haben einige Antworten bekommen, aber es stellen sich uns jetzt noch mehr Fragen.

Nochmals Danke! Auch ihren beiden Kollegen", sagte Arthur. Mit der Art, wie er das sagte, hatte er versucht, den Professor nachzuahmen, allerdings ziemlich erfolglos.

In der Hotelhalle machte Serena nochmals kehrt. Sie wollte von dem Professor noch etwas bestätigt haben. Der Professor war gerade dabei, sein lang ersehntes Bier zu bestellen.

„Stimmt es wirklich, dass wir, die Schülerinnen und Schüler, für die Evaluation einer Schule so wichtig sind?"

Der Professor lächelte. „Aber ja. Ihr seid es doch, die in der Schule lernen, oder? Alles, was wir als Forscher und was eure Lehrer tun können, ist doch, euch dabei zu helfen."

„Danke", sagte Serena. „Es war wirklich interessant."

„Auf Wiedersehen, Serena", sagte der Professor.

Sie war noch nicht zwei Schritte gegangen, da rief sie der Professor zurück.

„Vielleicht ist das etwas für dich", sagte er. Er reichte ihr ein paar Blätter Papier. Es sah wie das Kapitel eines Buches aus. Serena las laut – *Geschichte wandelt sich.*

„Siehst du den Mann dort an der Bar?", fragte der Professor. Er zeigte auf den Mann, der allein an der polierten Theke stand. Serena erkannte den Dänen.

„Kann sein, dass du mit diesem Herren über den Text, den er geschrieben hat, sprechen möchtest", schlug er vor.

Geschichte wandelt sich. Serena hatte das Gefühl, dass für sie ein neues Kapitel begann.

Der Professor bestellte sein Bier.

8
Geschichte wandelt sich

Ein Mensch, der am Ende des 19. Jahrhunderts lebt, unternimmt eine Zeitreise. Er hat die Gelegenheit zu erleben, wie seine Heimatstadt in hundert Jahren aussehen wird. Völlig verwirrt von dem Ausmaß und der Art der sozialen Veränderungen, beruhigt ihn doch der Besuch an der Schule ein wenig. Viele der Strukturen sind gleich geblieben. Lehrer und Schüler nehmen noch ziemlich die gleichen Rollen ein wie vor hundert Jahren; auch was in den Lehrplänen steht, kommt ihm recht bekannt vor. Die meisten Veränderungen, die er bemerkt, sind nur oberflächlich. Seine Freude wird noch dadurch verstärkt, dass er den Ruf ‚Zurück zum Wesentlichen‘ an den Schulen vernimmt und dass viele Menschen den Zeiten nachtrauern, als an den Schulen Strenge, Disziplin und hohe Leistungsanforderungen herrschten. Verwirrt und verunsichert ist der Zeitreisende allerdings darüber, dass trotz der großen sozialen Veränderungen die Schule in der Gesellschaft des Jahres 2000 einen immer wichtigeren Platz einnimmt. Er ist auch über die immer höheren Erwartungen erstaunt, die an die Schule und die Lehrer gestellt werden. Die Schulen sollen überall dort eingreifen, wo die Kirchen, die Familien und andere soziale Einrichtungen versagt haben.

Der Zeitreisende ist mit Recht verunsichert. Man erwartet heute viel mehr von den Lehrerinnen und Lehrern als in früheren Zeiten. Sie sollen mit den Bedürfnissen der Kinder und jungen Leute zurechtkommen und sich auf diese einstellen. Diese Kinder wachsen aber in einer Umwelt, unter einem sozialen Druck auf, mit dem sie selbst nur schwer zurecht kommen. Zur gleichen Zeit soll die Schule mit den Anforderungen aus vielen verschiedenen Richtungen zurecht kommen: Anforderungen der Politiker und der Massenmedien, noch höhere Leistungen zu erzielen; die Anforderung zu beweisen, dass das Geld, das in die Schule gesteckt wird, gut investiert ist und die Anforderung, überall dort einzuspringen, wo andere Einrichtungen versagt haben.

Wenn man heute die Qualität von Schulen evaluieren will, muss man sich dieser vielen gleichzeitig herrschenden Kräfte sehr bewusst sein, denen Schulen ausgesetzt sind: der politische Druck von oben und der Druck durch die Schülerinnen von unten, die alle ihre Ängste, ihre Erwartungen und auch Grenzen durch ihren sozialen und ökonomischen Hintergrund in die Klasse mitbringen.

Eine geeignete Welt für junge Menschen?

Im Juli 1999 wurden drei englische Teenager wegen Einschüchterung, Erpressung und Drogenhandel zu Gefängnisstrafen verurteilt. Sie hatten ein umfangreiches kriminelles Netz aufgebaut: Junge Menschen ihres eigenen Alters wurden zum Handel mit Drogen erpresst, damit sie ihren eigenen Konsum und die damit verbundenen Schulden bezahlen konnten. Die Jugendlichen hatten Angst, ihren Eltern davon zu erzählen. Sie fürchteten sich, die Polizei einzuschalten – weniger, wegen der zu erwartenden Strafen, sondern weil sie die Rache und den Terror der anderen Bandenmitglieder fürchteten. Schließlich, als die Schulleistungen und der Gesundheitszustand ihrer Kinder immer schlechter wurden, erfuhren die Eltern von all dem. Aber auch sie schwiegen, weil sie ebenso wie ihre Kinder Angst hatten – vor den Behörden und vor den anderen Bandenmitgliedern. Der Kopf und Anführer der Bande, Rocky Roberts, hatte mit dreizehn angefangen zu dealen. Innerhalb von fünf Jahren hatte er mit seinem Drogenimperium 450.000 DM verdient. Dieses Imperium machte vor keiner Grenze halt. Kinder aller sozialer Schichten, Jungen und Mädchen, Kinder verschiedener Rassen, gute und schlechte Schüler und Kinder aus sehr armen und sehr reichen Familien waren beteiligt.

Diese Geschichte hätte sich praktisch in jedem europäischen Staat, in jeder Gemeinde und an jeder Schule abspielen können. Der Drogenkonsum ist einfach ein Faktum und gehört zur Kultur dieser Welt, in die die Kinder des neuen Jahrtausends hineingeboren werden. Aber diese Kultur, wenn es überhaupt einen Begriff in der Einzahl dafür geben kann, hat viele Facetten. Sie ist bunt und vielfältig wie die Bilder eines Kaleidoskops. Sie kann auf viele Weisen beschrieben werden: eine materialistische Kultur, eine Konsumkultur, eine Designerkultur, eine Kultur des Hedonismus und eine ‚Ich-zuerst-Kultur‘, eine Kultur der Geschwindigkeit, die Kultur einer virtuellen Gesellschaft. Aber kein einziger dieser Begriffe würde nur annähernd eine Welt beschreiben, die für Kinder und junge Menschen sinnvoll erscheinen kann und für die es sich einzusetzen lohnt.

Und weil es die Erwachsenen sind, die Forschung betreiben, die Artikel und die Bücher schreiben, wird diese Welt der Heranwachsenden meist mit den Augen der Erwachsenen betrachtet und beschrieben.

Wir können diese ‚Jugendkultur‘ teilweise beleuchten, wenn wir uns Statistiken ansehen: Wie viele Stunden werden vor dem Fernsehgerät verbracht? Wofür wird wie viel Geld ausgegeben? Wie und wo verbringen die jungen Menschen ihre Freizeit? Wie hoch ist die Rate an arbeitslosen Jugendlichen? Wie schaut der Arbeitsmarkt mit seinen wechselnden Anforderungen an die Jugendlichen aus? Wie groß ist der Unterschied zwischen den Ärmsten und den Reichsten? Wie viele Mädchen im Teenageralter werden schwanger? Welche Hinweise gibt es für sexuelle Gewalt an Jugendlichen? Wie viele Jugendliche flüchten zu Sekten? Wie viele begehen Selbstmord?

Der lokale Kontext

Wir können bis zum einem bestimmten Ausmaß diese Kultur der Jugendlichen mit solchen quantitativen Daten erfassen. Trotzdem brauchen wir auch qualitative, ‚dichtere Beschreibungen‘, Daten, die typische europäische Schulklassen beschreiben – die ganze Reihe von Charakteren, die dort sitzen, die alle an dieser Kultur teilhaben, aber zugleich ganz unterschiedliche Erfahrungen mit dieser Kultur machen und verschieden mit ihr umgehen. Wir können uns zum Beispiel drei junge Menschen genauer ansehen, die man an jeder europäischen Schule heute finden würde.

Serena, 16 Jahre alt, lebt mit ihrer Mutter, einer Witwe seit dem frühen Tod des Vaters, allein. Beide Elternteile hatten sich während der Kindheit intensiv um Serenas Entwicklung gekümmert. Serena wartete begierig darauf, in die Schule gehen zu dürfen. Sie wollte lernen. Kurz nach dem Tod des Vater wurde die Mutter arbeitslos, weil die Textilfabrik am Ort ihre Tore schloss. Serenas Mutter musste fünf Jahre hart darum kämpfen, Serena mit dem zu versorgen, was sie brauchte und damit sie halbwegs mit ihren Klassenkameradinnen mithalten konnte – zum Beispiel mit Designerkleidung oder bestimmten Spielen. Bis jetzt hat sie sich gegen Serenas heftigen Wunsch nach einem Handy („Alle in der Klasse haben eines!") wehren können. Als Serena von der Grundschule in die Mittelstufe wechselte, tat sich eine Kluft zwischen Serena und ihrer Mutter auf. Serena wollte ihre Unabhängigkeit und als Erwachsene betrachtet werden. In den Augen ihrer Mutter war sie viel zu schnell groß geworden, mit vierzehn sexuell reif, aber hoffentlich noch nicht erfahren, wie diese inständig hoffte. Serenas Mutter merkte, wie gefährdet ihre Tochter durch ihre Unwissenheit, aber auch durch ihre zweifellose Attraktivität war. Andererseits machte die dunklere Hautfarbe Serena zum Ziel von rassistischen Belästigungen und Angriffen; sie musste sich auch dauernd gegen die Erwartungen anderer zur Wehr setzen, die meinten, ein ‚asiatisches‘ Mädchen würde es in der Schule nicht weit bringen; es würde ohnedies bald mit jemandem verheiratet, den es gar nicht kannte. Und ihr weiteres Leben würde sie in Abhängigkeit leben.

Serena muss sich gegen die Vorurteile anderer zur Wehr setzen, sie muss die Vorstellungen anderer davon, wer sie ist und was aus ihr werden wird, verändern. Es bedeutet für sie oft harte Arbeit, zwischen der Welt der Schule, der Welt ihres Elternhauses und der Gemeinde, in der sie lebt, Verbindungen herzustellen und Brücken zu schlagen. Es gibt Bereiche in Serenas Leben, die ihre Lehrerinnen und Lehrer nie gesehen haben und von denen diese auch sorgfältig und absichtlich ferngehalten werden.

Hans ist ein Mitschüler Serenas. Er hat einen um zwei Jahre jüngeren Bruder, eine Mutter, die ihren eigenen Betrieb führt, und einen Vater, der in einer großen internationalen Gesellschaft als Personalchef arbeitet. Als Kind hatte sich seine Mutter sehr um ihn gekümmert, auch der Vater, wenn er gelegentlich zu Hause war. Seit fünf Jahren aber, seit seine Mutter das eigene Geschäft hat, sieht er immer weniger von beiden Elternteilen. Seine Mutter kommt oft nicht vor acht Uhr abends nach Hause; die Anwesenheit seines Vaters ist eine Seltenheit. Widerwillig passt Hans auf seinen jüngeren Bruder auf; manchmal muss er das Abendessen kochen, das heißt, die Mikrowelle vier Minuten einschalten. Hans macht seine Hausaufgaben gewissenhaft; dafür verwendet er häufig seinen PC – selbstverständlich das neueste Modell. Den PC verwendet Hans aber auch dafür, stundenlang im Internet zu surfen. Einzelne Dinge, die er dort findet, speichert er in eigenen Dateien, die nur mit einem Passwort zugänglich sind. Wenn sein Vater zu Hause ist, achtet er sorgfältig darauf, keinen falschen Schritt zu tun und kein falsches Wort zu sagen. Seit seiner frühesten Kindheit wurde er darauf trainiert, sich Autoritäten unterzuordnen, vor allem seinem Vater; dieser würde ihm auch nicht den kleinsten Fehler verzeihen.

Jetzt, mit sechzehn und wegen der abnehmenden Kontrolle durch die Eltern, beginnt Hans sich mehr und mehr den wachsamen Augen des Vaters zu entziehen. Geschickt schafft er es, seine Mutter von seiner Anständigkeit in allen Bereichen zu überzeugen. Auch einige Lehrerinnen und Lehrer hat Hans höchst erfolgreich davon überzeugt, dass er ein kluger, fleißiger und braver Schüler ist.

Daniel sitzt in der gleichen Klasse wie Serena und Hans. Seine Eltern ließen sich scheiden, als Daniel elf war. In den beiden auf die Trennung folgenden Jahren war Daniel immer wieder bei seinem Vater. Seit dieser aber wieder geheiratet und in eine andere Stadt gezogen ist, sieht Daniel ihn nur mehr selten. Seine Mutter hatte eine Reihe von Männerbekanntschaften. Einer dieser Freunde seiner Mutter betrinkt sich regelmäßig. Dann kann es passieren, dass er Daniels Mutter schlägt – aus Eifersucht oder weil ihm irgend etwas an ihr nicht passt. Einmal hatte er auch Daniel geprügelt. Danach kam Daniel drei Tage nicht nach Hause; die Nächte verbrachte er in Toreinfahrten. Schließlich griff ihn die Polizei auf und brachte ihn heim zu seiner völlig verstörten Mutter. Sie hatte schreckliche Schuldgefühle, bat Daniel um Verzeihung und verwöhnte ihn mit teuren Geschenken.

Seit diesem Vorfall verlässt Daniel immer das Haus, wenn seine Mutter und ihr Freund sich betrinken. Er schlendert durch die Straßen, verbringt die Nächte bei irgendwelchen Leuten, die er gerade trifft. Seine Anwesenheit in der Schule wurde im dritten und vierten Jahr an der Mittelschule immer sporadischer. Manchmal fehlte er eine ganze Woche. Von der Schule wurden unzählige Briefe an die Mutter geschickt. Schließlich meldete sie sich telefonisch und versprach, darauf zu achten, dass Daniel die Schule regelmäßig besucht. Aber ihre guten Vorsätze halten nie lange. Zu den Aussprachen, zu denen sie an die Schule eingeladen wurde, erschien sie nie.

Wenn Daniel in die Schule kommt, scheint er geistesabwesend und sogar seine besten Lehrerinnen und Lehrer schaffen es nicht, ihn länger für irgend etwas zu interessieren. Obwohl es im Kollegium eine Reihe von Spekulationen gibt, bleibt Daniels Innenleben für alle ein undurchschaubares Geheimnis.

Normalerweise sitzen in europäischen Schulklassen nicht drei sondern zwanzig bis dreißig Schülerinnen und Schüler – mit ganz unterschiedlichen sozialen und psychologischen Voraussetzungen. Der Begriff von der ‚homogenen Schülergruppe‘ ist da nur mehr wenig hilfreich, höchstens bei einzelnen Themen und über kurze Zeit.

Der politische Hintergrund

Die Klasse, in der Serena, Hans und Daniel gemeinsam sitzen und von wo aus sie unterschiedliche berufliche Laufbahnen einschlagen werden, scheint Welten von den europäischen Zentren der Macht entfernt zu sein. Trotzdem sind sie auf eine feine, fast unsichtbare Weise miteinander verbunden. In Prag, Budapest und Tampere treffen sich Minister aus ganz Europa, um ihre gemeinsamen Anliegen zu besprechen und darüber zu beraten, wie sie ihre jeweiligen Staaten weiterentwickeln können. Gleichzeitig treffen sich in Brüssel hochrangige Beamte aus Kopenhagen und London. In Luxemburg und Wien treffen sich im Rahmen eines gemeinsamen europäischen Projekts Regierungsberater mit Schulleitern und Schülern. Diese Regierungsberater nehmen eine wichtige Botschaft für ihre jeweiligen Regierungen mit. Serenas Stimme ist nur eine Stimme von vielen, aber etwas, das sie gesagt hat, wird von Ministern in Lissabon, Rom und Reykjavik wiederholt werden: Die Sicht, die die Schülerinnen und Schüler von der Schule haben, muss für die Regierungsberater und Regierungen zunehmend an Bedeutung gewinnen; denn deren Sicht allein ist authentisch und zwingend.

In den vergangenen Jahren konnte man rund um den Erdball den beinahe hektischen Austausch von Ideen und Vorstellungen über gemeinsame Konzepte und Vorstellungen von Bildung beobachten. Wir machen drei Gründe dafür aus, warum dieses Thema einen so hohen Stellenwert in der internationalen Diskussion bekommen hat. Man könnte sie so bezeichnen:

- nachlassende finanzielle Ressourcen
- schwindender Arbeitsmarkt und gestörter sozialer Friede
- wachsende Informationsgesellschaft

Nachlassende finanzielle Ressourcen

Die Frage nach der Qualität von Bildung wurde teilweise durch Zahlen ausgelöst: Ein immer größerer Prozentsatz von Menschen beansprucht für eine immer größer werdende Zeitspanne während ihres Lebens Bildungseinrichtungen. Das erfordert entsprechend höhere finanzielle Mittel, die in das Bildungssystem, vor allem für höhere Bildung, fließen müssen. Die finanziellen Aufwendungen für die Schulsysteme sind also in allen Industriestaaten während der letzten dreißig Jahre deutlich angestiegen. Gleichzeitig wurden durch große internationale Untersuchungen wie TIMSS (IEA), Schlüsseldaten zur Bildung in Europa (EURYDICE) oder ,Education at a Glance' (OECD) Daten gesammelt und veröffentlicht, die die Ausgaben für die Bildung in den einzelnen Staaten mit den Strukturen dieser Bildungssysteme und den Leistungen dieser Systeme in Verbindung setzen. Die internationale Perspektive, die diese Untersuchungen geschaffen hat, machte es einerseits möglich, einzelne Bereiche in verschiedenen Staaten miteinander zu vergleichen; andererseits führten die Ergebnisse dieser Forschung zu einer Grundsatzdiskussion zum Thema Bildung über alle Staatsgrenzen hinweg: Alle europäischen Politiker wollen heute wissen, was ihr Bildungssystem im Vergleich zu anderen Systemen leistet. Das Augenmerk der Öffentlichkeit und der Politik wird dabei auf einige Schlüsselstellen innerhalb des eigenen Bildungssystems gelenkt: Was können und wissen die 11- oder 16-Jährigen oder der Anfänger an den Universitäten im internationalen Vergleich? Ein schlechtes Ergebnis in einem solchen Vergleich könnte den Wohlstand und die wirtschaftliche oder soziale Entwicklung in einem Staat gefährden. Solche Untersuchungen fordern die Politik heraus; Handlungsbedarf wird festgestellt; neue Prioritäten müssen festgelegt werden.

Schwindender Arbeitsmarkt und gestörter sozialer Friede

Ein anderer Grund dafür, warum in der öffentlichen Diskussion momentan der Bildung Vorrang eingeräumt wird, ist der, dass Bildung als Vehikel gesehen wird, Probleme des Arbeitsmarktes zu lösen und den sozialen Frieden zu sichern. Argumentiert wird dabei so: Die nationalen Wirtschaften sind in zunehmendem Ausmaß in die globale Wirtschaftsentwicklung eingebunden; es ist die globale Wirtschaft, die gegenwärtig boomt. Auch Entwicklungsländer oder sogenannte Schwellenländer produzieren immer größere Mengen von Industrieprodukten, wie Stahl, Schiffe, Autos usw. Die Löhne in diesen Ländern sind um ein Wesentliches niedriger als in den Industriestaaten. Der freie Welthandel macht es möglich, dass solche Entwicklungsländer ihre Produkte auf den Weltmarkt bringen.

Menschen, die nun im direkten Wettbewerb mit solchen Staaten arbeiten, müssen nun entweder effizienter produzieren oder Lohneinbußen und sogar den Verlust der Arbeitsplätze befürchten. Haq/Kirdar (1986) warnen vor den heimtückischen Seiten der Globalisierung, wenn sie schreiben „Die Armut kann warten, die Banken nicht."

Die Politiker in den entwickelten Staaten oder in Ländern, die durch die neuen Marktmechanismen bedroht sind, reagieren in dieser Situation, die durch die globale Wirtschaft entstanden ist, mit dem Ruf nach mehr Bildung. Als Beispiel für diese Entwicklung in vielen westlichen Ländern können die drei Schwerpunkte im Regierungsprogramm der New-Labour-Regierung in Großbritannien gelten: Bildung, Bildung und nochmals Bildung. Als Begründung für eine solche Politik wird angeführt, dass nur durch Bildung den Bedrohungen der nationalen Wirtschaften durch die Globalisierung begegnet werden kann. Nur wenn die Menschen mit Fähigkeiten und Fertigkeiten ausgestattet sind, die auf dem Arbeitsmarkt verkäuflich sind, kann dem Druck der Globalisierung begegnet werden. Und nur dadurch können in den entwickelten Gesellschaften Arbeitsplätze erhalten und der soziale Friede gesichert werden.

Wachsende Informationsgesellschaft

Der dritte Grund für das zunehmende Interesse an der Qualität und den Standards von Bildung kann mit dem Schlagwort ‚Informationsgesellschaft' beschrieben werden. Unsere Gesellschaften werden zunehmend komplexer und technokratischer, sie produzieren laufend Unmengen von neuem Wissen und neuen Informationen.

Robert Reich (1997) hat ein Szenario entwickelt, in dem er drei verschiedene Wirtschaftssysteme vorstellt und diese mit Booten vergleicht. Ein Boot sinkt rasch, ein zweites langsamer und das dritte befindet sich in rasender Fahrt. Das erste, das rasch sinkende Boot, steht für eine Wirtschaft, in der nur Routinearbeit geleistet wird. Das zweite Boot steht für eine Wirtschaft, in der sich die Betroffenen in der herkömmlichen Art weiterbilden. Im dritten Boot sitzen Menschen, die die Probleme, die durch die Informationsgesellschaft entstanden sind, analysieren und lösen; Spezialisten für die Entschlüsselung von Symbolwelten.

Die Zunahme und der rasche Fluss von Informationen und die internationale Zusammenarbeit schaffen eine neue Grundlage sowohl für das soziale Zusammenleben der Menschen wie auch für die Arbeitswelt. Bildung bedeutet in dieser Gesellschaft, dass die Menschen die notwendigen Qualifikationen immer wieder durch neue Bausteine von Wissen ergänzen – sei dies in den offiziellen Bildungseinrichtungen, an ihrem Arbeitsplatz oder auch auf privater, informeller Ebene.

Lebenslanges Lernen wird der Schlüssel zur Zukunft – sowohl auf persönlicher als auch beruflicher Ebene. Nur derart gebildete Menschen werden die Gesellschaft der Zukunft als Bürger und Bürgerinnen aktiv mitgestalten können.

Es zweifelt heute niemand mehr daran, dass die Qualität der Bildung von lebenswichtiger Bedeutung für das Überleben und die Weiterentwicklung der nationalen Volkswirtschaften ist. Was aber bedeutet ‚Qualität‘ im Zusammenhang mit Bildung, und wie kann man eine solche Qualität erreichen? Es gibt keine einfache Antwort, keine Patentrezepte.

Die Definition dessen, was die Qualität von Bildung ausmacht, ist eine politische Frage und kann nur in einem demokratischen Prozess gemeinsam beantwortet werden. Es wird dabei um die Ziele von Bildung gehen und wie solche Ziele erreicht werden können; es wird dabei um wirtschaftliche Notwendigkeiten gehen, aber auch um eine Grundsatzdiskussion darüber, was Bildung überhaupt ist. Man wird darüber nachdenken müssen, was Lernen bedeutet und in welchen Zusammenhängen Lernen am wirkungsvollsten geschieht. Man wird bei dieser Diskussion die Bedürfnisse und Erwartungen der ganzen Gesellschaft mitberücksichtigen müssen, aber man wird auch diese Bedürfnisse und Erwartungen weiter entwickeln müssen. Die Bildung, die Menschen noch vor einer Generation erhalten haben, wird ihren Kindern heute nicht mehr viel nützen.

Die zentralen Fragen dieser gesellschaftspolitischen Diskussion sind u.a.: Welches sind die Ziele, die das ganze Bildungssystem verfolgen muss und mit welchen Mitteln gelingt dies am besten? Was bedeutet Qualität von Schule und welche Aufgabe nimmt dabei die Selbstevaluation ein, welche Rolle spielt sie dabei?

Bildung für den Arbeitsmarkt

Ein Ziel von Bildung, das politisch Verantwortliche stärker denn je vor Augen haben, ist es, die Heranwachsenden auf den Arbeitsmarkt vorzubereiten. Die Strukturen und Anforderungen des Arbeitsmarkes ändern sich aber rasch, und es herrscht große Unsicherheit darüber, welche Qualifikationen auf dem Arbeitsmarkt der Zukunft notwendig und gefragt sein werden. Zur gleichen Zeit gibt es Zweifel darüber, ob es in Zukunft auf Grund der Rationalisierungsbestrebungen in der Industrie und im Handel überhaupt genug Arbeitsplätze für alle geben wird. Wissen hat ein immer kürzeres Ablaufdatum. Es wird geschätzt, dass 80 Prozent der Technologien, die heute verwendet werden, in zehn Jahren überholt sind. Das macht es für Bildungsplaner problematisch und schwierig, das zu benennen und zu beschreiben, was heute in welchem Alter gelernt werden soll und wie das am besten geschehen soll.

Eine Antwort auf diese Frage besteht darin, dass Bildung vor allem die Fähigkeit vermitteln soll, sich selbst Wissen anzueignen und dieses Wissen zu bearbeiten – auch für die Zeit lange nach der Schule. Eng verbunden damit gibt es gute Argumente dafür, dass Bildung Fähigkeiten vermitteln soll, die in vielen Bereichen menschlichen Zusammenlebens notwendig sind: Zusammenarbeit, Teamfähigkeit, Umgang mit Informationen, Problemlösungsstrategien, Strategien zur Entscheidungsfindung, Anpassungsfähigkeit und so weiter. Diese Argumentationslinie bezieht sich vor allem auf Kompetenzen, die Menschen besitzen müssen, um mit Veränderungen in der Gesellschaft umzugehen oder solche Veränderungen herbeizuführen.

Es wird immer wieder betont, dass schon in der Gegenwart, aber vor allem in der Zukunft mehr und mehr Arbeiten von Teams durchgeführt werden. Wenn Fragen an Teams gerichtet und von ihnen Antworten erwartet werden, dann wird Kommunikationsfähigkeit und Verhandlungsgeschick selbstverständlich bedeutend. Zur Fähigkeit, in Teams zu arbeiten, gehört aber auch Kritikfähigkeit und die Fähigkeit, anderen zu vertrauen, so wie die Fähigkeit, im Team gemeinsam Verantwortung für etwas zu übernehmen. Das steht in ziemlich starkem Widerspruch zu dem, was heute an Schulen häufig geschieht, wo nämlich das Hauptaugenmerk auf die Leistung des einzelnen gerichtet ist. Zusammenarbeit wird eher behindert als gefördert, vor allem in Prüfungssituationen – und gerade diese sind ja das Vorbild für die übrige Unterrichtsarbeit.

Eine Studiengruppe der Europäischen Kommission hat diese Fähigkeiten noch etwas weitergehend beschrieben:

„In der Gegenwart ist es notwendiger denn je, selbständige und umfassend entwickelte Persönlichkeiten heranzubilden, die Schlüsselfertigkeiten besitzen, die auf einem Grundlagenwissen und sozialen Fähigkeiten beruhen. Diese Fähigkeiten schließen im Besonderen Lernfähigkeit und Anwendungsbereitschaft, die Vertrautheit mit den Informationstechnologien, die Fähigkeit in einem Team zu arbeiten und Gemeinsamkeit herzustellen, ebenso ein wie persönlich für etwas Verantwortung zu übernehmen ... Einfach gesagt, geht es darum, das Vertraute auch mit dem fremden Blick sehen zu können und dem Fremden auch vertrauen zu können: Man muss fähig sein, zwischen Standpunkten hin und her zu wechseln, man muss aber Standpunkte auch erkennen können; man muss zugleich einfühlsam, aber auch kritisch distanziert sein können. Bis zu einem gewissen Grad wird man diese Fähigkeiten antrainieren oder sie sich durch analytische Beobachtung aneignen können; anderseits braucht es dazu einfach Selbstvertrauen, Selbstkritik und die Fähigkeit, persönliche und soziale Mehrdeutigkeiten und Widersprüche auszuhalten.“

Eine andere Antwort auf die Frage nach den Bildungszielen und Bildungsinhalten ist jene, sich auf Grundfertigkeiten wie Lesen und Schreiben, Mathematik, Naturwissenschaft und Sprachen zu konzentrieren. Diese Antwort bezieht sich auch auf die Tatsache, dass es eine immer größere Anzahl junger Menschen gibt, die diese Grundfertigkeiten nicht besitzen und dadurch in Gefahr geraten, an dieser Gesellschaft nicht wirksam teilhaben zu können. Es wird auch argumentiert, dass in Zeiten größerer Veränderungen und Umwälzungen, in denen die Anforderungen der Zukunft ungewiss sind, es das wichtigste ist, junge Menschen mit einer soliden Basis an solchen Grundfertigkeiten und einem solchen Grundwissen auszustatten. Sich auf solche Grundfertigkeiten und ein solches Grundwissen zu beschränken hat mehrere Vorteile. Einer davon ist, dass man jungen Menschen klare Vorstellungen davon vermitteln kann, was man von ihnen erwartet. Ein anderer Vorteil ist, dass alle an den gleichen und grundlegenden Leistungsstandards gemessen werden können und sich so auf dem Arbeitsmarkt unter den gleichen Bedingungen beteiligen können. Die sozialen Fähigkeiten, die Selbstkompetenzen und die Fähigkeit zum Problemlösen können in diesem Fall über das Erlernen von Lesen, Schreiben und an anderen Unterrichtsgegenständen erworben werden. Und ein weiterer Vorteil, sich auf diese Grundfertigkeiten und dieses Grundwissen zu konzentrieren, ist, dass die Leistungen in diesen Bereichen verhältnismäßig leicht zu messen sind. Dadurch wird es möglich, dass Politiker, lokale Behörden, Schulleitungen und Lehrerinnen und Lehrer für die Leistungen der Schülerinnen und Schüler auch verantwortlich gemacht werden können.

Die Diskussion darüber, wie Schülerinnen und Schüler am besten für den Arbeitsmarkt vorbereitet werden können, ist in Gefahr, in eine Sackgasse zu geraten – das auch deshalb, weil die Wissenschaft bis heute nicht verlässlich sagen kann, wie und unter welchen Bedingungen diese am erfolgreichsten lernen und wie Schulen ihre Bildungsarbeit am erfolgreichsten gestalten können. Wir wissen auch nicht, welches Wissen und welche Fähigkeiten die jungen Menschen tatsächlich in ihrem Alltag und in ihrer Freizeit anwenden. In allen Schulsystemen überall in Europa versagt darüber hinaus eine nicht unbedeutende Minderheit von Schülerinnen und Schülern. Auch deshalb besteht die dringende Notwendigkeit, das Was, das Wie, das Wann und das Wo schulischen Lernens neu zu untersuchen und zu überdenken.

Lernen für das Leben

Der möglichst reibungslose Eintritt in den Arbeitsmarkt ist nicht das einzige oder das oberste Ziel von Bildung. Bildung umfasste immer schon auch weite persönliche und soziale Bereiche. Veränderungen in der Gesellschaft, vor allem die Veränderung der Rolle der Familie als soziale Institution haben den Blick auf diese breiteren, weniger zeitbezogenen Ziele von Bildung verschärft. Eltern oder Alleinerziehende sind längst nicht mehr alle den ganzen Tag zu Hause, und aus diesem Grund sind sie nicht mehr imstande, dieses Ausmaß an Erziehung und Bildung für ihre Kinder zu leisten, wie es noch vor wenigern Jahrzehnten der Fall war. Die Schulen müssen daher immer größere Teile jener Aufgaben übernehmen, die ursprünglich die Familien alleine übernahmen. Die Ziele von Bildung und Erziehung schließen in vielen Staaten Europas darum auch solche Anliegen mit ein:

- beizutragen zur psychischen und physischen, kreativen und sozialen Entwicklung der Kinder;
- beizutragen zur staatsbürgerlichen Erziehung der Kinder, d.h. sie zu befähigen, sich selbst als verantwortlich mit allen Rechten und Pflichten im Rahmen der Gesellschaft zu betrachten;
- beizutragen zur Weiterentwicklung einer friedlichen Gesellschaft;
- beizutragen zur Toleranz gegenüber anderen Kulturen und Gesellschaften;
- beizutragen, dass Kinder Hilfen erhalten, eine erfolgreiches und glückliches Leben im weitesten Sinn zu führen.

In den meisten europäischen Staaten ist auffallend, dass die Vorschulerziehung zunehmend selbstverständlich wird und an Bedeutung gewinnt. Die Inhalte der Vorschulerziehung werden immer noch kontrovers diskutiert; einig ist man sich aber darüber, dass die Erfahrungen der frühen Kindheit wesentlichen Einfluss auf die weitere kognitive, soziale und persönliche Entwicklung haben.

Wie kommt man zu (neuen) Bildungszielen?

Im folgenden Abschnitt beschränken wir uns auf drei Maßnahmen der Bildungspolitik, die gegenwärtig in Europa überall zu beobachten sind: auf Dezentralisierung, auf Maßnahmen der externen Evaluation und auf die Selbstevaluation von Schulen. Diese drei Maßnahmen sind eng in Verbindung miteinander zu sehen. Die Beziehung dieser drei Maßnahmen in einem legislativen Netzwerk wird in Abbildung 8.1. dargestellt.

Dezentralisierung

Dezentralisierung wird gegenwärtig als politischer Mega-Trend bezeichnet (Caldwell 1993), eine Entwicklung, die weniger von bildungspolitischen als von finanziellen und gesellschaftspolitischen Überlegungen ausgelöst wurde. Viele europäische Bildungssysteme haben in den letzten beiden Jahrzehnten große Veränderungen erlebt, die vor allem durch Autonomie und mehr Eigenverantwortung für die einzelne Schulen gekennzeichnet waren. In den Niederlanden und in Großbritannien haben Schulen das größte Maß an Eigenverantwortung, aber auch im Belgien (im flämischen Teil), in Dänemark, Finnland und Schweden wurden viele Entscheidungen auf die Ebene der Schule verlagert. In Italien ist seit 1997 eine Reform im Gange, die ebenfalls für die Einzelschule mehr Entscheidungsspielräume öffnet, und in Österreich haben Reformen in den Jahren 1993 und 1994 die Autonomie der Schulen in bestimmten Bereichen ermöglicht.

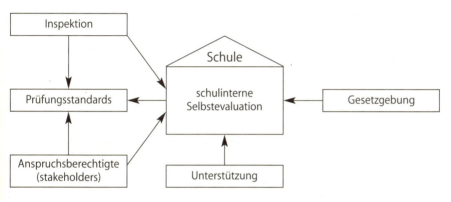

Abb. 8.1: Beziehungen innerhalb des legislativen Netzwerks

Dezentralisierung im Bereich des Schulsystems heißt, dass ein großes Ausmaß an Entscheidungsspielräumen auf niederere Ebenen des Systems verlagert wurde. Das kann so gesehen werden, dass damit die Frage nach der Qualität von Schulen auf die Ebene der Einzelschule oder gar der Klasse diskutiert werden muss.

Die Tendenz zur Dezentralisierung läuft parallel zu der Entwicklung, dass den zentralen Entscheidungsinstanzen auf staatlicher Ebene immer weniger zugetraut wird, die richtigen Antworten auf die Fragen und Bedürfnisse einer zunehmend selbstbewussteren Bevölkerung zu geben. Anders ausgedrückt, wird damit anerkannt, dass es die eine und einzig richtige Antwort nicht gibt oder geben kann und dass die unmittelbar Betroffenen bei der Entscheidungsfindung eine Rolle spielen und mit eingebunden werden müssen.

Dezentralisierung kann dazu beitragen, dass Menschen, die bisher den geringsten Einfluss auf das Schulsystem hatten, mit verantwortlich werden für das, was sie unter Schulqualität verstehen. Sie werden dabei von Betroffenen zu Mitgestaltern und Mitverantwortlichen. Häufig wird Dezentralisierung daher nicht nur als zwangs- oder beiläufig, sondern als Chance betrachtet. Trotzdem sind damit auch Probleme verbunden. Weil es eben die Aufgabe des Zentralstaates ist, die Qualität von Bildung für alle sicher zu stellen, muss die Zentralstelle weiterhin dafür sorgen, dass dieses Ziel erreicht wird. Dezentralisierung kann zu großen Unterschieden zwischen einzelnen Schulen innerhalb des Staates führen, und darum obliegt es der Zentralstelle eines Staates weiterhin, auf die Einhaltung gewisser Standards zu achten. Unterschiede zwischen einzelnen Schulen dürfen nicht dazu führen, dass Schülerinnen oder Schüler in gewissen Schulen Nachteile gegenüber anderen haben oder dass sie nicht ihre ganzen Entfaltungs- und Lernmöglichkeiten nützen können.

Wenn auch der Hauptgrund für die Dezentralisierungstendenz ein allgemein politischer ist, müssen die für Bildung Verantwortlichen in einem Staat im Interesse der Schülerinnen und Schüler, der Lehrerinnen und Lehrer und der Eltern durch Maßnahmen der Qualitätssicherung dafür sorgen, dass die Unterschiede zwischen Schulen nicht zu groß werden. Durch Maßnahmen zur Qualitätssicherung auf Schulebene erhalten Regierungen Rückmeldungen über das Schulsystem, die allgemeine Aufmerksamkeit wird dadurch verstärkt auf Schulen gerichtet, und die Schulen erhalten dadurch eine Hilfestellung, mit ihrer größeren Eigenverantwortung und Selbstständigkeit umzugehen.

Qualitätssicherung als Gegengewicht

Maßnahmen zur Qualitätssicherung an Schulen sind nichts Neues. Aber im Zusammenhang mit der Dezentralisierung der Schulsysteme haben sie eine wesentlich größere Bedeutung als früher. Maßnahmen zur Qualitätssicherung sollen als Bemühung verstanden werden, Lernprozesse und Ergebnisse von Lernen besser zu verstehen. Lernprozesse und Lernergebnisse werden durch Maßnahmen zur Qualitätssicherung laufend auf ihre Angemessenheit und auf ihre ‚Kundenfreundlichkeit‘ hin überprüft. Durch solche Maßnahmen werden nicht nur Ergebnisse überprüft, diese Maßnahmen setzen selbst Lernprozesse in Gang – kurzfristig und längerfristig. Es gibt zwei Hauptzugänge zur Qualitätssicherung: externe Evaluation und interne oder Selbstevaluation.

Externe Evaluation

Externe Evaluation kann damit gerechtfertigt werden, dass durch solche Maßnahmen von einem allgemeinen, höheren Standpunkt aus Schulen beobachtet und gelenkt werden. Das ist in Schulsystemen wichtig, die einen hohen Grad an

Dezentralisierung aufweisen. Eher zentral gesteuerte Schulsysteme, die den Input genau vorgeben (Lernziele, Lerninhalte, Schulformen, ...) und in denen alle Schulen nach vergleichbaren Maßstäben arbeiten, neigen dazu, weniger Gewicht auf Außenkontrolle und externe Evaluation zu legen. In dezentralisierten Schulsystemen hingegen, in denen der Input weniger genau festgelegt ist, wird der externen Evaluation größere Bedeutung beigemessen. Wenn Schulen finanziell und curricular autonomer und unabhängiger werden, besteht eine entsprechend größere Notwendigkeit für Überprüfung und Vergleiche.

Externe Evaluation zielt darauf ab, dass die Qualität von Schulen gewährleistet bleibt, dass die Ressourcen effizient genutzt werden und dass, einfach gesagt, ‚die Schulen ihr Geld wert sind‘. Das kann durch Maßnahmen der Zentralregierung oder auf regionaler Ebene, durch Schulinspektionen oder durch andere qualitätssichernde Maßnahmen erfolgen. Das Hauptziel bleibt dabei, dass die Unterschiede zwischen einzelnen Schulen nicht zu groß und dass bestimmte vereinbarte Leistungen auch erbracht werden. Externe Evaluation lenkt das Augenmerk der Öffentlichkeit auch auf die Qualität des ganzen Schulsystems oder auf einzelne Schulen, indem die Ergebnisse solcher Untersuchungen veröffentlicht werden. Vor allem wird externe Evaluation dadurch gerechtfertigt, dass Schulen verlässlich bleiben müssen; daneben hat sie aber auch noch einen Entwicklungseffekt. Sie kann der Anstoß und der Anlass dafür sein, dass sich Schulen über ihre Weiterentwicklung Gedanken machen – dadurch dass die Leistungen einer Schule mit denen anderer verglichen werden. Externe Evaluation gibt Schulen ein Feedback – über ihre eigenen Stärken und Schwächen. Sie kann Ansatzpunkte zur Weiterentwicklung aufzeigen, sie kann aufzeigen, wo Unterstützung oder zusätzliche Ressourcen notwenig sind.

Von allen europäischen Staaten haben die Niederlande und Großbritannien im Bereich der Grundschule und der Sekundarstufe I die größten autonomen Spielräume. Darum ist es auch nicht verwunderlich, dass in diesen beiden Staaten auch Maßnahmen zur externen Evaluation am weitesten entwickelt sind. In beiden Staaten gibt es große Anstrengungen, parallel dazu die Selbstevaluation von Schulen zu etablieren, um ein angemessenes Verhältnis zwischen interner und externer Evaluation herzustellen.

Selbstevaluation

Selbstevaluation kann auf verschiedene Arten begründet werden. Obwohl Selbstevaluation auch dazu dient, die Verlässlichkeit von Schulen zu gewährleisten, dient sie in erster Linie dazu, Entwicklungsprozesse in Gang zu setzen. Selbstevaluation ist eine innerschulische Maßnahme, um Schulen effektiver und professioneller zu machen. Einen zusätzlichen Impuls erhält sie durch die gegenwärtigen Dezentralisierungstendenzen. Aus der politischen Perspektive kann man Selbstevaluation als den Mechanismus betrachten, der Schulen befähigt, Qualität von innen her zu entwickeln, indem Schulen selbst ihre Weiterentwicklung kontrollieren und diese mit ihren Partnern, vor allem mit den Eltern und Schülerinnen und Schülern, aber auch mit einer breiteren Öffentlichkeit diskutieren. Selbstevaluation ist damit auch ein Beitrag zur Demokratisierung: Die Qualität von Schulen und die Qualität von Unterricht wird gemeinsam mit den Betroffenen diskutiert; Selbstevaluation ergänzt auf diese Weise auch die Maßnahmen zur Qualitätssicherung durch schulexterne Einrichtungen. Aus der Sicht der Schule hat Selbstevaluation noch eine zusätzliche Auswirkung: Durch Selbstevaluation wird auf der Ebene der unmittelbar Betroffenen eine Diskussion über deren Beitrag zur Weiterentwicklung von Qualität auf allen Ebenen geführt – auf der Ebene des Unterrichts, der Ebene der Schule und der Ebene des Schulstandortes. Um einen solchen Prozess erfolgreich in Gang setzen zu können, müssen alle Betroffenen mitbeteiligt werden und Zugang zu den Instrumenten und Maßnahmen erhalten, mit denen man am besten Entscheidungsfindung, Lernen und Lehren unterstützt.

Selbstevaluation hat also zwei Hauptaufgaben:
1 eine Diskussion über Ziele, Prioritäten und Qualitätskriterien auf der Ebene der Schule und der Klasse in Gang zu setzen und
2 diese Ziele durch den Einsatz von geeigneten und leicht handhabbaren Maßnahmen und Instrumenten zu erreichen.

Selbstevaluation ist ein notwendiger innerschulischer Beitrag zur Schulentwicklung. Wenn Selbstevaluation an Schulen stattfindet, wird das systematische Sammeln und Bewerten von Informationen zur Routine und integraler Bestandteil von Planung Weiterentwicklung. Selbstevaluation geht davon aus, dass auch Organisationen und Gemeinschaften lernen können – nicht nur Individuen. Wie Einzelindividuen reagieren auch Organisationen aktiv und reaktiv: Sie verbrauchen oder sammeln Energie, und sie können intelligentes Verhalten weiter entwickeln.

Es fällt uns oft schwer, uns unter Intelligenz etwas anderes vorzustellen, als wir es bisher gewohnt waren. Wir haben die Vorstellung, dass Intelligenz etwas ist, das sich nur in den Köpfen von Einzelpersonen befindet; wir können uns nur schwer vorstellen, dass Intelligenz auch etwas sein kann, das sich außerhalb von und zwischen Personen befindet. Aber heute sind viele Wissenschaftler davon überzeugt, dass Intelligenz auch etwas ist, das sich durch die Interaktion zwischen Personen untereinander und zwischen Personen und Dingen entwickelt. Der amerikanische Psychologe David Perkins (1996) spricht von ‚verteilter Intelligenz‘ oder ‚Intelligenz einer Gruppe‘. Das können ein paar Menschen sein, die sich um eine Flippchart oder vor einem Computer versammeln und die gemeinsam das Ziel verfolgen, etwas Neues zu entwickeln, das langsam durch die Interaktion zwischen ihnen und mit Hilfe der Werkzeuge entsteht, die sie benützen.

Organisationen, Firmen, Schulen oder Universitäten können als ganzes intelligenter werden, wenn ihnen Werkzeuge zur Verfügung stehen und eingesetzt werden, mit denen man Dinge einfach klarer sehen kann, Werkzeuge die verschiedene Blickwinkel erzeugen, unter denen man dann zum Beispiel das, was in einer Klasse wirklich geschieht oder was in Schülerinnen und Schülern wirklich vorgeht, genauer und deutlicher erkennt. Intelligente Werkzeuge sind solche, mit denen Lehrerinnen und Lehrer zum Beispiel Meinungen, Wertvorstellungen oder Wissensbestände überprüfen können, die eigenen aber auch die einer ganzen Schule. So ein Werkzeug kann unter Umständen nur ein paar Wörter auf einem Blatt Papier sein. Für sich alleine genommen ist das nichts Besonderes, aber wenn dadurch die Gedanken von Menschen in eine bestimmte Richtung gelenkt werden, werden diese paar Wörter plötzlich wichtig und wertvoll. Und indem Menschen ihre Gedanken aussprechen, werden neue Gedanken sichtbar und neues Wissen entsteht, das durch Fragen überprüft, herausgefordert und verfeinert wird. Indem sie solche Werkzeuge zur Evaluation einsetzen, verändert sich auch die Sprache von Menschen, werden die Vorstellungen von Menschen festgehalten, und man sucht Unterstützung für eigene Vorstellungen – das ist es, was Lernen heißt. Das ist Intelligenz, wie sie entsteht, und das meint Perkins, wenn er von ‚guten‘ Schulen spricht.

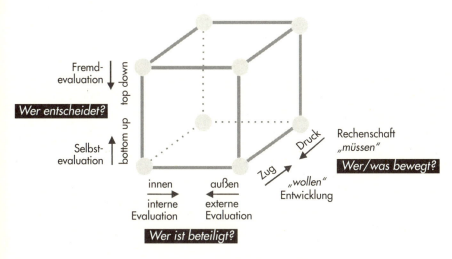

Abb. 8.2: Das Modell des Evaluationswürfels (Schratz/Steiner-Löffler 1998, 144)

Zusammenfassung

Eine wirksame und andauernde Kombination zwischen externer und interner Evaluation von Schulen ist das Ziel, das europäische Schulsysteme anstreben.

Die Maßnahmen und die damit verbunden Prozesse zur Evaluation von Schulen in den einzelnen Staaten können alle irgendwo innerhalb des in Abb. 8.2. dargestellten Würfels angesiedelt werden. Der Würfel hat drei Dimensionen, die mit intern/extern, Zug/Druck und bottom-up/top-down bezeichnet werden. Den idealen Punkt zu finden, der das Gleichgewicht zwischen allen drei Dimensionen herstellt, das ist die Herausforderung, vor der Schulsysteme gegenwärtig stehen, wenn sie die Qualität ihrer Schulen und die Qualität des Unterrichts verbessern wollen. Maßnahmen, die von oben (top-down) gesetzt werden, brauchen ein Gegengewicht, das von der Basis der Schulen (bottom-up) kommt. Externe Evaluationsmaßnahmen müssen mit internen kombiniert werden; Druck alleine wird wenig nützen, wenn nicht auch von den Schulen selbst der Wunsch nach Veränderung kommt.

Um diese Ziele im Bereich der Schulsysteme zu erreichen, glauben die politisch Verantwortlichen eine Reihe von Maßnahmen und Möglichkeiten zur Verfügung zu haben. Man kann sogenannte ‚weiche‘ Strategien einsetzen, um diese Ziele zu erreichen: Appelle, finanzielle Zulagen oder Belohungen. ‚Harte‘ Strategien dagegen sind Gesetze, mit denen steuernd eingegriffen wird oder die Schaffung von Institutionen, die unterstützen, beraten oder kontrollieren, damit Schulen ‚das Geld wert‘ sind, das in sie investiert wird. Auf keinen Fall aber kann die Politik Fortschritte bei der Qualitätsentwicklung von Schulen erzielen, wenn sie nicht auch die Lehrerinnen und Lehrer, die Schülerinnen und Schüler und die Eltern mit einbindet, die ja das System ‚sind‘ und die auch ihre eigenen persönlichen Vorstellungen von Qualität, Standards und Weiterentwicklung haben.

9
Die drei Stützen der Selbstevaluation

Wann und wie beginnt Selbstevaluation? Als Antwort auf eine Ankündigung einer externen Inspektion? Mit der Entscheidung der Schulleitung, die Qualität und Standards der Schule zu überprüfen? Oder mit dem Einstieg in ein konkretes Projekt zum Thema Evaluation der Qualität von Schule und Unterricht? Da Selbstevaluation nie etwas vollkommen Neues sein kann, ist die wirkliche Antwort in keiner von diesen zu finden. Selbstevaluation sollte nie als eine lästige oder zeitaufwändige Bürde gesehen werden, sondern als ein notwendiges und grundlegendes Element eines guten Unterrichts, bedeutungsvollen Lernens sowie einer effektiven Leitung, die sich auf Rückmeldungen aus der praktischen Arbeit beruft.

Schulen sind Orte des Lernens und die Aufgabe der Lehrpersonen ist es, das Lernen zu evaluieren. Sie sind ausgebildet, Fragen zu stellen und Antworten zu finden. Sie hinterfragen ihren Unterricht und reflektieren sowohl ihre Triumphe als auch ihre Fehler. ,Das ist heute wirklich gut gegangen' oder ,Diese Stunde war eine absolute Katastrophe' sind alltägliche Bewertungen. Lehrer beurteilen die Fortschritte ihrer Schülerinnen und Schüler routinemäßig, teilweise informell und intuitiv – ,Sie hat im letzten Jahr überhaupt nichts gelernt', ,Sie hat große Fortschritte gemacht' – oder auf eine formellere Weise mit Hilfe von Tests und Prüfungen. Die Erfolge ihrer SchülerInnen sind für die Lehrenden ein Anhaltspunkt, nach dem sie sich selbst beurteilen. Nur eine sehr zynische Lehrperson wird behaupten, dass die Leistung der Schüler nichts mit der Qualität des eigenen Unterrichts zu tun hat.

Daher hat Selbstevaluation im wirklichen Sinn keinen Anfang, aber auch kein Ende, weil sie sich ständig weiterentwickelt und verbessert. Die Aufgabe der Schule ist es also, fortwährend zu versuchen, besser und systematischer zu werden, also sich mehr mit Reflexion und Rückmeldungen auseinander zu setzen. Eine wohldurchdachte Selbstevaluation ist in den täglichen Schulalltag so involviert, dass sie in ihm aufgeht und unsichtbar sowie unteilbar ist.

Da Selbstevaluation in den täglichen Schulablauf integriert und in ihrer einzigartigen Geschichte und ihrem individuellen Kontext begründet ist, gibt es kein einfaches und allgemeingültiges Rezept für die Anwendung. Es gibt auch keine magische Lösung. Sie kann auf unterschiedlichste Weise Eingang in den Schulalltag finden. Der amerikanische Wissenschaftler Bruce Joyce verwendet die Metapher von Türen, die sich nacheinander öffnen, um den Prozess der Entwicklung von Schule zu beschreiben. Dieses Bild ist sehr hilfreich, um zu verstehen, wie Selbstevaluation funktioniert. Selbstevaluation wird in vielen Bereichen angewandt und nimmt verschiedene Gestalten an. Sie kann erst dann systematisiert werden, wenn Verbindungen entstehen, die aus einem Labyrinth ein logisch strukturiertes Muster machen. Selbstevaluation baut auf das, was bereits da ist, und versucht nicht, etwas gänzlich Neues zu erfinden.

Innerhalb einer Schule gibt es viele Bereiche, die evaluiert werden können. Dennoch sind nicht alle gleich bedeutsam. An bestimmten Stellen bzw. zu besonderen Zeiten wird manchen Aspekten mehr Bedeutung geschenkt als anderen. Allerdings sind manche Aspekte immer wichtig: Die Schülerleistungen werden immer relevanter sein als die Qualität des Schulgebäudes und der Außenanlagen, und es ist allgemein anerkannt, dass Lernen und Wohlbefinden kritischen Bedingungen unterliegen. Daher muss Selbstevaluation eine Balance zwischen Wichtigem und Peripherem, Allgemeinem und Spezifischem, Vorübergehendem und Bleibendem finden. Weiters muss auf die mikropolitische Dimension des Prozesses geachtet werden. Ernest House ruft die immense Bedeutung der Vielfältigkeit in Erinnerung:

,Das Feld der professionellen Evaluation ist von einer Vielschichtigkeit verschiedener Werte, Kriterien, Methoden, Maßnahmen und Interessen geprägt. Eine Schlüsselerkenntnis ist, das haben weitgehende Erfahrung und Diskussion gezeigt, dass mehrere Methoden und Maßnahmen zum Datensammeln verwendet werden sollen, dass unterschiedliche Wertvorstellungen und Kriterien nötig sind, um den Erfolg eines Programms oder einer Maßnahme zu beurteilen. Anspruchsberechtigte können verschiedene Interessen haben, weshalb die unterschiedlichen Sichtweisen und Interessen in einer Evaluation präsent sein müssen.' (House 1995, 33)

Der Schulalltag setzt sich aus vielen verschiedenen Perspektiven zusammen und daher erfordert ein Evaluationsverfahren Sensibilität gegenüber der ihm eigenen Komplexität. Die Komplexität unterscheidet sich nicht nur von Land zu Land, sondern auch von Schule zu Schule. Der Einsatz von Evaluationsmethoden ist ein sensibler Prozess, wenn er auf die Reduktion von Komplexität ausgerichtet ist, denn er hat immer eine ,politische' Dimension mit einem impliziten (und oft auch expliziten) Machtverhältnis. Man stößt immer auf die Frage ,Wer entscheidet?' Zum Beispiel:

- Wer (was) definiert die Qualitätskriterien?
- Wer hat die Datenhoheit?
- Was sind die Konsequenzen?

Das Sammeln und Verarbeiten von Informationen bei einer Selbstevaluation stellt immer eine bestimmte Intervention dar und ist daher ein potentieller Störfaktor für die Menschen und das soziale Umfeld, in dem sie sich befinden. Daher ist die Anwendung von verschiedenen Methoden zur Selbstevaluation nicht nur eine Frage des sich Durcharbeitens durch ein bestimmtes Verfahren (zum Beispiel das Sammeln von Daten, deren Interpretation und Präsentation), sondern auch ein ständiger Prozess des Interpretierens und Aushandelns (vgl. Schratz 1997, 17).

Die Balance zwischen Gesamtheit und Auswahl treffen

Schulen haben nicht die notwendige Zeit, jeden Aspekt ihrer Tätigkeit zu evaluieren, und wenn sie es täten, würden sie von ihrer Hauptaufgabe abkommen. Daher muss die Auswahl dessen, was evaluiert werden soll, mit Vorsicht erfolgen. Es wäre nicht hilfreich, Bereiche, die gut funktionieren, zu evaluieren und andere, die schlecht laufen, zu vernachlässigen. Es könnte der Moral einer Mehrheit schaden, wenn ein Thema, das nur für eine kleine aber mächtige Gruppe von Anspruchsberechtigten von Interesse ist, evaluiert wird. Es könnte irreführen nur innovative Aspekte des Schullebens zu evaluieren oder sich auf einen zum Nachteil des anderen zu konzentrieren. Es besteht in der Tat eine Gefahr darin, Energie in politisch gefragte Gebiete des Lehrplans auf Kosten der anderen zu investieren. Eine vermehrte Konzentration auf Leistungssteigerungen in Mathematik könnte zum Beispiel dazu führen, dass nur mehr wenig Zeit für Geographie bleibt. Dann wird sich die Schule die Frage stellen müssen: ‚Schätzen wir verbesserte mathematische Leistungen so hoch ein, dass ein Zurückbleiben in Geographie akzeptabel ist?‘ Elliot Eisner (1993), der sich über die Gefahren der Situation in Amerika bewusst ist, meint:

> ‚Wir sind viel zu ungeduldig, um jene Bildungsziele zu erreichen, die von großer Bedeutung sind. Der Druck der Verantwortung, der auf uns lastet, leitet uns zu kurzfristigen Zielen. Wir konzentrieren uns zu sehr auf die Dinge, die offensichtlich und rasch herzeigbar sind. Wir müssen lernen Sichtweisen miteinzubinden, die längerfristige Auswirkungen berücksichtigen‘ (S. 23).

Wenn Selbstevaluation zu einer Entwicklung der Schule beitragen soll, dann muss sie ein partizipativer Prozess sein. Da Selbstevaluation für Lehrer, Schüler und Eltern gedacht ist, sollten sie oder zumindest ihre Vertreter – insofern es möglich ist – in jedem Teilabschnitt des Prozesses involviert sein. Es ist wichtig, eine Übereinkunft darüber zu treffen, was evaluiert werden soll, bevor mit dem Prozess begonnen wird. Diese Bedingung bildete die Grundlage des EU-Projekts ‚Evaluation der Qualität von Schule und Unterricht‘, welches den Anreiz zu diesem Buch darstellte und unser Denken nachhaltig beeinflusst hat.

Am Projekt nahmen 101 Schulen aus 18 Ländern teil, jede einzelne mit einer spezifischen Fragestellung und ihrer eigenen Geschichte. Die Schulen hatten durchwegs unterschiedliche Strukturen und verschiedene nationale und kulturelle Hintergründe. Einige waren bereits mit Selbstevaluation vertraut, andere damit zum ersten Mal konfrontiert. In einigen Schulen wurde Selbstevaluation bereits praktiziert, während sie in anderen noch informell war oder sich noch in einem embryonalen Entwicklungsstand befand. Wie auch immer die Ausgangssituation war, alle Schulen beteiligten sich am Projekt um dazu zu lernen und vereinbarten, ein gemeinsames Instrumentarium zu erproben und mit den erarbeiteten Methoden zu arbeiten. Die Art und Weise, wie sie dabei vorgegangen sind, und wohin sie die Evaluation führte, unterschied sich immens. Gerade diese Diversität war es, die diesem Projekt seine Inspiration und seine Wirksamkeit verlieh.

Das Projekt schloss eine Vielzahl von wichtigen Dimensionen mit ein – eine europäische Struktur und Imprimatur; Implementierung und Beratung auf nationaler Ebene; zusätzlich drei operative Stützen:

- Selbstevaluationsprofil
- Leitfaden, der ein großes Repertoire an Evaluationsmethoden beinhaltet
- Unterstützung durch einen kritischen Freund

Alle drei zusammen stellten eine untrennbare Einheit dar, wobei jedes Element eine einzigartige Rolle spielte und einen Beitrag lieferte.

1. Das Selbstevaluationsprofil (SEP)

Das gemeinsame Instrument wurde ‚SEP‘ oder, um ihm einen passenden Namen zu geben, Selbstevaluationsprofil, genannt. Es ist ein sehr einfaches Instrument, das entwickelt wurde, um den Schulen bei der Auswahl jener Bereiche zu helfen, die weiter evaluiert und verbessert werden sollten. Es besteht aus zwölf Bereichen des Schullebens, die als Ausgangspunkt für Qualitätsdiskussionen dienen. Diese werden in Abbildung 9.1. dargestellt.

Bereiche	Einschätzung				Entwicklung		
ERGEBNISSE							
1 Schulleistungen	++	+	-	--	↗	→	↘
2 Persönliche und soziale Entwicklung	++	+	-	--	↗	→	↘
3 Weitere Laufbahn der Schülerinnen und Schüler	++	+	-	--	↗	→	↘
PROZESSE AUF DER UNTERRICHTSEBENE							
4 Zeit für Lernprozesse	++	+	-	--	↗	→	↘
5 Qualität des Lernens und Lehrens	++	+	-	--	↗	→	↘
6 Unterstützung bei Lernschwierigkeiten	++	+	-	--	↗	→	↘
PROZESSE AUF DER SCHULEBENE							
7 Schule als Lernort	++	+	-	--	↗	→	↘
8 Schule als sozialer Ort	++	+	-	--	↗	→	↘
9 Schule als professionelle Organisation	++	+	-	--	↗	→	↘
UMFELD							
10 Schule und Elternhaus	++	+	-	--	↗	→	↘
11 Schule und Gemeinde	++	+	-	--	↗	→	↘
12 Schule und Arbeit	++	+	-	--	↗	→	↘
13	++	+	-	--	↗	→	↘
14	++	+	-	--	↗	→	↘

Abbildung 9.1: Das Selbstevaluationsprofil (SEP)

Die zwölf Bereiche wurden nach langen Diskussionen und dem Studium des Forschungsstands der Literatur über Schulqualität und Effektivität ausgewählt. Im gewissen Sinn kann das SEP als ein ‚Mehr-Ebenen-Modell' angesehen werden, das Prozesse auf der Ebene des Individuums, des Klassenzimmers, der Schule und der lokalen Umgebung erfasst. Die Bereiche sind keinesfalls sakrosankt, weshalb im SEP noch Platz gelassen wurde, um die Möglichkeit für eigene Kategorien zu lassen. Es ist bemerkenswert, dass sich die zwölf Kategorien in so vielen verschiedenen Ländern und Schulen als relevant und haltbar bewährt haben.

Das SEP zielt darauf ab,

- ernsthafte und zielführende Diskussionen unter den Anspruchsberechtigten anzuregen, um ihnen zu helfen, eine Kultur für weiterführende Untersuchungen und andauernde Selbstevaluation zu schaffen;

- eine Momentaufnahme der Schule aus dem Blickwinkel des Lehrpersonals, der SchülerInnen und der Eltern zu bekommen;
- jene Bereiche zu bestimmen, die einer tiefergehenden Analyse unterzogen werden.

Wie das Instrument eingesetzt wurde

Der systematische Prozess der Selbstevaluation begann damit, dass alle Schulen das SEP ausfüllten. Die verschiedenen Anspruchsberechtigten – SchülerInnen, LehrerInnen, Eltern, die Schulleitung und in einzelnen Ländern auch weitere Personenkreise (z.B. Governors, School Boards oder Councils) – fällten ihr eigenes Urteil über die Schule gemäß den zwölf Qualitätsbereichen. Einige Schulen stellten getrennte Gruppen von SchülerInnen, Eltern, LehrerInnen, usw. zusammen. An anderen Schulen wurden hingegen gemischte Gruppen bevorzugt. In beiden Fällen waren dies aber jene Gruppierungen, aus denen sich zu einem späteren Zeitpunkt die jeweiligen VertreterInnen der Schulevaluationsgruppe zusammensetzten. Diese bezog VertreterInnen aller Anspruchsberechtigten mit ein und bestand aus acht bis zwölf Personen (vgl. Abbildung 9.2).

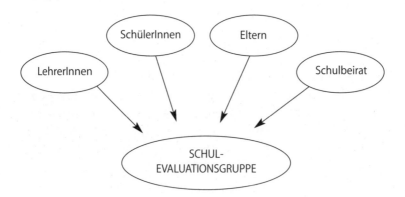

Abbildung 9.2 Anspruchsberechtigtengruppen

Der Vorsitz der Evaluationsgruppe wurde entweder von einer schulinternen Person oder von einer ‚neutralen‘ externen Person, wie zum Beispiel dem kritischen Freund geführt. Die Aufgabe dieser Person war es, die Gruppe der Reihe nach durch die zwölf Bereiche zu führen und dafür zu sorgen, dass genügend Zeit zum Diskutieren und Austausch von Meinungen war. Die Aufgabe der Gruppe war es, wo immer möglich einen Konsens zu finden, andererseits aber Kompromisse zu vermeiden und unterschiedliche Meinungen zu respektieren. Sie war auch dafür verantwortlich, immer nach Belegen zu suchen, Feststellungen zu hinterfragen sowie Überlegungen anzustellen, wo gültige und zuverlässige Informationen das Urteil der Gruppe unterstützen konnten.

Das Endergebnis dieses Prozesses lieferte keine endgültigen Aussagen oder Fakten, sondern diente als ‚Türöffner' für die weitere systematische Erkundung einiger spezifischer Bereiche. Die Schulen wurden aufgefordert, fünf Gebiete für weitere, tiefgründigere Evaluationen auszuwählen, wobei jeweils eine aus den vier Hauptdomänen stammen sollte. Einigen Schulen schienen diese vier zu viel und entschieden sich für weniger Bereiche. In einer schottischen Schule zum Beispiel wurde nur ein Bereich ausgewählt, nämlich ‚Zeit als Lernressource'. Diese Art des flexiblen Entscheidens jeder einzelnen Schule war eine wichtige Voraussetzung für den letztendlichen Gesamterfolg sowohl auf der Ebene des Projekts als auch auf jener der einzelnen Schule.

Die Bereiche für weiterführende Evaluationen wurden auf Grund der jeweiligen Ausgangslage nach unterschiedlichen Gesichtspunkten ausgewählt, etwa weil

- es eine große Vielfalt von Meinungen zu einem Thema gab,
- stichhaltige Beweise fehlten,
- es sich um eine bekannte Schwachstelle in der Schule handelte,
- es ein Bereich mit einer bewährten Praxis war, auf welche die Schule aufbauen wollte.

Selbstevaluation war dabei nicht Selbstzweck, sondern nur der Anfang eines weiterführenden Prozesses. Was sie erreichte, war die Eröffnung einer Diskussion, häufig auf eine Weise, wie es sie vorher an der Schule nie gegeben hatte. Sie bot ein Forum, bei dem Schulleitung, LehrerInnen, SchülerInnen und Eltern ihre Meinung auf gleicher Basis äußern konnten, ohne sich auf ihre Position oder ihren Status zu beziehen. Viele Schulen bezeichneten dies als ‚erfrischend', ‚herausfordernd' oder ‚aufschlussreich', weil dieser Prozess neue Perspektiven für weit zurückliegende Probleme eröffnete und vielen dadurch ein Medium geschaffen wurde, das sie vorher nicht hatten, durch das sie offen ihre persönlichen Ansichten und wahren Gefühle äußern konnten.

2. Die Evaluationsmethoden

Nachdem die Bereiche für weiterführende Evaluationen ausgewählt wurden, bestand nun die nächste Aufgabe darin, passende Evaluationsinstrumente zu finden. Es gibt inzwischen viele Ressourcen, auf die Schulen zurückgreifen können, etwa wissenschaftliche Veröffentlichungen und eine immer größer werdende Zahl von Handbüchern zur Selbstevaluation. Früher waren dies Forschungsmethoden, die häufig von Wissenschaftlern bewahrt wurden und zum Teil mystischen Charakter hatten. Innerhalb der letzten paar Jahre wurden diese Methoden aber immer leichter auch für Schulen verfügbar; heute kann über Büchereien, Buchgeschäfte oder das Internet problemlos auf sie zugegriffen werden. Die meisten Schulen wenden Selbstevaluation bereits in irgend einer Form an – etwa Leistungstests, Fragebögen, Beobachtungen oder Interviews. Die LehrerInnen entdecken vermehrt, wie sie die Instrumente für ihre eigene Situation anwenden können, suchen Unterstützung bei der Erstellung von Fragebögen oder wollen die Reliabilität und Validität der verwendeten Methoden bestätigt haben.

Im europäischen Projekt wurde den Schulen ein Leitfaden zur Verfügung gestellt, der eine Vielfalt von Verfahren und Methoden beinhaltete. Sie konnten in unterschiedlichen Kontexten und für verschiedene Zwecke verwendet werden. Die meisten Schulen nutzten eine Vielfalt von Methoden, die sie an ihre eigene Situation anpassten, darüber hinaus entwickelten sie selbst neue Verfahren und Methoden. Die Erfahrung hat aber gezeigt, dass Evaluationsinstrumente nicht willkürlich ausgewählt und eingesetzt werden sollten, ohne ihre Eigenheiten, den jeweiligen Anwendungsbereich und die Beschränkung ihrer Einsatzfähigkeit zu berücksichtigen. Bevor mit der Auswahl der Methoden begonnen wird, ist es deshalb ratsam, einige Fragen im Vorhinein zu klären. Abbildung 9.3. stellt einige Fragen vor, die bei der Auswahl der geeignetsten Methoden zur Selbstevaluation hilfreich sein können:

Ziel	Wozu wird sie benötigt?
Tragweite	Wer wird die Ergebnisse verwenden?
Nebeneffekte	Welche unbeabsichtigten Folgen können auftreten?
Machbarkeit	Kann sie angewendet werden?
Durchführbarkeit	Ist sie unter den gegenwärtigen Rahmenbedingungen durchführbar?
Zeit	Wie sehen die zeitlichen Möglichkeiten in der gegenwärtigen Situation aus?
Ausgewogenheit	Deckt sie die Tiefe oder Breite ab?
Daten	Welche Daten werden erwartet?
Miteinbeziehung	Wer wird in den Prozess involviert?
Zeitabstand	Wann kann ein Feedback erwartet werden?

Abbildung 9.3: Fragen, die bei der Auswahl der geeignetsten Methoden und Instrumente hilfreich sind

Abbildung 9.4 illustriert eine systematische Anwendung des SEP von der Auswahl eines Bereiches zur Identifikation von Evaluationskriterien, dem Entwerfen von Indikatoren und letztendlich zur Wahl der Methoden, die für die Beantwortung der Evaluationsfragen geeignet sind.

Bereich	
Kriterien	
Indikatoren	
Methoden	

Abbildung 9.4: Systematischer Ablauf für die Anwendung des SEP

Ein Beispiel:

In einer Schule wurde folgendermaßen vorgegangen. LehrerInnen, SchülerInnen und Eltern suchten nach Stärken und Schwächen, indem sie das SEP nach den zwölf Qualitätsbereichen bearbeiteten. Nach intensiven Diskussionen identifizierte die Gruppe ,Unterrichtsqualität' als den Bereich, indem es die meisten Unstimmigkeiten gab und der den breitesten Raum für weitere Evaluationen bot.

Anschließend legten sie Erfolgskriterien für diesen Bereich fest, die hier exemplarisch genannt werden:

- Den SchülerInnen wird geholfen, ihr Verständnis über den Unterrichtsstoff zu überprüfen.
- Die LehrerInnen geben den SchülerInnen prompte und hilfreiche Feedbacks zu ihren Arbeiten.
- Die Hausaufgaben in den einzelnen Unterrichtsgegenständen werden gleichmäßig auf die Woche aufgeteilt.
- Der Korrekturschlüssel ist für alle verständlich.

Für diese Kriterien wurden passende Indikatoren bestimmt, die für LehrerInnen und SchülerInnen gleichermaßen nachvollziehbar waren und die allen die Beurteilung ermöglichte, ob die Kriterien eingehalten wurden.

1. Es wird dafür gesorgt, dass die SchülerInnen ihr Verständnis über den Unterrichtsstoff in einzelnen Unterrichtsabschnitten evaluieren können.
2. Die Abgabe von Hausaufgaben durch die SchülerInnen in den einzelnen Unterrichtsgegenständen wird abgesprochen und von den LehrerInnen berücksichtigt.
3. Die Standards für die Beurteilung und Benotung von Schülerarbeiten werden für jeden Unterrichtsgegenstand schriftlich festgelegt und SchülerInnen und Eltern bekannt gemacht.

Nachdem Einigkeit über die Indikatoren hergestellt worden war, bestand der nächste Schritt darin, passende Methoden zu finden, die ihren Erfolg messen sollten. Die Schule entschied sich dafür, folgende Methoden zu verwenden:

1. SchülerInnen und LehrerInnen entwickeln in Zusammenarbeit ein Formular zur Selbstevaluation für eine gegenseitige Schülerbewertung. Die SchülerInnen arbeiten jeweils zu zweit.
2. Die SchülerInnen führen ein Tagebuch über ihre Hausarbeiten und zeigen darin auf, wie sie die Zeit, die sie für die Aufgabenstellungen in den einzelnen Fächern benötigen, einteilen.
3. Es wird ein Fragebogen entworfen um herauszufinden, welche Standards die LehrerInnen in den einzelnen Jahrgängen verwenden, um die Arbeiten ihrer SchülerInnen in ihren jeweiligen Unterrichtsfächern zu bewerten und zu beurteilen.

Wenn sich eine Schule in diesen systematischen Prozess einlässt, hilft es allen, die involviert sind, sich Klarheit darüber zu verschaffen, was man erreichen will und wie man zu diesem Ziel kommt. Wird diese Vorgangsweise der Ziel- und Wegdefinition umgangen, kann dies zu späteren Problemen führen. Wir haben herausgefunden, dass viele typischerweise davon ausgehen, dass alle dasselbe unter bestimmten Begriffen, Absichten und Anwendungen verstehen. Missverständnisse können vermieden werden, wenn man sich die Zeit nimmt, und die Abfolge der Schritte, wie sie oben beschrieben werden, genau einhält, Bedeutungen klar definiert und mehrdeutige Interpretationen ausschließt. Diese Vorgangsweise macht sich nicht zuletzt dadurch bezahlt, dass das Verständnis für das jeweilige Anliegen vertieft wird und das explizit gemacht wird, was vorher implizit oder einfach nur als selbstverständlich erachtet wurde.

3. Der kritische Freund[1]

Die dritte Stütze war zugleich eine der bewährtesten Aspekte des europäischen Projekts, nämlich die Unterstützung und Herausforderung, die der Einsatz des kritischen Freundes bot. Von jeder Schule wurde dazu eine Person ihres Vertrauens ausgewählt oder ernannt, die eine große Vielfalt an Sachkenntnis und professionellen Expertenwissen mit brachte. Der kritische Freund kam mit einem einfachen Auftrag, nämlich ein Freund zu sein und kritisch zur Schule zu

---

1 Natürlich sind hier auch ‚kritische Freundinnen' angesprochen. Wir haben allerdings im Deutschen keine adäquate Form für ‚critical friend' gefunden.

stehen, hatte aber gerade dadurch anspruchsvolle Herausforderungen zu bewältigen. Einige Aufgaben waren etwa

- die Beschreibung des Ablaufes, das Klären der Absichten und das Schaffen eines förderlichen Klimas für das Projekt,
- die Unterstützung bei der Arbeit mit dem SEP,
- die Beratung bei der Wahl und der Anwendung der Evaluationsverfahren,
- die Beratung bei der Sammlung von Daten,
- die aktive Teilnahme bei der Interpretation der Daten.

Eines der ersten Dinge, dem der kritische Freund gegenüber aufgeschlossen sein sollte ist, was Theodore Sizer (1984) als den ‚Intensitätsfaktor‘ beschrieb. Das Tempo, die Anforderungen und die Intensität des Schullebens erschweren es, reflektiv und objektiv zu sein, sich dem Druck der täglichen Routinen zu entziehen und der Tyrannei des Wichtigen und des Unumstößlichen, des Unabdinglichen und des Unerwarteten zu widerstehen. In der dichten Welt der Schule gibt es häufig nur Zeit zu handeln und zu reagieren, etwas aufzuschreiben oder Aufzeichnungen zu verwenden, um Perspektiven für das eigene Handeln und (Re-) Agieren zu erlangen. Die Verpflichtung zum Sammeln von Daten kann sogar andere Spannungen intensivieren und somit noch weniger Zeit zur Reflexion dessen lassen, was wirklich zählt. In diesem Sinn schreibt Highett (1996), dass viele Schulen reich an Daten, aber arm an Informationen seien.

Hier können kritische Freunde einiges bieten. Sie können den Betroffenen helfen, Prioritäten zu setzen und das zu bestimmen, was innerhalb ihrer eigenen Kontrolle liegt. Sie können helfen, sich auf ihre zentralen Werte zu besinnen und in ihrem Verhalten die Stimmigkeiten und Unstimmigkeiten zu erkennen. Weiters können sie die Schulleitung und Lehrpersonen unterstützen, ihren Überzeugungen zu folgen, Risiken auf sich zu nehmen, vorgefassten Meinungen zu widersprechen und mutige Entscheidungen zu treffen. Außerdem können sie den Zugang zu systematischeren Methoden und Strategien ermöglichen. Sie können auch einen Teil der Verantwortung übernehmen und hier und dort ein offenes Ohr bieten.

Eine ihrer wichtigsten Aufgaben ist es, bei der Auseinandersetzung mit den Daten zu helfen. Sich offen und kreativ mit guten Daten in einem förderlichen Klima zu beschäftigen, kann sich als motivierender Prozess herausstellen, der auch das professionelle Selbstverständnis fördert. Wie die Erfahrung gezeigt hat, ist für Schulleitung und Lehrpersonen das Schaffen einer Möglichkeit, die Schule aus der Distanz zu betrachten, eine herausfordernde, manchmal auch beunruhigende Erfahrung. Sie kann aber auch neue Türen für Überlegungen und praktische Maßnahmen öffnen. Der kritische Freund spielt eine besonders wichtige Rolle, wenn die Daten mehrdeutig sind, aber noch mehr, wenn die Daten eindeutig schlechte Ergebnisse zutage bringen.

Der kritische Freund ist vielleicht gerade auf Grund seiner inhärenten Spannung eine wirksame Idee. Freunde haben uneingeschränkt einen hohen Grad an positiver Achtung. Kritiker sind Fehlern gegenüber einschränkend, negativ und intolerant. Die Aussöhnung dieser Janusköpfe ist von einer erfolgreichen Verbindung von uneingeschränkter Unterstützung und einschränkender Kritik abhängig und fordert laut Sarason (1986) eine ‚exquisite Sensibilität‘.

Auf Außenstehende, die mit der Geschichte und dem Kontext nicht vertraut sind, warten viele Fallen, denn sie können nur allzu leicht den versteckten Täuschungen und den internen Machtkämpfen zum Opfer fallen. Dies ist eine sehr heikle und schwierige Rolle, potentiell aber eine sehr mächtige, wie wir aus diesem Projekt gelernt haben. Sie ist wie das ‚dritte Bein‘, das gebraucht wird, um die zwei anderen in Balance zu halten.

In den folgenden Kapiteln werden wir jede dieser drei Stützen im einzelnen behandeln.

10
Das Selbstevaluationsprofil:
Was es ist und wie es verwendet wird

Das Selbstevaluationsprofil (SEP), das auf Seite 137 abgebildet ist, besteht aus einer formellen Beschreibung der Schulen in zwölf Qualitätsbereichen und einer Methodologie zur Erfassung der Aspekte, die für eine Evaluation in der jeweiligen Situation der Schule am relevantesten sind. Im Folgenden werden die zwölf Qualitätsbereiche des SEP erläutert, dann wird der Ablauf seines Einsatzes in der Praxis beschrieben.

Die zwölf Bereiche

Die zwölf Bereiche sind in vier Domänen gruppiert:
   a) Ergebnisse
   b) Prozesse auf der Unterrichtsebene
   c) Prozesse auf der Schulebene
   d) Beziehungen zum Umfeld

Jeder dieser zwölf Bereiche wird zunächst in seiner Bedeutung erläutert, dann folgen jeweils einige Fragen, die bei der Erfassung der Reichweite der einzelnen Bereiche helfen können. Zum Abschluss wird eine Zusammenstellung von Fragen angeführt, die bei der Arbeit mit dem SEP hilfreich sein können.

a) Ergebnisse

Schulleistungen

Die Frage hier ist ‚Was lernen die SchülerInnen in unserer Schule?‘ Diese Frage hat zwei Aspekte: Sie beinhaltet den Lehrstoff, den SchülerInnen lernen, und den Grad seiner Beherrschung.

Fragen, die eine Schule beantwortet haben möchte, könnten sein:
   •   Haben die SchülerInnen am Ende der Schulzeit einen zufriedenstellenden Standard in den meisten Unterrichtsfächern erreicht?

- Liegen die Fortschritte gegenüber früheren schulischen Erfolgen der SchülerInnen über den Erwartungen, unter den Erwartungen oder entsprechen sie in etwa den Erwartungen?
- Weisen die Leistungsunterschiede zwischen den begabteren SchülerInnen und den weniger Begabten, zwischen Jungen und Mädchen, eine zunehmende oder abnehmende Entwicklung auf?

Persönliche und soziale Entwicklung

Zufriedenheit, Charakter, soziale Einstellung und zunehmenderweise auch der berufliche Status sind nicht von der Schulleistung abhängig, sondern von Einstellungen, Werten und Fertigkeiten, welche durch inner- und außerschulische Erfahrungen erworben werden. Deren Aneignung wird persönliche und soziale Entwicklung genannt.

Fragen, die eine Schule beantwortet haben möchte, könnten sein:
- Wie erfolgreich ist die Schule bei der Förderung sozialer Fähigkeiten wie sozialer Verantwortung, Kooperationsfähigkeit, staatsbürgerlichen Einstellungen, Respekt gegenüber anderem und anderen, Solidarität und Fairness?
- Wie erfolgreich ist die Schule bei der Entwicklung autonomer Individuen, die der Zukunft positiv und kreativ gegenüberstehen und über eine starke Moral verfügen?
- In welchem Ausmaß verbessert die Schule überfachliche Fertigkeiten wie die Fähigkeit zur Teamarbeit, zum Problemlösen, zu effektiver Kommunikation, zum Umgang mit Komplexität, zur Übernahme von Initiative, zu innovativem Handeln?
- In welchem Ausmaß entwickeln alle SchülerInnen diese Einstellungen oder Fertigkeiten in gleicher Weise?
- Inwieweit wird unter den Lehrenden über Werte und Ziele persönlicher und sozialer Entwicklung diskutiert und inwieweit besteht diesbezüglich zwischen ihnen Einvernehmen?

Weitere Laufbahn der Schülerinnen und Schüler

Der Wert einer Schulbildung wird häufig danach bemessen, welchen weiteren Weg die SchülerInnen nach Verlassen der Schule einschlagen – entweder in weiterführende Bildungsgänge oder in die Arbeitswelt – sowie danach beurteilt, ob von der Schule ein Beitrag dazu geleistet wurde, dass ihr Werdegang erfolgreich sein wird bzw. sie einen erfüllten Beruf ausüben werden.

Fragen, die eine Schule beantwortet haben möchte, könnten sein:

- Finden SchülerInnen nach Beendigung ihrer Schullaufbahn genügend Arbeits-, Ausbildungs- oder Studienplätze?
- Inwieweit entspricht dieser Werdegang am besten ihrer schulischen Leistung und ihrer persönlichen Entwicklung?
- Wie erfolgreich war die Schule bei der Vorbereitung der SchülerInnen auf einen solchen Werdegang?
- Erreichen SchülerInnen mit gleichem Leistungsniveau, unabhängig von Geschlecht, sozialer Schicht oder ethnischem Hintergrund einen ähnlichen Werdegang?

b) Prozesse auf der Unterrichtsebene

Zeit für Lernprozesse

Eine der wichtigsten Lernressourcen ist die Zeit. Die Schulzeit stellt ein beschränktes Gut dar, von dem entsprechend Gebrauch gemacht werden muss. Durch die Analyse von Unterrichts- und Stundenplänen ist an sich nur ein Teil davon erfassbar, da diese Zeit nicht gleichbedeutend mit der vom einzelnen Schüler/der einzelnen Schülerin zur Bewältigung einer Aufgabenstellung aufgewendeten Zeit (*time on task*) oder, wie es die Forscher nennen, der ,Lerngelegenheit' (*opportunity to learn*) ist.

Fragen, die eine Schule beantwortet haben möchte, könnten sein:

- Wird den Lernaufgaben genügend Unterrichtszeit im Gegensatz zu administrativen Aufgaben, Disziplin, Ein- und Auspacken gewidmet?
- Gehen zu viele Unterrichtsstunden aus irgendwelchen Gründen verloren? Zum Beispiel auf Grund von unentschuldigter Abwesenheit?
- Wie unterschiedlich sind die Lernzeiten zwischen den begabtesten SchülerInnen und den am wenigsten Begabten?
- Wie viel Zeit wenden SchülerInnen für Hausarbeiten auf? Handelt es sich um eine produktiv genutzte Zeit?

Qualität des Lernens und Lehrens

Es überrascht nicht, dass Schulforscher weltweit den Fokus auf das Lernen im Unterricht als Schlüsselelement effektiver Schulen legen. Dabei könnte man an gutes Unterrichten denken, doch die beiden Begriffe sind nicht gleichbedeutend. Guter Unterricht ist im Allgemeinen dadurch gekennzeichnet, dass klare Kriterien bestehen, dass Lernergebnisse erzielt werden, dass eine effektive Bewertung erfolgt, dass Lehrpersonen flexibel sind, dass der Unterricht nach einem bestimmten Muster erfolgt und abwechslungsreich gestaltet ist. Durch keine dieser Charakteristika wird jedoch per se die Gewähr dafür geboten, dass SchülerInnen lernen, da manche auch ohne Unterricht viel lernen und andere trotz klarer Anleitung und intensiver Unterstützung wenig lernen. Bei einer Bewertung der Qualität des Lernen und Lehrens ist daher eine getrennte Behandlung beider Aspekte erforderlich.

Fragen, die eine Schule beantwortet haben möchte, könnten sein:

- Sind Lernziele und Leistungskriterien klar und werden sie von SchülerInnen und LehrerInnen richtig verstanden?
- Sind Lehren und Lernen hinreichend effektiv?
- Welche Verfahren werden in der Schule angewandt, um die erforderliche Unterrichtsqualität sicherzustellen und zu verbessern, günstige Unterrichtsbedingungen zu schaffen und Lehrende, die auf Schwierigkeiten stoßen, zu unterstützen?
- Werden allen SchülerInnen die gleichen Qualitätsbedingungen für das Lernen geboten?

Unterstützung bei Lernschwierigkeiten

Alle SchülerInnen haben irgendwann einmal Lernprobleme, die bei einigen akuter und länger auftreten als bei anderen. Diese benötigen Unterstützung, jedoch in unterschiedlicher Weise, zu unterschiedlichen Zeiten und in unterschiedlichem Ausmaß.

Die Fähigkeit einer Schule, sich dieser verschiedenen Probleme bewusst zu sein und darauf zu reagieren, bildet einen entscheidenden Faktor für die Qualität einer Schule.

Fragen, die eine Schule beantwortet haben möchte, könnten sein:

- Werden Lernprobleme schnell und richtig erkannt?
- Wie effektiv ist die Unterstützung für SchülerInnen mit Lernschwierigkeiten?
- Sind jene SchülerInnen die unterstützt werden, diejenigen, die Hilfe am Dringendsten benötigen oder diejenigen, die den größten Vorteil daraus ziehen?
- Inwieweit liegt ein Lernproblem beim einzelnen Schüler/der einzelnen Schülerin oder ist es die Folge eines unzulänglichen Unterrichts oder einer ineffektiven Organisation der Schule?

c) Prozesse auf der Schulebene

Schule als Lernort

Die Schule ist ein Ort zum Lernen. Das erscheint zwar eine Selbstverständlichkeit zu sein, ist sie aber ein Ort, an dem auch alle lernen? Diese relevante Frage stellt sich nicht nur auf Unterrichtsebene, sondern auch auf Schulebene, wo Einstellungen und Engagement zum Lernen, die gesetzten Maßnahmen und gelebten Beziehungen, sich auf die praktische Arbeit auswirken. Ein ‚Lernort' ist ein Ort, an dem es so etwas wie ein gemeinsames Schulethos gibt und an dem die Überzeugung einer Erfolgserwartung für alle und die Verpflichtung zur ständigen Qualitätsentwicklung vorherrscht. Selbst diejenigen SchülerInnen, die besondere Leistungen erbringen, können bei einer besseren Kommunikation, bei einer konsequenteren Beachtung, bei höheren Erwartungen und einem ständigen Bemühen der Schule um alternative Unterrichtsmethoden noch besser lernen.

Fragen, die eine Schule beantwortet haben möchte, könnten sein:
- Sind die SchülerInnen so organisiert und gruppiert, dass die Lernmöglichkeiten von ihnen maximal genutzt werden können?
- Sind die LehrerInnen um die Überprüfung und Sicherstellung des Fortschrittes sämtlicher SchülerInnen bemüht?
- Bestehen Qualitätssicherungssysteme und -verfahren sowie Systeme und Verfahren zur Förderung effektiven Unterrichts?
- Entspricht der Lehrplan dem Bedarf und den Bedürfnissen der Schüler?
- Sind die SchülerInnen der Ansicht, dass ihre LehrerInnen sie unterstützen?

Schule als sozialer Ort

Die Schule ist ein sozialer Ort. Sie stellt einen wichtigen Teil des sozialen Lebens der SchülerInnen im Erwachsenwerden dar. In der Schule begegnen sie Freunden und schließen Freundschaften, die zum Teil ein ganzes Leben lang dauern. In der Schule erproben sie ihr soziales Ich sowie ihre Beziehungen zum gleichen und zum anderem Geschlecht. In der Alltagsroutine des einfachen Schulbetriebs lernen sie, was Autorität, Unabhängigkeit und gegenseitige Abhängigkeit heißt. Ihre Möglichkeiten zu positiver persönlicher Entwicklung stehen in einem engen Zusammenhang mit dem sozialen Klima und den Beziehungen inner- und außerhalb der Schule.

Fragen, die eine Schule beantwortet haben möchte, könnten sein:

- Besteht zwischen SchülerInnen und Lehrpersonen ein durch gegenseitigen Respekt gekennzeichnetes Klima oder eher Aggression und Respektlosigkeit?
- Welche Qualität hat das Verhältnis zwischen SchülerInnen und Lehrpersonen?
- Wird den SchülerInnen von der Schule die Möglichkeit geboten, Entscheidungen selbst zu treffen und Verantwortung zu übernehmen?
- Gelten klare Vorschriften und werden sie von allen akzeptiert?
- Erfolgen Belohnungen und Bestrafungen fair und gerecht?
- Trägt das Schulleben insgesamt zum Lernen und zur Entwicklung der SchülerInnen bei?

Schule als Arbeitsplatz

Die Schule ist ein professioneller Arbeitsplatz, wenn sie über eine systematische Form der Datenerhebung und -auswertung verfügt und Entscheidungen für Maßnahmen als Konsequenz darauf getroffen werden. Dies ist für eine sachgemäße Auseinandersetzung mit Veränderungen innerhalb und außerhalb der Schule von Bedeutung, um zielgerecht zu planen und gemeinsame Vorgehensweisen zu setzen.

Die Schule ist ein professioneller Arbeitsplatz, wenn sie die Kompetenzen der Lehrpersonen erhöht und für deren berufliche Förderung sorgt. Die Qualität einer Schule als lernende Organisation lässt sich danach beurteilen, inwieweit die Lehrpersonen durch sie gefördert und gefordert sowie darin unterstützt werden, mit Schwierigkeiten fertig zu werden und ihre Kompetenzen zur Problemlösung zu erweitern.

Fragen, die eine Schule beantwortet haben möchte, könnten sein:

- Wie reagiert die Schule auf Änderungen, die sich in ihrem Umfeld vollziehen?
- Ist die Schule zu einem zielgerichteten und planmäßigen Vorgehen in der Lage?
- Worin liegt die Qualität der in der Schule geführten professionellen Diskussionen und Verfahren zur Entscheidungsfindung? Sind dabei alle Anspruchsberechtigten optimal vertreten?
- Werden die Fortbildungsmaßnahmen den Bedürfnissen der Lehrpersonen und dem Bedarf der Schule gerecht?
- Gibt es bei auftretenden Schwierigkeiten ausreichende und effiziente Unterstützung für die LehrerInnen?

d) Umfeldbeziehungen

Schule und Elternhaus

Schule und Elternhaus sind die beiden Bereiche, die für das Lernen und für die Entwicklung junger Menschen am wichtigsten sind. Wenn beide auf das gleiche Ziel hin arbeiten und sich dabei auf die selben Werte stützen, ist der Lerneffekt am größten. Was in der Schule erarbeitet wird, kann zu Hause eine Erweiterung und Bereicherung erfahren, und auf das, was zu Hause gelernt wird, kann in der Schule weiter aufgebaut werden.

Die Verantwortung liegt sowohl bei den LehrerInnen als auch bei den Eltern, doch haben Schulen die Aufgabe und die Pflicht, Eltern über die Fortschritte ihrer Kinder zu informieren und behilflich zu sein, eine ermutigende und stützende Umgebung zu schaffen, die dem Lernen ihrer Kinder in höchstem Maße förderlich ist.

Fragen, die eine Schule beantwortet haben möchte, könnten sein:
- Entsprechen die erteilten Informationen den Wünschen der Eltern und werden sie ihren Bedürfnissen gerecht?
- Haben die Eltern den Eindruck, in der Schule willkommen zu sein?
- Werden sie unabhängig ihres sozialen Status oder ihrer Herkunft gleich behandelt?
- Gibt es für LehrerInnen die Möglichkeit, von den Eltern etwas über die Bedürfnisse oder Probleme der SchülerInnen zu erfahren?
- Wird es den Eltern ermöglicht das Lernen ihrer Kinder zu unterstützen? Sind diesbezügliche Maßnahmen der Schule entwickelt?

Schule und Gemeinde

Schulen existieren innerhalb von Gemeinschaften und beziehen ihr Leben aus dieser kommunalen Beziehung. Sie werden von der Gemeinde unterstützt und sind Nutznießer der von ihr bereitgestellten Mittel sowie der Möglichkeiten, die von ihr geboten werden. Sie werden aber auch stark von deren ökonomischen Schwierigkeiten beeinflusst und müssen mit den Auswirkungen von Armut, Arbeitslosigkeit, Gewalt und anderen gesellschaftlichen Entwicklungen zurechtkommen.

Evaluationsmaßnahmen in diesem Bereich können erkunden, inwieweit die Schule proaktiv oder reaktiv auf kommunale Einflüsse agiert und inwieweit sie sich selbst als Ressource für ihre unmittelbare Umgebung sieht.

Fragen, die eine Schule beantwortet haben möchte, könnten sein:

- Beeinflussen die Lebensbedingungen in der Gemeinde (Wohlstand, Beschäftigung, Zusammenhalt, Vertrauen in die Zukunft) den Schulethos und das Schulklima?
- Welche Erwartungen hat die Gemeinde von der Schule? Wie unterscheiden sich die Erwartungen unter den verschiedenen Gruppierungen?
- Was bietet die Schule der Gemeinde?
- Was trägt die Schule zur Förderung der Beziehung zwischen Schule und Gemeinde bei?

Schule und Arbeitswelt

Die Qualität der Arbeitsmöglichkeiten, die Schulabgängern angeboten werden, hängt großteils von ihrem Erfolg in der Schule ab. Aus diesem Grund sind Eltern und Arbeitgeber daran interessiert, wie Schulen ihre SchülerInnen auf die Arbeitswelt vorbereiten. Schulen, die gute Beziehungen zu den Arbeitgebern pflegen, können SchülerInnen wesentlich besser darauf vorbereiten. Während dies für Berufsfachschulen oder berufsbildende Ausbildungen offensichtlich von Bedeutung ist, wird es vermehrt auch für Jugendliche an anderen Schulen üblich, für einige Zeit Erfahrungen in der Arbeitswelt zu sammeln, oder für Arbeitgeber, einige Zeit in Schulen zu verbringen.

Was in der Berufswelt gilt, hat auch in der weiterführenden oder Universitätsausbildung Gültigkeit. Dort gibt es auch Erwartungen und bestimmte Voraussetzungen, auf die sich SchülerInnen vorbereiten müssen und die sie zu erfüllen haben.

Fragen, die eine Schule beantwortet haben möchte, könnten sein:

- Hilft die Schule den Jugendlichen, Fertigkeiten und Qualitäten zu entwickeln, die sie für die Berufswelt oder für die weiterführende bzw. höhere Ausbildung fit machen?
- Stellen Arbeitgeber, weiterführende Schulen und Universitäten Informationen zur Verfügung, leisten sie Unterstützung und bieten sie Ressourcen für SchülerInnen und Eltern hinsichtlich ihren Erwartungen und Anforderungen an?
- Gewährleistet die Schule, dass andere Institutionen vom Wissen und von den Fertigkeiten jener SchülerInnen unterrichtet sind, die sie aufgenommen haben?

Das SEP als ein Prozess: Wie es verwendet werden kann

Der Zweck des SEP liegt u.a. darin,

- ein Bild von der Qualität der Schule aus dem Blickwinkel der Lehrpersonen, der SchülerInnen und der Eltern zu bekommen,
- Bereiche für weitere Evaluationen festzuhalten, für die es Daten zu gewinnen gilt,
- eine Kultur des Austauschs und der offenen Auseinandersetzung über unterschiedliche Meinungen unter den Anspruchsberechtigen anzuregen, um dadurch ein förderliches Klima zur Selbstevaluation zu schaffen.

Die genannten Zwecke lassen sich am ehesten erreichen, wenn folgende Ablaufschritte berücksichtigt werden.

1. Die Diskussionen sollten so offen wie möglich geführt werden und möglichst häufig über den Zweck und die Verbindlichkeiten des Anliegens informieren, die potentiellen Herausforderungen und den Gewinn erläutern. Dabei sollten die erforderliche Zeit und die zu investierende Energie nicht verschwiegen werden. Am Anfang ist es einfacher, Freiwillige einzuladen und auf den Enthusiasmus Interessierter zu bauen.
2. Daraus wird eine Gruppe ernannt oder gewählt, die das Projekt leitet.
3. Die Bildung von Gruppen der Anspruchsberechtigten kann unterschiedlich erfolgen. Es können homogene Gruppen von SchülerInnen, Eltern, LehrerInnen und möglichen anderen Vertretern (Beirat, Behörde) gebildet werden, die fünf bis zehn Mitglieder haben. Es können aber auch gemischte Gruppen gebildet werden, bei denen jeweils RepräsentantInnen der verschiedenen Anspruchsberechtigten vertreten sind. Es hat sich als hilfreich erwiesen, jeweils einen Facilitator zu bestellen, dessen/deren Aufgabe es ist, den Diskussionsfluss in Gang zu halten, der Dominanz einzelner oder von Gruppen entgegenzuwirken und sicherzustellen, dass alle Meinungen zur Sprache kommen. Wenn sich beispielsweise ein Elternteil auf Grund der sprachlichen Benachteiligung nicht einzubringen vermag, kann der Facilitator helfen, die Diskussion für den Betroffenen zugänglicher zu machen.
4. Jede Gruppe füllt unabhängig von den anderen das Selbstevaluationsprofil aus und nimmt sich die Zeit, die Bereiche genau zu analysieren, übereilt gefällte Urteile zu hinterfragen, mit guten Argumenten belegte Aussagen zu rechtfertigen und im Zuge dieses Prozesses zu einem Konsens zu gelangen. Es kann hilfreich sein, den TeilnehmerInnen bereits vor dem Treffen einige Informationen und Daten zur Verfügung zu stellen, etwa Leistungsberichte

oder Statistiken. Dabei sollte jedoch darauf geachtet werden, dass der Diskussionsfluss nicht durch ein Übermaß an Daten gehemmt wird.

Zum Beginn erläutert der Facilitator die Grundregeln, verteilt das SEP und erklärt allen den Zweck der bereitgestellten Daten, um eine datenbasierte Diskussion zu gewährleisten. Er oder sie bittet die TeilnehmerInnen einzeln das SEP auszufüllen und jeden Bereich einzeln zu bewerten. Sobald dies individuell erfolgt ist, arbeitet die Gruppe systematisch am SEP zusammen, wobei wiederum jeder Bereich einzeln diskutiert wird. Die TeilnehmerInnen sollen ermutigt werden, ihre Urteile zu begründen und Erfahrungen, Eindrücke, Informationen und noch offene Fragen auszutauschen. Anschließend findet eine gemeinsame Diskussion statt, die in eine Gruppenbewertung münden sollte.

Die Diskussionen sollen zu einer Gruppenbewertung führen, wenngleich es Meinungsverschiedenheiten geben kann, die festgehalten werden sollen. Zum Beispiel: Drei einer Gruppe können sich auf die Bewertung ‚+‘ einigen, während drei andere auf ein ‚-‘ bestehen. Dies kann auf dem SEP als 3 in der Plusspalte und 3 in der Minusspalte eingetragen werden. Diese Vorgehensweise liefert mehr Informationen als ein einfaches ‚x‘. Der Mittelwert für jedes Feld kann auch errechnet werden, indem die individuellen Bewertungen zusammengezählt und durch die Anzahl der Gruppenmitglieder dividiert werden. Wie immer vorgegangen wird, es ist hier nicht das Ziel, eine Liste voller Zahlen zu bekommen, sondern auf die Argumentationen der einzelnen zu hören, Belege zu berücksichtigen und, wo immer es möglich ist, zu einer gemeinsam getragenen Beurteilung zu kommen.

Der Facilitator soll die Gruppe daran erinnern, dass es nicht das Ziel der Übung ist, Lösungen zu all den angeschnittenen Problemen zu finden, sondern vielmehr sich auf eine Anfangsdiagnose über die Stärken und Schwächen der Schule zu einigen. Es ist auch nicht sinnvoll, einen Konsens zu erzwingen. Wenn es nach gründlicher Diskussion immer noch weitgehende Meinungsverschiedenheiten gibt, sind diese ein wichtiger Indikator dafür, in diesem Bereich weitere Evaluationsmaßnahmen durchzuführen.

5. Jede dieser Einzelgruppen ernennt dann einen Vertreter bzw. eine Vertreterin, der/die in eine übergeordnete Gruppe entsandt wird, in der die ganze Schule einbezogen ist (die Schulevaluationsgruppe). Diese Gruppe hat die Aufgabe, das SEP nochmals durchzuarbeiten und erneut eine Debatte, nun aber auf einer tieferen Ebene und rigoroser zu führen. In intensiveren und gründlicheren Diskussionen über kritische Hinterfragung und unter Berücksichtigung der Belege sollte eine Übereinstimmung erreicht werden. Diese Gruppe ‚zweite Ebene‘ benötigt auch einen Facilitator. Diese Rolle kann der kritische Freund übernehmen. Er oder sie sollte keine Interessengruppe vertreten, sondern neutral Vorsitz führen und sicherstellen, dass Entscheidungen auf der Basis

von Belegen und Argumenten getroffen werden und alle Meinungen gehört werden.

6. Wenn in Übereinstimmung ein Gruppenprofil gefunden wird, in dem auch Uneinstimmigkeiten und Meinungsverschiedenheiten aufscheinen, wird eine Empfehlung für diejenigen Bereiche erstellt, die einer weiterführenden Evaluation unterzogen werden sollen oder für die entsprechende Maßnahmen gesetzt werden müssen. Die Endergebnisse und Empfehlungen werden dann an die Steuergruppe an der Schule übermittelt, welche die nächsten Schritte für die Erstellung von Aktionsplänen setzt. Abbildung 10.1 fasst das Protokoll für eine derartige Sitzung zusammen und Abbildung 10.2 schlägt Grundregeln für die Diskussion vor.

---

1. Der Facilitator beschreibt den Zweck der Übung und legt die Grundregeln fest.

2. Der Facilitator erläutert den Personen den Inhalt der zwölf Bereiche.

3. Die TeilnehmerInnen füllen das SEP eigenständig aus und bewerten jeden Bereich von negativ bis positiv.

4. Der Facilitator geht jeden Bereich der Reihe nach durch, wobei jeweils fünf bis zehn Minuten vorgesehen sind und bittet die TeilnehmerInnen, ihre Beurteilung bekanntzugeben und diese zu begründen. Bei einigen Bereichen wird der Prozess des Diskutierens und Aushandelns intensiver geführt werden müssen als bei anderen, weshalb die verfügbare Zeit dementsprechend eingeteilt werden sollte.

5. Es wird festgehalten, ob bezüglich der Gruppenbewertung ein Konsens herrscht oder ob es Meinungsverschiedenheiten gibt.

6. Der Facilitator überprüft, ob die Gruppeneinschätzungen in den zwölf Bereichen genau aufgezeichnet wurden.

Abbildung 10.1: Ablaufprotokoll für die Sitzung

---

1. Das Aushandeln nicht nach dem Schema 'Ich werde dir dieses zugestehen, wenn ich das haben kann' praktizieren.

2. Nicht auf der eigenen Position beharren.

3. Die Standpunkte der anderen Personen anhören.

4. Nicht um des Friedens Willen einen Konsens erzwingen. Den eigenen Standpunkt mit Hilfe von Beweisen so gut wie möglich vertreten, jedoch der Argumentation der anderen genauso große Aufmerksamkeit schenken. Meinungsverschiedenheiten müssen nicht während der Sitzung ausgeräumt werden, sondern können Gegenstand für weitere Untersuchungen sein.

5. Nicht versuchen, Probleme zu lösen. Dies kann zu einem späteren Zeitpunkt erfolgen. Die erste Stufe sieht eine Evaluation des Status Quo vor, weshalb ausreichend Zeit zur Verfügung stehen sollte, um die Belege sorgfältig abzuwägen.

Abbildung 10.2: Grundregeln für die Diskussion

Gewonnene Erkenntnisse

Die folgenden Erkenntnisse können aus der Art und Weise, wie die Schulen das SEP im europäischen Projekt verwendet haben, gezogen werden:

Die Relevanz und Gültigkeit des vereinbarten Profils hängt von der ,Repräsentativität' derjenigen ab, die an den Diskussionen teilnehmen. Es ist deshalb wichtig, alle Gruppen von Anspruchsberechtigten in den Prozess einzubeziehen. Mehrere Schulen berichteten, dass es Eltern und SchülerInnen in einigen der zwölf Bereiche schwierig fanden, Argumente einzubringen. Zum einen, weil sie keine Belege für ihre Einschätzung hatten und zum anderen, weil sie keine Erfahrungen in einzelnen Qualitätsbereichen hatten. Wenn der Diskussionsprozess als Lernmöglichkeit für alle gesehen wurde, bei der Wissenslücken von Beteiligten als solche anerkannt wurden, war es für die Beteiligten eine einnehmende, starke Erfahrung. Zum Beispiel berichteten Schulen wie enthusiastisch und konstruktiv Schülerinnen und Schüler sein können und dass sich diese Erfahrung auch positiv auf die Beziehung zwischen LehrerInnen und SchülerInnen auswirkte.

Es ist wichtig, nicht nur SchülerInnen oder LehrerInnen aus den ,besseren Klassen' oder Eltern, die der Schule gegenüber positiv eingestellt sind, zu wählen. Wenn bestimmte Bereiche der Gesamtpopulation vernachlässigt werden, kann es den Eindruck verstärken, dass die Schule abweichende Meinungen nicht zur Kenntnis nehmen möchte und die Gräben der Gegensätze noch tiefer werden.

Die Gültigkeit von Daten bezieht sich auf die Wahrscheinlichkeit, die gleichen Ergebnisse zu erhalten, wenn die Durchführung zu einem späteren Zeitpunkt wiederholt wird. Die Zeit, die den Diskussionen gewidmet wird, ist dafür mitentscheidend. Wenn Schulen zu wenig Zeit für die Arbeit am SEP investieren, führt dies zu oberflächlichen und unzuverlässigen Ergebnissen. Im Gegensatz dazu wurden, wenn genügend Zeit zur Verfügung stand, durchdachte, systematische und methodologische Diskussionen geführt, und die Beteiligten hatten größeres Vertrauen, dass ihre Ansichten adäquat aufgenommen wurden.

Um während der Treffen Zeit zu sparen, ist es möglich, das SEP den Teilnehmern einige Tage vorher auszuhändigen. In diesem Fall werden die Teilnehmenden gebeten sorgfältig nachzudenken und sich für ihre Bewertung schon vor dem Treffen zu entscheiden. Allerdings kann dadurch die Spontaneität eingeschränkt werden.

Das Ausfüllen des SEP ermutigte unterschiedliche Gruppen von Anspruchsberechtigten zusammenzuarbeiten, was sehr oft zum erstenmal geschah. Außerdem hatte der Prozess vielfach noch weitreichende Konsequenzen für künftige Kooperationen. In mehreren Fällen bildeten die Aktivitäten rund um das SEP die erste Stufe der Entwicklungsplanung und Qualitätsentwicklung, bei der alle Anspruchsberechtigten miteinbezogen wurden.

In Abbildung 10.3 werden Fragen vorgeschlagen, die für Schulen beim Ausfüllen des SEP hilfreich sein können, und Abbildung 10.4 ist ein Beispiel dafür, wie eine Schule das SEP in grafischer Form darstellte.

ERGEBNISSE

Schulleistungen

Haben die SchülerInnen am Ende der Schulzeit einen zufriedenstellenden Standard in den meisten Unterrichtsfächern erreicht?

Liegen die Fortschritte gegenüber früheren schulischen Erfolgen der SchülerInnen über den Erwartungen, unter den Erwartungen oder entsprechen sie in etwa den Erwartungen?

Weisen die Leistungsunterschiede zwischen den begabteren SchülerInnen und den weniger Begabten, zwischen Jungen und Mädchen, eine zunehmende oder abnehmende Entwicklung auf?

Persönliche und soziale Entwicklung

Wie erfolgreich ist die Schule bei der Förderung sozialer Fähigkeiten wie sozialer Verantwortung, Kooperationsfähigkeit, staatsbürgerlichen Einstellungen, Respekt gegenüber anderem und anderen, Solidarität und Fairness?

Wie erfolgreich ist die Schule bei der Entwicklung autonomer Individuen, die der Zukunft positiv und kreativ gegenüberstehen und über eine starke Moral verfügen?

In welchem Ausmaß verbessert die Schule überfachliche Fertigkeiten wie die Fähigkeit zur Teamarbeit, zum Problemlösen, zu effektiver Kommunikation, zum Umgang mit Komplexität, zur Übernahme von Initiative, zu innovativem Handeln?

In welchem Ausmaß entwickeln alle SchülerInnen diese Einstellungen oder Fertigkeiten in gleicher Weise?

Inwieweit wird unter den Lehrenden über Werte und Ziele persönlicher und sozialer Entwicklung diskutiert und inwieweit besteht diesbezüglich zwischen ihnen Einvernehmen?

Weitere Laufbahn der Schülerinnen und Schüler

Finden SchülerInnen nach Beendigung ihrer Schullaufbahn genügend Arbeits-, Ausbildungs- oder Studienplätze?

Inwieweit entspricht dieser Werdegang am besten ihrer schulischen Leistung und ihrer persönlichen Entwicklung?

Wie erfolgreich war die Schule bei der Vorbereitung der SchülerInnen auf die Arbeitswelt?

Erreichen SchülerInnen mit gleichem Leistungsniveau, unabhängig von Geschlecht, sozialer Schicht oder ethnischem Hintergrund einen ähnlichen Werdegang?   *fortgesetzt...*

PROZESSE AUF DER UNTERRICHTSEBENE

Zeit für Lernprozesse

Wird den Lernaufgaben genügend Unterrichtszeit gewidmet im Gegensatz zu administrativen Aufgaben, Disziplin, Ein- und Auspacken?

Gehen zu viele Unterrichtsstunden aus irgendwelchen Gründen verloren? Zum Beispiel auf Grund von unentschuldigter Abwesenheit?

Wie unterschiedlich sind die Lernzeiten zwischen den begabtesten SchülerInnen und den am wenigsten Begabten?

Wie viel Zeit wenden SchülerInnen für Hausarbeiten auf? Handelt es sich um eine produktiv genutzte Zeit?

Qualität des Lernens und Lehrens

Sind Lernziele und Leistungskriterien klar und werden sie von SchülerInnen und LehrerInnen richtig verstanden?

Sind Lehren und Lernen hinreichend effektiv?

Welche Verfahren werden in der Schule angewandt, um die erforderliche Unterrichtsqualität sicherzustellen und zu verbessern, günstige Unterrichtsbedingungen zu schaffen und Lehrende, die auf Schwierigkeiten stoßen, zu unterstützen?

Werden allen SchülerInnen die gleichen Qualitätsbedingungen für das Lernen geboten?

Unterstützung bei Lernschwierigkeiten

Werden Lernprobleme schnell und richtig erkannt?

Wie effektiv ist die Unterstützung für SchülerInnen mit Lernschwierigkeiten?

Sind jene SchülerInnen, die unterstützt werden, diejenigen, die Hilfe am Dringendsten benötigen oder diejenigen, die den größten Vorteil daraus ziehen?

Inwieweit liegt ein Lernproblem beim einzelnen Schüler/der einzelnen Schülerin oder ist es die Folge eines unzulänglichen Unterrichts oder einer ineffektiven Organisation der Schule?

PROZESSE AUF DER SCHULEBENE

Schule als Lernort

Sind die SchülerInnen so organisiert und gruppiert, dass die Lernmöglichkeiten von ihnen maximal genutzt werden können?

Sind die LehrerInnen um die Überprüfung und Sicherstellung des Fortschrittes sämtlicher SchülerInnen bemüht?

fortgesetzt...

Bestehen Qualitätssicherungssysteme und –verfahren sowie Systeme und Verfahren zur Förderung effektiven Unterrichts?

Entspricht der Lehrplan dem Bedarf und den Bedürfnissen der Schüler?

Sind die SchülerInnen der Ansicht, dass ihre LehrerInnen sie unterstützen?

Schule als sozialer Ort

Besteht zwischen SchülerInnen und Lehrpersonen ein durch gegenseitigen Respekt gekennzeichnetes Klima oder eher Aggression und Respektlosigkeit?

Welche Qualität hat das Verhältnis zwischen SchülerInnen und Lehrpersonen?

Wird den SchülerInnen von der Schule die Möglichkeit geboten, Entscheidungen selbst zu treffen und Verantwortung zu übernehmen?

Gelten klare Vorschriften und werden sie von allen akzeptiert?

Erfolgen Belohnungen und Bestrafungen fair und gerecht?

Trägt das Schulleben insgesamt zum Lernen und zur Entwicklung der SchülerInnen bei?

Schule als Arbeitsplatz

Wie reagiert die Schule auf Änderungen, die sich in ihrem Umfeld vollziehen?

Ist die Schule zu einem zielgerichteten und planmäßigen Vorgehen in der Lage?

Worin liegt die Qualität der in der Schule geführten professionellen Diskussionen und Verfahren zur Entscheidungsfindung? Sind dabei alle Anspruchsberechtigten optimal vertreten?

Werden die Fortbildungsmaßnahmen den Bedürfnissen der Lehrpersonen und dem Bedarf der Schule gerecht?

Gibt es bei auftretenden Schwierigkeiten ausreichende und effiziente Unterstützung für die LehrerInnen?

UMFELDBEZIEHUNGEN

Schule und Elternhaus

Entsprechen die erteilten Informationen den Wünschen der Eltern und werden sie ihren Bedürfnissen gerecht?

Haben die Eltern den Eindruck, in der Schule willkommen zu sein?

Werden sie unabhängig ihres sozialen Status oder ihrer Herkunft gleich behandelt?

Gibt es für LehrerInnen die Möglichkeit, von den Eltern etwas über die Bedürfnisse oder Probleme der SchülerInnen zu erfahren?   *fortgesetzt...*

Wird es den Eltern ermöglicht, das Lernen ihrer Kinder zu unterstützen? Sind diesbezügliche Maßnahmen der Schule entwickelt?

Schule und Gemeinde

Beeinflussen die Lebensbedingungen in der Gemeinde (Wohlstand, Beschäftigung, Zusammenhalt, Vertrauen in die Zukunft) das Schulethos und das Schulklima?

Welche Erwartungen hat die Gemeinde von der Schule? Wie unterscheiden sich die Erwartungen unter den verschiedenen Gruppierungen?

Was bietet die Schule der Gemeinde?

Was trägt die Schule zur Förderung der Beziehungen zwischen Schule und Gemeinde bei?

Schule und Arbeitswelt

Hilft die Schule den Jugendlichen, Fertigkeiten und Qualitäten zu entwickeln, die sie für die Berufswelt oder für die weiterführende bzw. höhere Ausbildung fit machen?

Stellen Arbeitgeber, weiterführende Schulen und Universitäten Informationen zur Verfügung, leisten sie Unterstützung und bieten sie Ressourcen für SchülerInnen und Eltern hinsichtlich ihren Erwartungen und Anforderungen an?

Gewährleistet die Schule, dass andere Institutionen vom Wissen und von den Fertigkeiten jener SchülerInnen unterrichtet sind, die sie aufgenommen haben?

Abbildung 10.3: Inhalt der Evaluationsbereiche

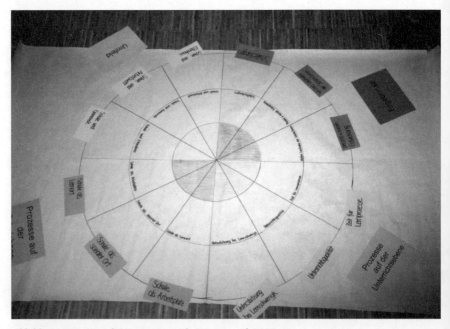

Abbildung 10.4: Eine alternative Form des Einsatzes des SEP

11
Methoden zur Selbstevaluation

Wir haben die folgende Methodensammlung auf der Basis jener Aktivitäten strukturiert, die im Prozess der Selbstevaluation hauptsächlich zur Anwendung kamen. Sie sind in Abbildung 11.1 dargestellt.

Abbildung 11.1: Die Vielfalt von Aktivitäten der Selbstevaluation

Im Folgenden werden diese Evaluationsaktivitäten in numerischer Reihenfolge präsentiert. In jeder Kategorie listen wir Methoden auf, die für diese Aktivität geeignet sind, wobei andere Ansätze auch inkludiert werden können. Die Darstellung der Methoden erfolgt in systematischer Weise (vgl. Abbildung 11.2). In jedem Abschnitt wird eine bestimmte Aktivität als Anschauungsmaterial präsentiert. Es gibt natürlich viele andere mögliche Varianten zu einem Thema.

1. Was ist die Methode? (Beschreibung)
2. Wozu dient sie? (Zweck)
3. Wie wird dabei verfahren? (Vorgehensweise)
4. Wie kann sie funktionieren?

Abbildung 11.2: Die Struktur der Darstellung

Aktivität 1 – Befragen

Evaluationsaktivitäten zielen darauf ab, die besten Antworten auf eine Problemstellung zu finden. Aus diesem Grund ist gerade das Erfragen von Antworten die populärste Evaluationsmethode. Da Fragestellen schon traditionellerweise die wichtigste Methode zur Leistungsfeststellung von SchülerInnen ist, müssen formellere, strukturiertere Ansätze zur Befragung sensibel und systematisch behandelt werden. Wie im Unterricht kann Evaluation durch Befragung in mündlicher oder schriftlicher Form erfolgen.

1.1 Mündliche Befragung: Interviews

Was sie sind
Mündliche Interviews basieren auf einer Evaluationsmethode, bei der die gesprochene Sprache als Hauptinformationsquelle dient und deshalb ein breites Spektrum an möglichen Antworten bietet.

Wozu sie dienen
Interviews sind nützlich, um auf einer persönlichen ‚Face-to-Face'-Ebene detaillierte Informationen über bestimmte Fragestellungen zu erhalten. Abhängig vom Ziel einer Selbstevaluation muss entschieden werden, ob Personen individuell oder in Gruppen interviewt werden sollen. Was die Interviewarten betrifft, reicht die Terminologie vom problemorientierten Interview, bei dem die Fragestellung den Interviewprozess strukturiert, hin zum narrativen Interview, welches der Interviewer nur minimal strukturiert (vgl. Abbildung 11.3). Der Vorteil von Interviews gegenüber Fragebögen liegt in der Möglichkeit, Fragen an die gegenwärtige soziale Situation anzupassen und einen gewissen Respekt gegenüber den Befragten zu vermitteln.

Wie dabei verfahren wird
Bei der Selbstevaluation werden Interviews meistens verwendet, um sich rasch einen Überblick über die Einstellungen von Personen zu Situationen zu verschaffen und daraus abzuleiten, welche der vielfältigen Perspektiven in der Folge berücksichtigt werden müssen. Wenn die Erkenntnisse aus Interviews dazu beitragen sollen, ein Problem zu lösen, wie beispielsweise ‚Wie gehen die Lehrpersonen mit Konflikten in der Klasse um?', kann es hilfreich sein, gemeinsam einen Fragenkatalog zu erstellen, der einerseits offen genug ist, um Spielraum für das individuelle Interview zu lassen und der es andererseits ermöglicht Antworten auf die gemeinsame Grundfragestellung zu erhalten. Verschiedene Interview-

arten werden in Abbildung 11.3 vorgestellt, welche einen Überblick über die Terminologie verschafft, die für verschiedene Interviewformen verwendet werden (aus Mayring 1990, 45).

Interviews mit **offenen** (vs. geschlossenen) Antwortkategorien beziehen sich auf den ‚Grad der Freiheit' des/der **Interviewten**. Die Befragten können frei antworten, ohne auf bereits vorher festgelegte Vorgaben eingehen zu müssen und können sagen, was sie in Bezug auf das Thema als relevant betrachten. **Unstrukturiertes** (vs. strukturiertes) oder **nichtstandardisiertes** (vs. standardisiertes) Interview bezieht sich auf den ‚Grad der Freiheit' des/der **Interviewers/in**. Der/die InterviewerIn hat keinen strikten Fragenkatalog, sondern kann frei Fragen stellen und Themen bestimmen, die auf die Interviewsituation abgestimmt sind. **Qualitatives** (vs. quantitatives) Interview bezieht sich auf die **Auswertung** der Interviewdaten. Die Auswertung erfolgt mittels interpretativer Techniken.

Interviews mit **offenen** (vs. geschlossenen) Antwortkategorien	bezieht sich auf den ‚Grad der Freiheit' des/der **Interviewten**	Die Befragten können frei antworten, ohne auf bereits vorher festgelegte eingehen zu müssen und können sagen, was sie in Bezug auf das Thema als relevant betrachten.
Unstrukturiertes (vs. strukturiertes) oder **nichtstandardisiertes** (vs. standardisiertes) Interview	bezieht sich auf den ‚Grad der Freiheit' des/der **Interviewers/in**	Der/die InterviewerIn hat keinen strikten Fragenkatalog, sondern kann frei Fragen stellen und Themen bestimmen, die auf die Interviewsituation abgestimmt sind.
Qualitatives (vs. quantitatives) Interview	bezieht sich auf die **Auswertung** der Interviewdaten	Die Auswertung erfolgt mittels interpretativer Techniken.

Abbildung 11.3: Interviewformen

Die Triangulation

Die Triangulation wird häufig verwendet, um Informationen über einen bestimmten Aspekt aus unterschiedlichen Perspektiven zu erhalten. Der Name wird aus der folgenden Konstellation abgeleitet: Eine externe Person (E), üblicherweise eine Lehrperson, welche die zu befragende Klasse nicht kennt, wird von einem Lehrer oder einer Lehrerin (L) gebeten, Informationen von einem oder mehreren SchülerInnen zu einer bestimmten Fragestellung oder zu einem Problem zu sammeln, die von dem/der LehrerIn identifiziert wurden (vgl. Abbildung 11.4).

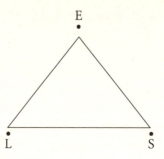

Abbildung 11.4: Die Triangulation

Nachdem die externe Person (E) den Lehrer bzw. die Lehrerin (L) über die Angelegenheit interviewt hat, versucht sie entsprechende Informationen von den SchülerInnen (S) zu erhalten. Die Ergebnisse helfen der Lehrperson, die Sichtweisen der Lernenden zu verstehen, die mit der des Lehrers divergieren können. Triangulationen können sehr hilfreich sein, wenn LehrerInnen Gruppen bilden, die sich gegenseitig im Unterricht besuchen. Sie agieren dann nicht nur als BeobachterInnen, sondern sind für den/die KlassenlehrerIn eine wertvolle Ressource, da sie nicht nur Feedback über ihre eigenen Beobachtungen geben, sondern auch über die Sichtweisen der SchülerInnen, die sie interviewen.

Da die Datenhoheit bei Evaluationen immer eine wichtige Rolle spielt, ist es erforderlich, dass die Person, die als kritische/r FreundIn agiert, eine Person des Vertrauens ist. Deshalb müssen sich L und E schon vorab treffen um festzulegen, worauf E die Aufmerksamkeit in der Klasse richten soll. Es ist hilfreich, wenn E einen Kassettenrekorder verwendet und damit das Anfangsinterview mit L aufzeichnet. Das Gerät ist auch bei der Auswertung der Interviews mit den SchülerInnen hilfreich, die entweder von E nach Zufallsprinzip ausgewählt werden oder von L aus bestimmten Gründen vorgeschlagen werden. Nach der Interviewphase sollte genügend Zeit zur Verfügung stehen, um über die Aufzeichnungen diskutieren zu können, besonders in Hinblick auf weitere Schritte, die als Konsequenz gesetzt werden sollen. Natürlich gibt es eine Reihe von anderen Möglichkeiten, die drei Positionen im Dreieck zu verwenden.

Wie sie gelingen können

In einer dänischen Schule wurden 50 SchülerInnen und 20 LehrerInnen durch ein Los bestimmt, und 50 Eltern wurden von den Mitgliedern des Klassenrats ausgewählt. Die Arbeitsgruppe traf sich dreimal für insgesamt zwölf Stunden, um Qualitätskriterien zu vereinbaren und einen Befragungsleitfaden zu erarbeiten. Die Eltern befragten Eltern, die LehrerInnen befragten LehrerInnen, und die SchülerInnen befragten SchülerInnen. Die Arbeitsgruppe hatte ferner die Aufgabe, die Antworten zu analysieren.

Eine englische Schule wendete eine neue Form der Befragung an, und zwar eine Art Vor-Ort-Reportage, bei der jüngere SchülerInnen nach Zufallsprinzip in der ganzen Schule jemanden aufsuchten, der/die mit einer Aufgabe beschäftigt war (beim Kuchenbacken, bei einem Versuch ...). Sie führten mit ihm/ihr ein kurzes Interview darüber, was bei der Tätigkeit gerade vorging, was daraus gelernt wurde und welche Erkenntnisse der/die Betreffende dazu hatte.

Bei einer anderen Untersuchung zum Thema ‚Schule und Gemeinde' nahmen SchülerInnen einer österreichischen Schule Befragungen im Umfeld der Schule vor. Die SchülerInnen waren für die Projektdurchführung verantwortlich und entschieden sich, sieben Kategorien von Personengruppen zu befragen, einschließlich öffentlicher Einrichtungen (Kindergarten, Kirche, Post, Arzt, Apotheke), des Dienstleistungssektors (Reisebüro, Reinigungen, Solarium), Behörden usw. Vor den Interviews wurde von den SchülerInnen mittels Rollenspiel eine brauchbare Technik entwickelt. Dann führten sie 25 Interviews in ihrem Wohnort durch.

1.2 Schriftliche Befragung

1.2.1 Der Fragebogen

Was er ist

Der Fragebogen gehört zu den einfachsten und deshalb zu den am öftesten verwendeten Methoden in der Evaluation, da er eine Vielzahl an möglichen Adressaten anspricht. Die Befragten werden üblicherweise gebeten, abhängig vom Zweck der Untersuchung und der erforderlichen Spezifizierung auf unterschiedliche Weise zu antworten. Wenn bestimmte Charakteristika z.B. (Geschlecht, Alter, Herkunft) vorgegeben sind, kann die Analyse des Fragebogens zeigen, wie sich Gruppen in ihren Ansichten unterscheiden.

Wozu er dient

Der Fragenbogen wird verwendet, um mehr oder weniger standardisierte Antworten zu erhalten, die leicht verglichen und gegenübergestellt werden können. Der große Vorteil des Fragebogens gegenüber anderen Methoden wie Interviews liegt in der Vertraulichkeit und Anonymität, was SchülerInnen, LehrerInnen oder Eltern ein Feedback ohne Angst vor irgendwelchen Repressalien ermöglicht. Entsprechend dem Standardisierungsgrad können wir unterscheiden zwischen:

geschlossen ⟵————————— FRAGEN —————————⟶ offen

Der Vorteil von geschlossenen Fragen liegt in ihrer Reichweite: In kurzer Zeit ist es möglich, Antworten von einer großen Anzahl von Personen zur selben Frage zu erhalten und sie auch ziemlich schnell auszuwerten. Je weniger standardisiert die Fragen sind, desto schwieriger ist es, die Ergebnisse auszuwerten. Zum Beispiel können es offene Fragen sein wie diese:

‚Beschreiben Sie das Klima in Ihrer Schule‘

Die Person, die eine derartige Fragestellung ausfüllt, hat dann die Freiheit, das niederzuschreiben, was er oder sie will. In diesem Fall müssen die Antworten individuell ausgewertet und interpretiert werden. Für die Befragten können offene Fragen schwierig zu beantworten sein, und es nimmt einige Zeit in Anspruch, die Ergebnisse auszuwerten. Es gibt jedoch Alternativen, die zwischen geschlossenen und völlig offenen Fragen liegen, wie zum Beispiel einen begonnenen Satz zu Ende zu schreiben. Diese Methode schränkt die individuelle Freiheit zwar ein, die Antworten bleiben aber individualisiert. Abbildung 11.5 zeigt einige Beispiele, wie mit dieser Vorgangsweise einzelne Mitglieder des Kollegiums Konferenzen evaluieren können.

Lehrerkonferenz zum Thema .... am............................. im ....

Während der Sitzung fühlte ich mich ....

....

Für mich war der wichtigste Punkt, dass ....

....

Ich habe es sehr hilfreich gefunden, dass ....

....

Ich hatte die größten Schwierigkeiten, als ....

....

Abbildung 11.5: Evaluation durch Satzvervollständigungen

Die Ergebnisse aus einem solchen Fragebogen sollten bald nach der Konferenz diskutiert werden, da sie dann Einfluss auf das Format und den Inhalt von zukünftigen Terminen haben können.

Wie dabei verfahren wird
Es ist wichtig, einen Fragebogen mit einer Pilotperson oder Gruppe auszuprobieren, die repräsentativ zur Zielgruppe ist, da die Art, wie Fragen formuliert werden, ein ausschlaggebender Faktor dafür ist, welche Antworten man darauf bekommen wird. Das ist besonders wichtig, da der/die Antwortgeber/in normalerweise nicht in einen Dialog mit dem Autor bzw. der Autorin des Fragebogens tritt.

Arten von Frageformulierungen

Je offener die Fragen sind, desto freier sind die Antworten (vgl. Abbildung 11.3). Wenn geschlossene Fragen verwendet werden, können wir zwischen folgenden Arten unterscheiden:

Dichotome Antwortkategorie
Eine Frage wird gestellt, indem zwei Optionen angeboten werden, zwischen denen der/die Befragte wählen muss. Die Optionen sind im Allgemeinen zwei Alternativen, normalerweise konträr, wie zum Beispiel:

❏ ❏
ja	nein
richtig	falsch
stimme zu	stimme nicht zu
positiv	negativ

Der Vorteil der dichotomen Antwortkategorie ist ein praktischer: Sogar eine große Anzahl von Fragebögen kann schnell ausgewertet werden – ähnlich dem Wahlsystem, wo die Stimmen kurz nach Wahlende ausgezählt werden. Der Nachteil liegt in der Einschränkung der Fragestellung. Nur einfach und klar strukturierte Fragen können mit ‚entweder/oder' beantwortet werden. Es gibt keine Option zwischen ‚Zustimmung' und ‚Ablehnung', ‚Ja' oder ‚Nein'.

Mehrfachauswahl
Bei Mehrfachauswahl wird eine Reihe von Antwortmöglichkeiten aufgelistet und die Befragten wählen jene, die sie am angemessensten finden. Als Antwortkategorien können auch nonverbale Vorgaben verwendet werden, wie es zum Beispiel in Abbildung 11.6 zu sehen ist.

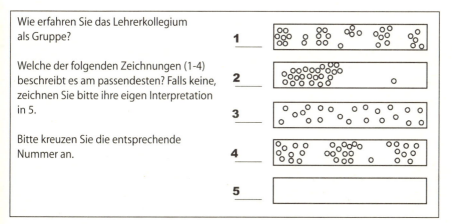

Abbildung 11.6: Grafische Interpretation einer Mehrfachauswahl

Schätzskalen

Sie sind eine spezielle Form des Mehrfachantwort-Systems. Die Antworten sind von stark zu schwach, hoch zu tief, positiv zu negativ o.ä. bewertbar. Dies kann durch Auswahlmöglichkeiten erfolgen, wie beispielsweise in Abbildung 11.7.

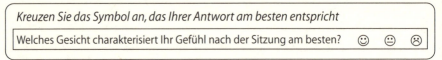

Abbildung 11.7: Eine grafisch gestaltete Bewertungsskala

In Abbildung 11.8 werden SchülerInnen mittels einfacher Fragevorgaben zu bestimmten Aspekten des Unterrichts in der Klasse um ihre Meinung gebeten.

Ich kann, wenn ich etwas nicht verstehe, meine Lehrer bitten, mir zu helfen: ......stets ......meistens ......manchmal ......nie	**Ich kann meine Lehrer um Erklärung im Unterricht bitten:** ......stets ......meistens ......manchmal ......nie
Ich verstehe die Anweisungen meiner Lehrer: ......stets ......meistens ......manchmal ......nie	**Die Lehrer helfen mir sofort, wenn sie merken, dass ich meine Arbeit nicht verstehe:** ......stets ......meistens ......manchmal ......nie
Die Lehrer wissen, wenn die Arbeit von mir nicht verstanden wird: ......stets ......meistens ......manchmal ......nie	**Bei jeder Aufgabe ist mir klar, weshalb wir sie machen:** ......stets ......meistens ......manchmal ......nie

Abbildung 11.8: Bewertung mit einfachen Fragen

Abbildung 11.9 zeigt, wie Antworten zwischen zwei entgegengesetzten Polen ausgewählt werden.

Kreuzen Sie jenen Kreis an, der Ihrer Antwort am besten entspricht.

An unserer Schule haben die Lehrer ein gemeinsames Schema zur Beurteilung von Schülerarbeiten

| stimmt völlig | O | O | O | O | O | stimmt überhaupt nicht |

Abbildung 11.9 Bewertung zwischen zwei entgegengesetzten Polen

Der Vorteil von Schätzskalen liegt darin, dass bestimmte Informationen vorgeben werden und die Befragten die Wahl haben, sich nach eigenen Vorstellungen zu entscheiden. Dies ist hilfreich, wenn die Daten analysiert werden, da sie in einer gewissen Weise standardisiert sind. Die individuelle Einschätzung hat aber auch den Nachteil, dass die Bedeutung der Einstufung zwischen den zwei Polen subjektiv ist und es deshalb zwischen einzelnen Personen unterschiedliche Interpretationen innerhalb der Skalierung geben kann. Die Einschätzung erweckt den Eindruck, dass es sich um eine sehr genaue Messung handle, was aber nicht der Fall ist. Diese scheinbare Genauigkeit muss bei der Dateninterpretation berücksichtigt werden. Je komplexer oder abstrakter die Skala ist, desto weniger werden die Befragten dasselbe mit ihren Antworten meinen!

Das folgende Beispiel eines Fragebogens (aus Schratz/Iby/Radnitzky 2000), der verwendet wurde, um Erfahrungen ehemaliger SchülerInnen zu sondieren, zeigt die Vielfalt an möglichen Fragestellungen (vgl. Abbildung 11.10).

1 *Kreuzen Sie bitte das für Sie Zutreffende ☒ an:*

a) Wie oft hatten Sie direkten Kontakt mit der Schule, seit Sie diese verlassen hatten?

☐ nie   ☐ 3x
☐ 1x   ☐ 4x
☐ 2x   ☐ 5x und öfter

b) Würden Sie sich mehr Kontakt wünschen?

☐ ja

☐ nein

2 Wenn Sie an Ihre damalige Schulzeit zurückdenken, welche Gefühle haben Sie dabei (insgesamt gesehen)?

Kreuzen Sie bitte das Zutreffende ☒ zwischen den Polen an:

äußerst positiv	☐	☐	☐	☐	☐	☐	☐	äußerst negativ

3 Wie schätzen Sie rückblickend die Wirksamkeit des Unterrichts im Hinblick auf folgende Bereiche für Ihre jetzige Situation ein?

Bitte jeweils Zutreffendes ☒ ankreuzen:

Wissen und Kenntnisse	Persönlichkeitsbildung (Umgang mit sich selbst)	soziale Kompetenz (Umgang mit anderen)
☐ sehr hoch ☐ hoch ☐ gering ☐ sehr gering	☐ sehr hoch ☐ hoch ☐ gering ☐ sehr gering	☐ sehr hoch ☐ hoch ☐ gering ☐ sehr gering

4 Wie sehr hat Ihnen die Schule geholfen, Ihren weiteren beruflichen und privaten Lebensweg zu bewältigen?

Markieren Sie bitte jeweils auf der Scheibe jene Ziffer, die Ihrer Meinung nach zutrifft (größte Wirksamkeit innen, geringste Wirksamkeit außen):

berufliches Leben

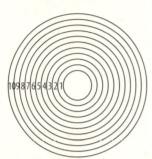

privates Leben

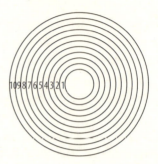

5 Wenn Sie rückblickend den Unterricht in einzelnen Fächern beurteilen, wie schätzen Sie jeweils die Wirksamkeit im Hinblick auf das Wissen (die Kenntnisse, die vermittelt worden sind) und das Können (die Fähigkeiten und Fertigkeiten, die Sie erworben haben) ein?

Kreuzen Sie bitte jeweils das für Sie am ehesten zutreffende Symbol zwischen den beiden Polen auf den beiden Seiten an:

höchst wirksam	++	+	o	-	--	überhaupt nicht wirksam

WISSEN   **KÖNNEN**

WISSEN		KÖNNEN
++ + o - --	Deutsch	++ + o - --
++ + o - --	Mathematik	++ + o - --
++ + o - --	1. Fremdsprache: _____	++ + o - --
++ + o - --	2. Fremdsprache: _____	++ + o - --
++ + o - --	Physik	++ + o - --
++ + o - --	Chemie	++ + o - --
++ + o - --	Geografie und Wirtschaftskunde	++ + o - --
++ + o - --	Geschichte und Sozialkunde	++ + o - --
++ + o - --	Musikerziehung	++ + o - --
++ + o - --	Bildnerische Erziehung	++ + o - --
++ + o - --	EDV/Informatik	++ + o - --
++ + o - --	Psychologie und Philosophie	++ + o - --
++ + o - --	Biologie und Umweltkunde	++ + o - --
++ + o - --	Werkerziehung	++ + o - --

6 Wie beurteilen Sie rückblickend Ihre Schulzeit im Hinblick auf folgende Aussagen?

Kreuzen Sie bitte jeweils das für Sie am ehesten Zutreffende ⊠ an!

trifft voll zu	☐	☐	☐	☐	☐	☐	☐	trifft überhaupt nicht zu

1	Die Lehrerinnen und Lehrer bemühten sich, uns als Personen ernst zu nehmen.	☐	☐	☐	☐	☐
2	Ich hatte als Schüler/in viel Freiraum, um Selbstständigkeit zu erwerben.	☐	☐	☐	☐	☐
3	Die Lehrerinnen und Lehrer haben mich bei Lernproblemen mit professionellem Know-how unterstützt.	☐	☐	☐	☐	☐
4	Meine Leistungen wurden gerecht beurteilt.	☐	☐	☐	☐	☐
5	Der Unterricht war interessant und abwechslungsreich.	☐	☐	☐	☐	☐
6	Ich hatte oft die Möglichkeit, in Projekten (auch außerhalb des Unterrichts) zu arbeiten.	☐	☐	☐	☐	☐
7	Die Lehrerinnen und Lehrer hatten Vorbildcharakter für meinen weiteren Lebenslauf.	☐	☐	☐	☐	☐
8	Der Unterricht hat in der Regel meinem Leistungsniveau entsprochen.	☐	☐	☐	☐	☐
9	Ich bin insgesamt gerne an diese Schule gegangen.	☐	☐	☐	☐	☐
10	Ich habe an der Schule außerhalb des Unterrichts viel für meinen weiteren Lebensweg gelernt.	☐	☐	☐	☐	☐

7 Welche der folgenden Einstellungen, Fähigkeiten und Fertigkeiten finden Sie für Ihr privates und berufliches Leben aus heutiger Sicht wichtig und wie wichtig wurden sie damals von Ihren Lehrerinnen und Lehrern im Unterricht genommen?

Kreuzen Sie bitte jeweils das für Sie am ehesten zutreffende Symbol zwischen den beiden Polen an:

höchst wichtig ++ + o - -- überhaupt nicht wichtig

JETZT		**IN DER SCHULE**
++ + o - --	Selbstständigkeit	++ + o - --
++ + o - --	Selbstvertrauen	++ + o - --
++ + o - --	flexibles Arbeiten	++ + o - --
++ + o - --	Kommunikationsfähigkeit	++ + o - --
++ + o - --	Konfliktfähigkeit	++ + o - --
++ + o - --	Toleranz gegenüber Anderem	++ + o - --
++ + o - --	Innovationsfähigkeit	++ + o - --
++ + o - --	Weltoffenheit	++ + o - --

Abbildung 11.10: Beispiel für einen mehrperspektivischen Fragebogen

Computergestützte Fragebogenanalyse

Computerprogramme können eine wertvolle Hilfe für statistisches Arbeiten sein. Sie haben die Handhabung von Daten einfacher gemacht, besonders bei großen Mengen von Fragebögen. Seit kurzem hat die Verwendung von Computern bereits in der Datensammelphase die Zeit zwischen dem Entwurf der Fragebögen und der Präsentation der Ergebnisse stark verkürzt. Beispielsweise ermöglicht ein Programm, SchülerInnen, Eltern und LehrerInnen, Daten mit Hilfe der Tastatur oder der Maus direkt einzugeben. Die Daten werden automatisch verarbeitet und in benutzergesteuerte Berichte übertragen.

Ein solches Computerprogramm kann auch verwendet werden, um Informationen zu speichern und in bestimmten Zeitintervallen mit neueren Entwicklungen zu vergleichen. So können beispielsweise die Ergebnisse der vorjährigen Umfrage eine hilfreiche Vergleichsbasis für das Folgejahr sein. Dieser Vergleich macht nicht nur die Zusammenhänge zwischen der Vergangenheit mit der Zukunft sichtbar, sondern kann auch die Diskussionen über Stärken und Schwächen der Schule intensivieren. Noch wichtiger ist es in der Folge aber aufzuzeigen, wohin man sie von diesem Punkt aus entwickeln kann.

Wie es funktioniert

Die übliche Zielgruppe für Fragebögen sind LehrerInnen, Eltern und SchülerInnen. Für alle drei Gruppen werden mehr oder weniger dieselben Fragen gestellt (wenn auch tendenziell etwas anders formuliert), so dass die Schule unterschiedliche Sichtweisen zu denselben Fragestellungen vergleichen kann.

Fragebögen können helfen, den jeweiligen Bereich gründlicher zu beleuchten, etwa das Thema ‚Persönliche und soziale Entwicklung‘, ‚Die Schule als Ort des Lernens‘ usw. Die Elternfragebögen konzentrieren sich eher auf die Schule und deren Beziehung zum Elternhaus – Zufriedenheit der Eltern, Hausarbeit, Sorgen über die Fortschritte und das Verhalten der eigenen Kinder. Bei den Lehrerfragebögen geht es üblicherweise um Schulethos, berufliche Entwicklung, Lehren und Lernen. Gemeinsame Schwerpunkte der Schülerfragebögen sind das Klassenklima und die Qualität des Unterrichts oder, wie in einigen Fällen, das Lehrerverhalten. Letzteres muss behutsam angegangen werden und hängt weitgehend davon ab, wie Schülerbefragungen eingeführt werden (vgl. dazu die Kräfte des Evaluationswürfels, S. 133), wobei die vorhandene Bereitschaft der Schule zu berücksichtigen ist und darauf geachtet werden muss, die Art der Aufgabe dem Kontext und den Erwartungen der Lehrpersonen, SchülerInnen und Eltern sorgfältig anzupassen.

Eine dänische Schule führte eine Kohortenstudie durch. Es wurden die Einstellungen der SchulabgängerInnen der Jahre 1991 und 1996 (worüber Daten in der Schule vorhanden waren) mit denen der SchulabgängerInnen des Jahres 1998 verglichen. Die Befragten sollten sich über die Unterrichtsmethoden sowie über den Einfluss der Schülermitbestimmung äußern. Nach Ansicht der Schule wurde damit eine gute Grundlage für die Diskussion der Qualität und der zukünftigen Entwicklung der Schule geschaffen.

Zum Thema ‚Weitere Laufbahn der SchülerInnen' verteilten zwei portugiesische Schulen Fragebögen an SchülerInnen, die die Schule bereits verlassen hatten und inzwischen weiterstudierten oder arbeiteten. Auch den Arbeitgebern wurden Fragebögen zugesandt. Mit den Antworten erhielt man eine Fülle an Informationen nicht nur darüber, welche Wege die SchülerInnen nach Verlassen der Schule eingeschlagen haben, sondern auch über deren rückblickende Einschätzung ihrer eigenen Lernerfahrungen in Schule und Unterricht.

1.2.2 Umfragen

Was sie sind
Eine Variante des Fragebogens ist die Umfrage. Eine Umfrage unterscheidet sich von einem Fragebogen insofern, als die Person, die sie durchführt, eine direkte Rolle bei der Datensammlung oder deren Überwachung spielt. Eine Umfrage ist eine Erhebung von Daten, welche in zahlreichen Bereichen des gesellschaftlichen Alltags zu finden ist (z.B. Verkehr, Umwelt).

Wozu sie dienen
Diese Methode wird zur Datenerhebung verwendet, um bestimmte Aspekte des Schullebens oder des Lernens zu erkunden. Bei der Umfrage kann es sich um unterschiedliche Themen handeln, etwa: ‚Die Verwendung von Computern', ‚Wieviel Zeit wird benötigt, um von einem Klassenzimmer in ein anderes zu gelangen?', ‚Die Häufigkeit und Qualität von Informationsschreiben an die Eltern' oder ‚Die Eindrücke der Eltern bei Schulversammlungen'. Diese Methode kann effizienter sein als Fragebögen, da das Verteilen, Einsammeln, Sortieren und Analysieren entfällt, was sehr zeitaufwendig sein kann. Jedoch geht bei Umfragen üblicherweise die Vertraulichkeit verloren, die bei Fragebögen eine wichtige Rolle spielt.

Wie dabei verfahren wird
Je nach Zweck der Umfrage bildet eine relevante Frage die Basis für die Untersuchung zu diesem Thema. Dann wird ein Umfrageprotokoll in schriftlicher Form oder auf CD-ROM erstellt, um Daten zu sammeln und zu analysieren. Bei der Erstellung einer Personalentwicklungsumfrage können folgende Indikatoren verwendet werden:
- Anzahl der an einer Fortbildung teilnehmenden Lehrpersonen
- Von den Lehrpersonen außerhalb der Unterrichtsstunden in der Schule verbrachte Zeit

- Zeitaufwand für Planungsaufgaben
- Zeitaufwand für Entscheidungen zu Themen, die die ganze Schule betreffen
- Maßnahmen zur Umsetzung von Fortbildungstätigkeiten
- Zeit, die mit Anspruchsberechtigen (Eltern, SchülerInnen, etc.) verbracht wird
- Mit anderen Unterstützungssystemen (Sozialdienste, Polizei ...) aufgewandte Zeit

Bei der Erstellung einer Umfrage zur Beziehung Schule-Elternhaus können folgende Indikatoren verwendet werden:
- Prozentsatz der Eltern, die Lehrpersonen zu Gesprächen innerhalb eines Jahres treffen. Art dieser Treffen
- Von LehrerInnen für Beziehungen zu den Eltern aufgewandte Zeit
- Informationen, die die Eltern über Entscheidungen der Schule haben
- Informationen, die LehrerInnen über die Situation der SchülerInnen zu Hause besitzen
- Prozentsatz der Elternbriefe, die während eines Monats geschrieben werden. Prozentualer Anteil positiver und negativer Briefe
- Prozentsatz der Telefonanrufe, die durch die Schule oder durch das Elternhaus erfolgt sind (Art der Telefonanrufe)

Wie es funktionieren kann

Eine Schule möchte herausfinden, wie Schülerinnen und Schüler den Computerraum während der Öffnungszeiten nutzen, wobei zwischen Jungen und Mädchen differenziert wird. Die Vorlage in Abbildung 11.11 wurde für eine solche Umfrage erstellt.

Tag:	Uhrzeit:		
Computerverwendung für	**Mädchen**	**Jungen**	**Total**
• Textverarbeitung			
• Grafische Arbeiten			
• Surfen im Internet			
• Webdesign			
• Hypermedia			
• Desktop-Publishing			
• Lernen in den Unterrichtsfächern			
• Buchhaltung			
•			
•			

Abbildung 11.11: Umfragebogen

Im Verlauf einer Woche wird für jeden Tag ein neuer Umfragebogen verwendet, um die spezifischen Vorlieben der Schüler herauszufinden und Unterschiede zwischen Jungen und Mädchen festzustellen.

Eine spanische Schule benützte ein Format, bei dem eine Umfrage mit einem Fragebogen kombiniert wurde. In dieser Schule führten ältere SchülerInnen im Rahmen ihres Unterrichts in Gesellschaftskunde unter Anleitung ihres Lehrers eine Studie mit jüngeren SchülerInnen durch. Indem diese Aufgabe in die Umsetzung des Lehrplans eingebettet wurde, konnte einerseits die zusätzliche Belastung verringert werden, andererseits wurden SchülerInnen einbezogen, die diese Arbeit als Teil ihres normalen Schulunterrichts empfanden.

1.2.3 Das Logbuch

Was es ist
Das Logbuch leitet seinen Namen vom Logbuch ab, das auf Reisen verwendet wird, um die Route für andere aufzuzeichnen. Wenn man Ereignisse aus dem Schulleben in einem Logbuch über einen vorher festgelegten Zeitraum aufzeichnet, kann man beispielsweise den Lernfortschritt und die Entwicklung eines Schülers leichter nachvollziehen.

Wozu es dient
Das Logbuch ist ein wertvolles Instrument um festzustellen, wie Personen ihre Zeit für diverse Aktivitäten nützen. Wenn die Schule beispielsweise ein besseres Zeiteinteilungssystem für das Lehrpersonal entwickeln möchte, dann wäre es eine gute Idee, herauszufinden, wie der Zeit- und Arbeitsaufwand des Kollegiums aussieht. Um dies durchzuführen, zeichnen LehrerInnen sämtliche Aktivitäten auf, die sie während einer Woche tätigen und vergleichen ihre Ergebnisse anschließend. Diese bilden die Basis für weitere Schritte im Entwicklungsprozess.

Wie dabei verfahren wird
Eine Gruppe von SchülerInnen wird ersucht, eine Woche lang ein Tagebuch über die Hausarbeitenpraxis zu führen, um Informationen über den Zeit- und Arbeitsaufwand für außerschulische Lernaktivitäten zu erhalten. Die Tabelle in Abbildung 11.12 gibt einige Hinweise für einen möglichen Aufbau eines derartigen Logbuchs.

Von den SchülerInnen soll über jeden Lernabschnitt Buch geführt und aufgezeichnet werden, was sie getan haben und wann (zum Beispiel 15.26-15.42 Mathematik; 16.05-16.37 Französisch).

Beginn-zeit	Beendi-gung	Zeitauf-wand	Thema bzw. Fach	Wann wurde die Aufgabe gestellt?	Bis wann ist sie zu erledi-gen?	Schwie-rigkei-ten?	Hilfe durch?	Hat sie Spaß ge-macht?	War sie nützlich?

Abbildung 11.12: Logbuch zur Erfassung der Hausarbeitenpraxis

Die ausgefüllten Logbücher werden entsprechend der Verteilung der Arbeit zu unterschiedlichen Zeitpunkten bzw. durch verschiedene Leistungsniveaus verglichen und analysiert.

Wie es funktionieren kann
In einer Sekundarschule in Schottland wurden alle SchülerInnen des dritten Jahrgangs gebeten, ein detailliertes Logbuch über den Zeitraum einer Woche inklusive Samstag und Sonntag zu führen. Diese wurden dann abgegeben und von einer Gruppe von Lehrern, die diesen Jahrgang unterrichteten, ausgewertet. Die Logbücher bewirkten eine lebhafte Diskussion und brachten einige Überraschungen. In einigen Fächern wurde die Zeit, die SchülerInnen für Hausarbeiten aufbringen müssen, unterschätzt, vor allem die Konzentration an Arbeit an Sonntagen. Die Logbücher haben gezeigt, dass einige SchülerInnen fünf bis sechs Stunden am Sonntag arbeiten, während der Woche hingegen wenig. Die Überprüfung der Logbücher brachte für Lehrer einige Überraschungen, wie etwa die Tendenz vieler SchülerInnen, bei eingeschaltetem Fernseher oder mit Musikbegleitung zu arbeiten. Das Telefon wurde regelmäßig als ein Medium angeführt, das die Hausarbeiten sozialer macht. Die durch die Verwendung der Logbücher gewonnene Einsicht hat Lehrer angeregt, Hausarbeiten mit ihren Klassen auf eine systematischere Weise zu diskutieren und zu dokumentieren.

1.2.4 Das Kraftfeld

Was es ist
Die Kraftfeld-Analyse wird für die Untersuchung dynamischer ‚Kräfte‘ verwendet, die in entgegengesetzter Richtung wirken und zur Zielerreichung hin- oder von ihr fort führen.

Wozu es dient
Sehr oft signalisieren Evaluationsdaten, dass entgegengesetzte Kräfte im Entwicklungsprozess wirksam werden. Da Schulentwicklung produktiv mit der Dy-

namik der unterschiedlichsten Prozesse umgehen muss, kann das Kraftfeld helfen, diese Kräfte sowohl auf persönlicher als auch auf organisatorischer Ebene sichtbar zu machen.

Wie dabei verfahren wird

Das Kraftfeldverfahren sieht normalerweise so aus, dass entgegengesetzte Kräfte nebeneinander angeführt werden. Bei dem Kraftfeld in Abbildung 11.13 sind die SchülerInnen aufgefordert, die Dinge zu benennen, die ihrem Lernen förderlich oder abträglich sind:

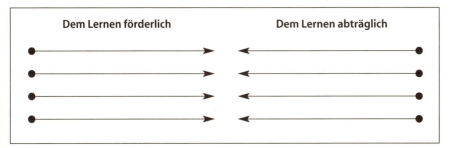

Abbildung 11.13 Kraftfeld zum Lernen

Wie es funktionieren kann

In einer belgischen Schule haben SchülerInnen folgende Punkte ermittelt:

Dem Lernen förderlich	Dem Lernen abträglich
Lehrer, die mich akzeptieren, wie ich bin	Lehrer, von denen ich ungerecht behandelt werde
Lehrer, die mir ein Feedback über meine Arbeiten geben	Lehrer, die sich nur um die besten Schüler kümmern
Lehrmaterial, das gut vorbereitet und gut strukturiert ist	Lehrer, die meine Arbeit herabsetzen
Klare und exakte Fragestellungen	Schüler, die mich bei der Arbeit stören
Schüler, von denen mir Dinge erklärt werden	Schüler, die mir nicht helfen
Schüler, mit denen ich ungezwungen über alles reden kann	Ein dichtgepackter Stundenplan an bestimmten Tagen
Eine gute Klassenatmosphäre	Unterricht, dessen Sinn ich nicht erkennen kann

Die Ergebnisse bildeten die Grundlage für eine intensive Diskussion über mögliche Konsequenzen durch die LehrerInnen.

Aktivität 2 – Beobachten

Beobachten ist eine natürliche Aktivität. Gerade das macht Beobachten einerseits einfach, andererseits aber auch schwierig, wenn es für Evaluationszwecke verwendet wird. Da wir dazu neigen, das zu sehen, was wir sehen wollen, müssen wir besonders auf Befangenheit und vorgefasste Meinungen achten und unsere Beobachtungen sorgfältig an die spezifizierten Kriterien anpassen.

2.1 Die Beobachtung

Was sie ist

Beobachten ist eine andere Aktivität als das Sehen. Beobachten für professionelle Zwecke heißt, dass man diszipliniert vorgehen muss, wenn man die Aufmerksamkeit auf bestimmte Angelegenheiten richten will. Für Jack Sanger (1998, 5) ist die Beobachtung ‚eine mysteriöse Angelegenheit: In der Welt herrscht ein größeres Durcheinander als in einem Labor‘.

Wozu sie dient

Das Sammeln von Daten durch Beobachtung eignet sich gut als Einstieg in die Selbstevaluation, da es nicht viel Material benötigt. Außerdem sind Beobachtungen oft aus der Lehreraus- und fortbildung bekannt (cf. Hook 1981; Stubbs und Delamont 1976; Walker 1985). Wenn eine Weiterentwicklung der Schule angestrebt wird, ist es wichtig, dass sich Beobachtungsaktivitäten nicht auf die Verbesserung der Praxis in einer einzigen Klasse beschränken, sondern dass so viele LehrerInnen wie möglich involviert werden. Bei der Beobachtung werden Daten gesammelt, indem einige Aspekte in den Vordergrund gestellt werden, während andere sich in den Hintergrund verlagern. Diese Methode ist am wirksamsten, wo Komplexität reduziert werden und ein schärferer Fokus eingestellt werden muss. Die Beobachtung ist naturgemäß subjektiv. Durch den Austausch von Beobachtungsdaten ist es aber möglich, zu einer intersubjektiven Sichtweise zu kommen, da die einzelnen Ergebnisse durch andere ergänzt werden können.

Wie dabei verfahren wird

Die Beobachtung kann auf ein bestimmtes Problem gerichtet sein (zum Beispiel das Verhalten der Jungen vs. Verhalten der Mädchen) und sie kann innerhalb und außerhalb der Klassenzimmer stattfinden (oder beides). Natürlich gibt es verschiedene Arten von Beobachtung, die entlang eines Spektrums zwischen zwei Polen liegen. Beobachtungsaktivitäten können nach der Sichtbarkeit der beobachtenden Person eingeteilt werden:

sichtbar/   BEOBACHTUNG   nicht sichtbar/
offen   verdeckt

Die Wahl zwischen offener und verdeckter Beobachtung hat eine Wirkung auf die Situation, auch wenn der Beobachter für diejenigen, die beobachtet werden, ‚nicht sichtbar ist‘. Verdeckte Beobachtung hat den Vorteil, dass es der beobachtenden Person möglich ist, ‚authentische‘ Daten zu sammeln. Jedoch ist ein ethischer Aspekt involviert, welcher

‚dem Forscher die Verantwortung überträgt, ethisch gegenüber anderen zu handeln. Das bedeutet, dass der Forscher aufgrund des privilegierten Status und des Wissens über Konsequenzen von Forschungsaktivitäten diejenigen so gut wie möglich schützen muss, die sich der Konsequenzen einer Evaluation nicht bewusst sind‘ (Sanger 1998, 36).

Beobachtungsaktivitäten können auch dem Fokus entsprechend eingeteilt werden:

frei/   BEOBACHTUNG   fokussiert/
unstrukturiert   strukturiert

Der Vorteil der freien Beobachtung ist gleichzeitig ihr größter Nachteil: Je mehr man durch die Beobachtung sehen will, desto weniger sieht man tatsächlich, da es keinen Fokus für das eigentliche Geschehen gibt. Je mehr man aber eine Beobachtung strukturiert, desto weniger ist man offen für die Vielfalt des sozialen Umfelds, in dem die Beobachtung stattfindet. An welcher Orientierung wir uns auch immer ausrichten, wir sollten die gegensätzliche Perspektive nicht aus dem Blick verlieren!

In einer fokussierten Beobachtung ist es hilfreich, gemeinsam eine Checkliste zu erstellen, die für jede beobachtende Person eine Strukturierungshilfe für ihre Beobachtung ist. Das Beispiel in Abbildung 11.14 stammt aus einem Schulentwicklungsprojekt, bei dem die LehrerInnen die Auswirkungen ihrer Entscheidung beobachteten, bestimmte Bereiche der Schule den Mädchen zuzuweisen, um sie von Störungen durch Jungen zu ‚schützen‘.

Checkliste

- Wie viel machen die Mädchen von den geschützten Bereichen Gebrauch? (Alter der Mädchen? Anzahl? einzeln/Gruppen?)
- In welchen Fällen betreten die Jungen die geschützten Bereiche? (Streitereien? einzelne/Gruppen?)
- Was geschieht wenn ein Junge/Jungen den geschützten Bereich betreten?

Datum: —————————————

Abbildung 11.14 Checkliste ‚Geschützter Bereich‘

Nachdem die Beobachtungsdaten ausgewertet worden waren, zeigte sich, dass die Mädchen den Schutz nicht positiv bewerteten; mehr noch, die Jungen nahmen an, dass alle anderen Bereiche nun von ihnen besetzt werden könnten, was zusätzliche Probleme schaffte. Die ganze Idee des Schaffens eines geschützten Raumes für Mädchen wurde deshalb sofort aufgegeben, und neue Lösungswege mussten gesucht werden.

Wie es funktionieren kann
Kollegiale Unterrichtsbeobachtung

Die paarweise gegenseitige Beobachtung bzw. Beobachtung durch KollegInnen war eine in mehreren Schulen angewandte Evaluationsmethode. Die LehrerInnen taten sich mit einem Kollegen oder einer Kollegin zusammen, um Unterrichtsbeobachtungen durchzuführen und gezieltes Feedback zu den Themen Lernen, Lehren, Unterstützung bei Lernschwierigkeiten oder zu anderen Aspekten der Interaktion in der Klasse zu geben. Dadurch dass diese Beobachtungen durch ‚Peers‘ vorgenommen wurden, konnten die LehrerInnen mit KollegInnen in einer vertrauensvollen Atmosphäre zusammenarbeiten, durchaus aber auch beobachtete Sachverhalte – im wörtlichen Sinn – in Frage stellen. Wo die gegenseitige Unterrichtsbeobachtung zur Anwendung kam, wurde es als wichtig erachtet, im voraus die Schwerpunkte der Beobachtung, die Art des Feedback sowie das Instrument oder den Zeitplan der Durchführung abzustimmen. An einer isländischen Schule teilten sich acht LehrerInnen paarweise auf und besuchten einander im Unterricht. Vorher hatten sie sich getroffen, um die Besuche zu besprechen und zu planen, wobei sie eine Liste mit neun unterschiedlichen Beobachtungs- und Feedbackkriterien erstellten. Jede/r stattete drei Besuche ab, so dass sie/er Zeit hatte, sich an das Verfahren zu gewöhnen und anfängliche Hemmungen zu überwinden. Schlüssel zum Erfolg dieser Strategie sind Vertrauen, Ehrlichkeit, Planung, Vereinbarung von Schwerpunktbereichen sowie ein Feedback, das gleichzeitig bestätigend und herausfordernd ist.

Beobachtung durch SchülerInnen

Diese Evaluationsmethode wurde in einer Reihe von Ländern in unterschiedlichsten Ausformungen angewandt. In einigen Fällen entwarfen die Schüler ihre eigenen Beobachtungszeitpläne, in anderen Fällen taten sie dies in Zusammenarbeit mit ihren LehrerInnen und/oder dem kritischen Freund. In einer finnischen Schule war den LehrerInnen nicht bekannt, wann die Beobachtung stattfinden würde, wobei sie dieser Vorgehensweise vorher zugestimmt hatten. Dadurch ergab sich ein ‚typischeres‘ Bild der Interaktion in der Klasse.

Diese Form der Evaluation wurde von den SchülerInnen im Allgemeinen sehr hoch bewertet, einige äußerten sich im Newsletter des Projekts überschwänglich über ihre Erfahrungen. Der allgemeine Tenor dieser Stellungnahmen ging dahin, dass die SchülerInnen für die Aufgabe des Unterrichtens und die Rolle des Lehrers sowie für das Spannungsfeld zwischen Unterrichten (der Tätigkeit der Lehrperson) und Lernen (der Tätigkeit der Schülerin bzw. des Schülers) sensibilisiert worden seien. Ein Schüler aus Griechenland schrieb dazu: ,Zum ersten Mal als Schüler habe ich etwas getan, woran ich mich mein Leben lang erinnern werde. Ich nahm an einer der Unterrichtsstunden in unserer Schule als einfacher Beobachter teil. Während dieser Stunden habe ich einen Fragebogen über meine Erfahrungen ausgefüllt. Ich stellte fest, dass einige Schülerinnen und Schüler am Unterricht interessiert waren, während andere weder aufpassten noch sich an Aktivitäten beteiligten … Ich fragte mich, wer an dieser Situation wohl schuld sein mag. Inwieweit sind wir Schüler verantwortlich oder unsere Lehrer …? Auf Grund dieser Erfahrung habe ich meine Rolle und Einstellung als Schüler innerhalb der Schule zu überdenken begonnen. Ich hatte den Eindruck, zum erstenmal viele Dinge begreifen zu können. Ich wünschte, meine Mitschüler hätten dieselbe Chance.' (EVA Newsletter 3)

2.2 Beschatten

Was es ist
Das Beschatten ist eine andere Form der Beobachtung. Die beobachtende Person fungiert als Schatten eines Schülers/einer Schülerin, einer Lehrperson oder der Schulleitung und folgt der betreffenden Person über einem bestimmten Zeitraum.

Wozu sie dient
Anstatt die Beobachtung auf allgemeine Aspekte oder Prozesse in der komplexen Welt von Unterrichten und Erziehen zu konzentrieren, kann mit der Methode des Beschattens die Aufmerksamkeit auf eine einzelne Person oder Gruppen gerichtet werden. Auf diese Art wird ein/e SchülerIn oder eine andere Person von jemandem begleitet, indem sie/er der zu beobachtenden Person wie ein Schatten folgt (zum Beispiel während eines Schultages). Das Beschatten einer ganzen Klasse während des gesamten Schultags oder länger ist eine andere Möglichkeit. Die Methode des Beschattens ist besonders beim Erstellen einer Längsansicht nützlich, da es möglich ist, ein Muster von Interaktionen aus dem zeitlichen Verlauf heraus zu erstellen anstatt aus einer Momentaufnahme. In anderen Worten liefert diese Methode einen Längsschnitt aus dem Schulleben.

Wie dabei verfahren wird
Aus ethischen Gründen ist es wichtig, die Personen, die beschattet werden sollen, vorher zu informieren, damit sie wissen, wie die Evaluationsaktivität ablau-

fen wird und welchen Zweck sie hat. Außerdem müssen sich die ‚Schatten' vor, während und nach dem Beschatten über ihre Aufgaben im Klaren sein.

Wie es funktionieren kann

In den ‚Jarvis Court Akten' wird eine Schulentwicklungsgruppe beschrieben, die sich entschließt, einige SchülerInnen zu beschatten, um mehr über das Lernen in Jarvis Court zu erfahren. Die Fragen, die in Abbildung 11.15 (aus MacBeath u.a. 1998) angeführt sind, haben ihnen geholfen, die einzelnen Maßnahmen der Beschattung vorzubereiten, durchzuführen und nachzubesprechen.

In einer der Pilotschulen wurden ebenso Eltern und VertreterInnen der Schulbehörde eingeladen, jeweils einem Schüler oder einer Schülerin während eines Tages zu folgen und sich nach jeder der sechs Unterrichtsstunden ein paar Minuten Zeit für eine Nachbesprechung mit ihnen zu nehmen, um sie über ihre Erfahrungen, ihr Lernerlebnis, ihre Erfolge und Tiefpunkte zu befragen.

Vor Beginn der Schülerbeschattung:
- Ist es angemessen, während der Pause oder über Mittag bei der Schülerin zu bleiben?
- Sollen Geschlecht und Ethnizität der Lehrperson und der Schülerin übereinstimmen?
- Wie soll allen besorgten LehrerInnen mitgeteilt werden, dass es nicht der Zweck der Übung ist, sie zu kontrollieren?
- Was soll der Beschatter den LehrerkollegInnen (und SchülerInnen) über seine Erfahrung berichten?
- Wie wird gewährleistet, dass die Maßnahme zur Verbesserung der Praxis von Schule und Unterricht verwendet wird?

Während der Schülerbeschattung:
- Welche verschiedenen Unterrichtsmethoden erlebt die Schülerin während des Schultages, z.B. Klassen- und Gruppenarbeit?
- Reflektiert der Inhalt des Unterrichts auf irgendeine Weise ihre Erfahrungen oder ihre Herkunft?
- Wird sie ermutigt, unabhängig und verantwortlich zu lernen?
- Hat sie die Möglichkeit im Unterricht aktiv mitzuarbeiten? Wenn ja, tut sie es?
- Wie viele Interaktionen hat sie mit LehrerInnen während des Schultags? Sind sie allgemein positiv? Wird sie im Klassenzimmer oder auf dem Gang mit ihrem Namen angesprochen?
- Wie ist das Verhältnis der Schülerin mit ihrer Gleichaltrigengruppe?

Nach der Schülerbeschattung:
- Falls relevant, wie war das Ausmaß und die Effektivität der Unterstützung bei Lernschwierigkeiten?
- Fand fächerübergreifender Unterricht statt? War dies der Schülerin bewusst?
- Schien der Schultag kohärent zu sein?
- Hat die Schülerin von den Erwachsenen, mit denen sie Kontakt hatte, widersprüchliche Informationen erhalten?
- Wie hat sie die unterrichtsfreie Zeit genützt? Gab es einen geeigneten Ort, wohin sie gehen konnte? Waren die Gänge sicher?
- Was denkt sie allgemein über ihre Schulbildung und speziell am Tag, an dem sie beobachtet wurde?

Abbildung 11.15: Die Jarvis Court-Fragen zur Schülerbeschattung

Aktivität 3 – Ordnen, Prioritäten setzen

3.1 Q-Sort: *Ordnen*

Was es ist

Beim Q-Sort handelt es sich um das Reihen von Aussagen, die üblicherweise auf Karten festgehalten werden (pro Karte eine Aussage). Einzelnen oder Gruppen wird ein Kartensatz mit der Aufforderung gegeben, sie nach bestimmten Vorgaben entsprechend zu ordnen.

Wozu es dient

Das Ordnen gibt einen Einblick in die Art, wie Einzelne oder Gruppen bedeutsame Aspekte nach bestimmten Kriterien auswählen (Meinungen und Kommentare zu bestimmten Aspekten). Der Vorteil gegenüber Fragebögen oder anderen papierbasierten Formen liegt darin, dass diese Methode eine interaktive und flexible Nutzung des Mediums erlaubt. Das Ergebnis des Einzel- bzw. Gruppenordnens dient der Bewertung von weiteren Maßnahmen, die im Entwicklungsprozess gesetzt werden sollten.

Wie dabei verfahren wird

Einzelpersonen oder Gruppen erhalten eine (vorher festgesetzte) Anzahl von Karten und werden gebeten, diese nach den Kriterien, die für den vorliegenden Zweck von besonderer Relevanz sind, zu unterteilen. Wenn sich eine Schule beispielsweise auf den Schlüsselbereich Unterrichtsentwicklung geeinigt hat, können die wichtigsten Aspekte oder Prioritäten auf einzelne Karten geschrieben werden. Gruppen (oder Einzelne) können sie dann nach deren Wichtigkeit oder nach unmittelbarer oder langfristiger Priorität ordnen.

Wie es funktionieren kann

LehrerInnen möchten beispielsweise die Einstellungen ihrer SchülerInnen zur Schule, zum Lernen, zu ihnen selbst oder zu Beziehungen zu anderen herausfinden. Dazu verwenden sie imaginäre Charaktere im situativen Kontext und schreiben jeweils eine Situation auf eine separate Karte. Zum Beispiel: ‚Thomas beschuldigte seinen Freund Peter, als sie etwas falsch gemacht hatten‘; ‚Als sie die beiden raufen sah, lief sie davon‘; ‚Nachdem sie die Geldtasche entwendet hatten, versuchten sie davonzukommen, ohne dass es jemand bemerkt‘. Jede/r SchülerIn erhält einen Kartensatz und wird aufgefordert, ihn nach den folgenden vier Kriterien zu ordnen:

Ist genau wie ich	Ist etwa wie ich	Ist nicht ganz so wie ich	Ist überhaupt nicht wie ich

Die Schüler platzieren jede Karte unter eine der Aussagen oder unter eine der vier Kategorien, die am besten zu ihnen passt. Die Ergebnisse ihrer Zuordnung können verwendet werden, um ihre subjektiven Gründe für ihre Wahl zu erfahren.

3.2 Q-Sort: *Prioritäten setzen*

Was es ist

Diese Vorgangsweise variiert von der im vorherigen Abschnitt durch eine zusätzliche Priorisierung. Einzelnen oder Gruppen wird eine Anzahl von Karten gegeben, auf denen je eine Aussage steht. Sie werden aufgefordert, Prioritäten zu setzen und die Karten entsprechend zu reihen.

Wozu es dient

Wenn eine Entscheidung getroffen werden muss, ist diese Methode nützlich, um schnell herauszufinden, welche Prioritäten Einzelpersonen oder Gruppen haben. Da nach Beendigung dieser Aktivität die Ergebnisse allen zugänglich sind, können Entscheidungen über weitere Maßnahmen sofort getroffen werden. Je mehr Personen im Prozess involviert sind, desto wahrscheinlicher ist es, dass sie die Ergebnisse akzeptieren und bei den Folgeaktivitäten teilnehmen. Da es allen möglich ist, seine oder ihre Prioritätenfolge zu begründen, nimmt die Diskussion während des Prozesses und in der Entscheidungsphase einen hohen Stellenwert ein. In diesem Sinn ist die Methode des Prioritätensetzens ein demokratisch gesteuertes Verfahren.

Wie dabei verfahren wird

Wie im vorherigen Abschnitt müssen Karten sortiert werden, nur das Kriterium für die Rangfolge ist hier die Priorität der Einzelperson oder der Konsens der Gruppe. Die Karten, die dazu ausgewählt werden, sollten auf eine relativ kleine Anzahl limitiert werden. Dadurch bleibt die Aufgabe fokussiert, und die Qualität der Diskussion wird verbessert. Eine weitere Möglichkeit, den Diskussionsprozess zu stimulieren, ist die Einbeziehung einer negativen Rangfolge (dies beinhaltet die am wenigsten bevorzugten Optionen). Zum Beispiel kann dies durch das Erstellen des folgenden Musters für die endgültige Wahl der Karten getan werden.

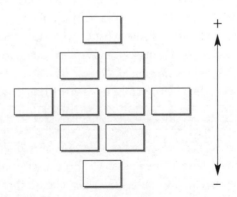

Wie es funktionieren kann

Eine Gruppe ist dazu bestimmt worden, das Programm für einen schulinternen Fortbildungstag vorzubereiten, den die Schule einer Diskussion darüber widmen will, was LehrerInnen, Eltern und SchülerInnen unter einer guten Schule verstehen. Die Mitglieder der Gruppe wollen die Diskussionen strukturieren, die sonst endlos sein könnten, indem sie die Q-Sort nützen. Sie erstellen eine Reihe von Karten mit Aussagen aus Studien zur Schuleffektivität (vgl. die Beispiele in Abbildung 11.16).

Der Schulalltag ist charakterisiert durch Toleranz und das Bewusstsein für demokratische Prinzipien.	LehrerInnen wollen von den SchülerInnen regelmäßig Feedback über ihren Unterricht.	Es gibt einen allgemeinen Konsens über das notwendige Maß an Disziplin und über die Art, sie zu gewährleisten.
Die LehrerInnen in der Schule arbeiten zusammen und kennen die spezifischen Stärken ihrer KollegInnen, damit sie voneinander profitieren.	Meinungen werden im Lehrerzimmer geäußert.	Konflikte werden in der Schule nicht unter den Teppich gekehrt, sondern offen gelöst.
Fehler werden als Chancen für Verbesserungen und Entwicklungen gesehen.	Das Kommunikationssystem an der Schule ist klar umrissen und stellt für alle Personen relevante Informationen zur Verfügung.	Probleme, die Lehrerinnen betreffen und durch Situationen entstanden sind, die besonders für Frauen relevant sind, werden ernst genommen.
Die Schulleitung gibt dem Kollegium das Gefühl, in ihrer Arbeit anerkannt und unterstützt zu werden.	Die Schule tauscht aktiv Ideen mit ihrer Gemeinde bzw. Kommune aus.	Die Schule ist ausreichend mit Lehrmaterial und Unterrichtsmedien ausgestattet.
Die Schule ist zum Umfeld offen eingestellt und betreibt effiziente Öffentlichkeitsarbeit.	Innovationen werden gründlich diskutiert, um einen breiten Konsens zu erreichen.	Die Schulleitung beeinflusst das pädagogische Konzept der Schule und ist entschlossen, die Unterrichtsziele zu erreichen.
Das Personal, das nicht zum Lehrpersonal gehört, ist in entsprechender Weise in die Schulkultur eingegliedert.	Die Budgetplanung in der Schule erfolgt mit allen, die Verantwortung für die Schule tragen.	Die Schule nimmt fallweise externen Rat und Supervision für ihre Entwicklung in Anspruch.
Die Schule verfügt über ein Schulprogramm, das von allen Anspruchsberechtigten unterstützt wird.	Die Schulleitung geht Zielen mit Geduld und Konsequenz nach und reagiert flexibel auf veränderte Situationen.	Die Unterrichtsbeginnzeiten werden genau eingehalten.

Abbildung 11.16: Karten mit Aussagen aus Schuleffektivitätsstudien

Außerdem sind blanke Karten dabei, damit es ermöglicht wird eigene Kommentare hinzuzufügen. Es kann dasselbe Verfahren wie beim SEP verwendet werden. Die Schule kann den Prozess bis zum Erreichen der endgültigen Einigung über die ersten fünf Prioritätsaussagen weiterführen und das Ergebnis in die zukünftige Schulentwicklung miteinbeziehen.

Aktivität 4 – Sammeln

In jeder Organisation gibt es viele Dokumente und Materialien, deren Analyse für Evaluationszwecke sehr ergiebig sein kann. Die Ergebnisse bieten üblicherweise einen besonderen Einblick in jene Aspekte, die im Interesse der Überprüfung stehen.

4.1 Dokumenten-Analyse

Was sie ist
In vielen Fällen stehen ausreichend Belege in dokumentarischer Form zur Verfügung, die sich für die Selbstevaluation anbieten. Es ist von Beginn an wichtig zu wissen, was die Schule eigentlich herausfinden möchte, da Datenanalysen in der Regel sehr zeitaufwendig sind.

Wozu sie dient
Ob die beabsichtigten Ziele einer Evaluation erreicht werden, hängt von der Quellenlage ab, nämlich ob die vorhandenen Dokumente hilfreiche Diskussionen stimulieren und wertvolle Einblicke in die untersuchten Sachverhalte liefern können. Nachstehend sind Beispiele von an Schulen üblicherweise vorhandenen Dokumenten aufgelistet, die es wert sind, näher analysiert zu werden:

- Anwesenheitsaufzeichnungen
- Berichte
- Schülerarbeiten
- Sitzungsprotokolle
- Statistiken
- Demographien
- Terminpläne
- Lehrpläne
- Korrespondenzen
- Termintagebücher
- Lokale Zeitungen

Wie dabei verfahren wird

Bevor mit der Analyse der Dokumente begonnen wird, ist es wichtig, gemeinsam die relevanten Fragen zu formulieren. Folgende Fragen können dafür hilfreich sein:

- Welchen Einblick geben Dokumente uns in die gegenwärtige Situation?
- Was hat sich über eine bestimmte Zeitspanne verändert und warum?
- Was können uns die Dokumente nicht sagen?
- Was muss sich in der Schule auf Grund der Erkenntnisse ändern?

Wenn der Inhalt von Dokumenten analysiert wird, kann es notwendig sein, sich Kategorien zu überlegen, die das Interpretieren der Daten erleichtern; vor allem in Hinblick auf die weiteren Schritte, die unternommen werden sollen. Eine Schule hat beispielsweise das Interesse, die Sitzungsprotokolle eines Jahres zu durchleuchten, um zu sehen, wie Entscheidungen getroffen wurden – beispielsweise durch einzelne oder durch Konsensfindung. Wenn man sich auf die Kategorien geeinigt hat, werden als nächstes Sätze oder Texteile, die in eine Kategorie fallen, gesucht und gezählt. Die Daten sollten aber auch qualitativ analysiert, d.h. aus einer interpretativen Perspektive beleuchtet werden. Das damit verbundene Aushandeln ist ein wichtiger Aspekt der gesamten Evaluation und hat für weitere Sitzungen Konsequenzen.

Wie es funktionieren kann

Zur Veranschaulichung nehmen wir an, dass eine Schule herausfinden möchte, welche staatsbürgerliche Einstellungen Schülerinnen und Schüler an der Schule haben. Sie entschließen sich, von SchülerInnen während einer bestimmten Zeit des Schuljahres produzierte Materialien zu analysieren. Dokumente werden gesammelt und nach den Kriterien staatsbürgerlicher Einstellung ausgewertet. Dabei kann es sich um in der Schule erarbeitete Materialien handeln, aber auch um Ergebnisse und Produkte aus Projektarbeiten in der Gemeinde bzw. Kommune o. ä. Mögliche Orientierungsfragen für die Auswertung können sein:

- Wie stellt sich der Schüler bzw. die Schülerin in dem Material selbst dar?
- Wie verhält er/sie sich gegenüber anderen?
- Lässt sich, was die verschiedenen LehrerInnen und Fächer betrifft, eine konsequente Haltung feststellen?
- Auf welche Art Persönlichkeitsprofil lassen die Daten schließen?

4.2 Portfolio

Was es ist

Ein Portfolio ist eine Sammlung von selbst erstellten Dokumenten, die einen Überblick über die Arbeiten sowie schulischen (und außerschulischen) Leistungen einer Einzelperson oder einer Gruppe geben. Wie Künstler können auch SchülerInnen Portfolios ihrer Arbeiten erstellen, um das Leistungsspektrum und die Errungenschaften ihrer Arbeit vorzuzeigen. Diese Präsentation kann ein wirksames Beispiel für eine ganzheitliche, schülergesteuerte Kommunikationsform sein.

Wozu es dient

In den meisten Bildungssystemen werden Schulleistungen von Schülern gewöhnlich daran gemessen, wie erfolgreich sie bei Prüfungen bzw. Tests abschneiden. Ein derartiger Indikator für Schülerleistungen zeigt jedoch nur an, welche Kenntnisse und Fertigkeiten SchülerInnen in einem bestimmten Bereich zu einem bestimmten Zeitpunkt besitzen, aber nicht, welche Schulleistungen von ihnen insgesamt erzielt wurden. Um aussagekräftigere Erkenntnisse über ihre schulischen Leistungen zu gewinnen, kann die Erstellung von Portfolios über die von SchülerInnen erbrachten Leistungen einen tiefgehenden Einblick bieten.

Wie dabei verfahren wird

Die SchülerInnen werden aufgefordert, die schulischen Arbeiten, die von ihnen während eines bestimmten Zeitraums (zum Beispiel über ein halbes oder ein ganzes Schuljahr hindurch) geschrieben wurden, durchzugehen und Leistungsnachweise für bestimmte Fächer bzw. Lernbereiche aus ihrer schulischen (bzw. außerschulischen) Arbeit vorzulegen. Dazu gibt es verschiedene Vorgehensweisen: Entweder wird von den SchülerInnen lediglich Material in den Bereichen, in denen sie ihrer Ansicht nach bestimmte Fähigkeiten besitzen, gesammelt, wodurch ein Einblick in ihre persönlichen Stärken gewonnen wird, oder sie können um eine Differenzierung zwischen folgenden Einstufungen ersucht werden: Bereiche mit hervorragenden Leistungen, Bereiche durchschnittlicher Leistungen sowie Problembereiche. Die Portfolios werden besprochen und als Indikator für die Selbsteinschätzung der SchülerInnen sowie für ihre einzelnen Lernerfolge verwendet.

Wie es funktionieren kann

Da die Verwendung des Portfolios eine sehr persönliche Art ist, die eigenen Fähigkeiten und Leistungen zu präsentieren, sollte diese Aufgabe nicht lediglich als ein technisches Verfahren betrachtet werden. Hier geht es nicht nur darum, Daten zu sammeln und sie zusammenzufügen, sondern um einbindende, schülerzentrierte Kommunikation. Dazu meint Richard Stiggins:

‚Von all den Verfahrensweisen, die bei der Erstellung von Portfolios Anwendung finden, ist der Prozess der Selbstreflexion am wichtigsten. Wenn wir unsere SchülerInnen bei der Entwicklung ihrer Persönlichkeit unterstützen wollen, müssen wir unsere Vorstellung darüber, was es heißt, erfolgreich zu sein, auf verständliche Weise weitergeben, unseren SchülerInnen ein Vokabular anbieten, mit dem darüber kommuniziert werden kann, und sie ihrer eigenen Tüchtigkeit bezüglich der sich ergebenen Lernerfolge bewusst machen. Eine Möglichkeit sie dafür verantwortlich zu machen, eine klare Vorstellung von ihnen selbst als Lernende zu erlangen ist, sie über die anwachsenden Dokumente über Lernerfolge schreiben oder reden zu lassen' (Stiggins 1997, 459).

Diese Selbstreflexion kann verbessert werden, wenn die SchülerInnen gebeten werden, zu jedem Dokument, das sie in ihr Portfolio aufnehmen, einen diesbezüglichen Hinweis zu schreiben. Auf diesem Blatt sollen sie
*   den Grund angeben, warum sie dieses Arbeitsstück gewählt haben;
*   eine Zusammenfassung über den Inhalt des Dokuments schreiben;
*   Hintergrundinformationen geben, die dem Leser bzw. der Leserin helfen können das zu verstehen, was im Dokument nicht offensichtlich ist;
*   hinweisen, worauf der Leser bzw. die Leserin besondere Aufmerksamkeit richten soll.

Der Kommunikationsfluss sollte aber fließen, was bedeutet, dass die SchülerInnen ein Feedback über die von ihnen erbrachten Leistungen erhalten sollen.

Aktivität 5 – Diskutieren

Die Diskussion ist eine Form der Kommunikation, die in den meisten Evaluationsaktivitäten Anwendung findet, da sie wesentlich für den Prozess des Aushandelns zwischen unterschiedlichen Standpunkten ist. Es gibt darüber hinaus einige Methoden, die speziell auf Diskussionen zwischen Einzelpersonen oder Gruppen aufbauen, weshalb wir diesbezügliche Aktivitäten hier eigens zuordnen.

5.1 Kollegiale Bewertung (*Peer Review*)

Was sie ist
Die Weiterentwicklung der Profession erfordert professionelle Formen des Feedbacks. Kollegiale Bewertung ist eine formalisierte Art des Austauschs professionellen Wissens durch gegenseitiges Feedback über die Arbeit der Lehrpersonen an einer Schule.

Wozu sie dient

LehrerInnen haben eine Fülle an professionellem Wissen, das jedoch oft auf ihren eigenen Unterricht beschränkt bleibt. Selbstevaluation greift auf diese individuellen Wissensbasen zurück, indem die Sichtweisen unterschiedlicher Anspruchsberechtigen zusammengebracht werden. Kollegiale Bewertung (Peer Review) ist eine Form des Vergleichens und Gegenüberstellens verschiedener Verfahren, Gewohnheiten und Aktivitäten, mit der Absicht, Zustimmung oder Ablehnung zu finden und auf diese Art eine Reihe von Herausforderungen zu schaffen, die die Schule nach vorne blicken lassen.

Wie dabei verfahren wird

Die populärste Form der kollegialen Bewertung ist das gegenseitige Besuchen im Unterricht. Dies kann auf individueller Basis oder auf Schulebene stattfinden. Es ist hilfreich, den Schwerpunkt auf eine bestimmte Fragestellung zu richten, so dass die Diskussion rund um ein Thema stattfinden kann, das schon vorher abgesprochen wurde. Um sich auf den vereinbarten Schwerpunkt zu konzentrieren und nicht von der Aufgabe abzuschweifen, kann es nützlich sein, einen Arbeitsbogen und einen Zeitplan zu erstellen. Das Beispiel in Abbildung 11.17 wurde verwendet, um festzustellen, wie SchülerInnen den Lernprozess selbst regulieren.

Arbeitsbogen für die kollegiale Bewertung

Kritische/r FreundIn _____ Besuchte Lehrperson _____

Klasse(n) _____ Datum_____ Seite _____

Vereinbartes Thema für die Kollegiale Bewertung: Wie Schüler das Lernen selbst regulieren

Indikatoren	Bewertung	Kommentare
Den SchülerInnen wird erlaubt, ihren Arbeitsstil unabhängig zu wählen.		
Den SchülerInnen wird entsprechend ihrem Tempo Zeit für ihre Arbeit gegeben.		
Die SchülerInnen fragen, wenn sie Probleme beim Erfüllen ihrer Aufgabe haben.		
Die SchülerInnen verfolgen ihren Arbeitsfortschritt aktiv und reflektieren ihre Leistungen.		

Abbildung 11.17: Arbeitsbogen für die kollegiale Bewertung

Wie sie funktionieren kann

Da schulische Leistungen für SchülerInnen eine entscheidende Rolle spielen, um während der Schulzeit und danach weiter voranzukommen, sollten Qualitätskriterien für Prüfungen und Benotungen einer regelmäßigen Bewertung unterzogen werden. Qualitätskriterien lassen sich am besten durch einen Vergleich und eine Gegenüberstellung von Prüf- und Testverfahren sowie Testergebnissen beurteilen. Dabei können verschiedene Methoden angewandt werden.

- *Schulintern*: Austausch von Tests und Prüfungen einschließlich von Ergebnissen und/oder Benotungen zwischen LehrerInnen, die das gleiche Fach unterrichten (oder fächerübergreifend), Erörterung bestehender Unterschiede und Einigung auf gemeinsame Standards.
- *Schulübergreifend*: Es wird (von LehrerInnen eines bestimmten Fachs) eine (gleichartige oder ähnliche) Schule gesucht, mit der eine kollegiale Bewertung der Tests und Prüfungen einschließlich der Ergebnisse organisiert wird.
- *Länderübergreifend:* In gleicher Weise kann mit Schulen in verschiedenen Ländern verfahren werden und der Studie somit eine europäische Dimension verliehen werden. (Bei der Durchführung einer gegenseitigen Einschätzung mit einem anderen Land ist die Benützung des Email-Service eine hilfreiche Unterstützung.)

5.2 Fokus-Gruppen

Was sie sind

Fokus-Gruppen werden zusammengestellt, um von einer Personengruppe einen schnellen Überblick über deren Meinung zu einem bestimmten Thema zu erhalten. Diese Meinung bildet den repräsentativen Standpunkt für einen größeren Teil des selben Personenkreises. Auf diese Weise stellen Fokus-Gruppen eine Art Podium für unterschiedliche Sichtweisen dar.

Wozu sie dienen

Der Fokus-Gruppe gehören zwischen sechs und zwanzig Mitglieder an, die ein gewisses Meinungsspektrum innerhalb der jeweiligen Gruppierung repräsentieren. So könnte beispielsweise eine Fokus-Gruppe von zwanzig Eltern ausgewählt werden, die die ‚Ansichten der Eltern‘ als Gesamtheit vertreten sollen. Mittels Fragen und Diskussionen sollen dann so ehrlich und genau wie möglich die Ansichten dieser schulischen Interessengruppe herausgearbeitet werden. Diese üblicherweise von Marketingunternehmen und in der politischen Entscheidungsfindung angewandte Strategie hat den Vorteil, wirtschaftlich und effizient zu sein, qualitative Daten zu liefern und nachfassende Sondierungsfragen zu ermöglichen. Sie ist unter Umständen jedoch weniger zuverlässig als Fragebögen, die sich auf eine größere und möglicherweise repräsentativere Personenstichprobe stützen.

Wie dabei verfahren wird

Für Personen, die eingeladen werden, in einer Fokus-Gruppe mitzumachen, müssen Auswahlkriterien festgelegt werden, die vom Zweck der Untersuchung abhängen. Wenn Eltern einer Fokus-Gruppe angehören, dann sollte diese Gruppe repräsentativ sein und auch solche Eltern miteinbeziehen, die gewöhnlich nicht an Schulaktivitäten teilnehmen, da sie häufig die stillen Stimmen sind, die nicht berücksichtigt werden. Die TeilnehmerInnen müssen die Möglichkeit haben, die Angelegenheit im Detail zu diskutieren, um so viel wie möglich über Vorstellungen und Erwartungen herauszufinden, weshalb ein Zeitpunkt zu finden ist, der es allen ermöglicht, anwesend zu sein. Wenn es mehrere Gruppen gibt, ist es hilfreich, eine Liste von Fragen zu erstellen, damit in allen Gruppen dieselben Fragen behandelt werden. Anschließend sollten die Ergebnisse aller Gruppen verglichen werden. Manchmal ist es nützlich, ein Verifizierungsverfahren anzuwenden, bei dem die ausgewerteten Ergebnisse der Fokus-Gruppe bzw. den Fokus-Gruppen nochmals gegeben werden, damit sie Aussagen darüber machen, ob ihre Ansichten auch tatsächlich repräsentiert sind.

Wie sie funktionieren können

Schulen, die diese Methode angewandt haben, brachten ausgewählte Eltern- oder Schülergruppen zusammen und nutzten Brainstorming-Techniken und Diskussionen, um Fragen nachzugehen, die für die Schule von besonderer Bedeutung waren. Einige Schulen hatten Schwierigkeiten bezüglich der Elternstichprobe, weshalb bei der Auswahl sorgfältig vorgegangen werden musste, um ein ausreichend repräsentatives Bild zu erhalten. Die Leitung einer solchen Sitzung erfordert außerdem beachtliche Fähigkeiten, um die Befragten nicht in eine bevorzugte Richtung zu lenken und um ihnen die Möglichkeit zu geben, ihre Ansichten offen und unzensiert zu äußern. An dieser Stelle kann der kritische Freund eine wichtige neutrale, moderierende Rolle spielen.

In einer irischen Schule nutzte man das Konzept der Fokus-Gruppen zur Evaluation der Funktionsweise des Tutorensystems. Die Lehrkräfte wurden in vier Gruppen aufgeteilt, und jede Gruppe trat viermal zusammen, um das Funktionieren des Systems vor dem Hintergrund der Bedürfnisse der SchülerInnen zu bewerten. Ergänzt wurde dies durch einen Fragebogen, mit dem eine Auswahl von 25 Prozent der SchülerInnen über ihre Erfahrungen mit dem Tutorensystem befragt wurde.

Andere Folgeaktivitäten waren Gruppendiskussionen zur Analyse und Interpretation der Fragebogenergebnisse. Daran waren zuweilen SchülerInnen, LehrerInnen und Eltern in getrennten Gruppen beteiligt, manchmal in großen Gruppen, die alle interessierten Akteure zusammenbrachten. In Finnland griff man zu provokativen Behauptungen, um die Gruppenmitglieder zu Diskussionen zu motivieren, wobei aber auch diese Methode Sorgfalt und entsprechende Fähigkeiten erfordert.

Aktivität 6 – Darstellen

Eine bestimmte Szene, Erfahrung oder Vorstellung dazustellen ist eine bedeutende Methode, um Themen zu identifizieren, zu einem Ergebnis zu kommen oder Bereiche zur weiteren Entwicklung hervorzuheben.

6.1 Rollenspiel

Was es ist
Das Rollenspiel ist eine Aktivität, die sich die menschliche Fähigkeit des Darstellens zu Nutze macht. Das was dargestellt wird, kann eine ‚wahre' Geschichte oder etwas Imaginäres sein. Das Darstellen einer Rolle ist immer eine ganzheitliche Aktivität, da sie Denken, Fühlen, Agieren und Re-Agieren zusammenbringt.

Wozu es dient
Rollenspiele können sowohl eine Form der Evaluation als auch eine sich daran anschließende Strategie sein. Evaluative Rollenspiele sind unüblich, potentiell aber effektiv (vgl. Schratz/Steiner-Löffler 1998, 249-250). Wenn die SchülerInnen beispielsweise darstellen, wie sie ihre Klasse und ihre Lehrperson sehen, lassen sich ihre Gefühle, ihre Erwartungen und möglicherweise tief sitzenden Erfahrungen mit dem Alltag in der Klasse herausarbeiten. Auch LehrerInnen können Situationen darstellen – zum Beispiel bei der Fortbildung, etwa Erproben und Darstellen von einzelnen Aspekten, die für die Entwicklung der Schule relevant sind.

Wie dabei verfahren wird
Rollenspiele können spontan aufgeführt oder vorbereitet werden, je nach Zweck oder Funktion im Evaluationsprozess. Es sollte für die ‚Rollenspieler' ausreichend Vorbereitungszeit zur Verfügung stehen, damit sie sich auf Handlung und Ablauf einigen können, in dem die Hauptaussage, die übermittelt werden soll, verpackt ist. Jedoch sollte die Vorbereitung nicht zum Schreiben der Dialoge verwendet werden, da das Rollenspiel auf die Erfahrung der aufführenden Personen bauen soll, die ein tatsächliches oder imaginäres Ereignis mit all ihren emotionellen Konnotationen darstellen.

Wenn jüngere SchülerInnen mitmachen, kann es hilfreich sein, Rollenkarten zu erstellen, welche die wichtigsten Aspekte beschreiben, an die sie denken sollen, wenn sie das Rollenspiel vorbereiten. Eine Probe vor der Aufführung verstärkt das Selbstvertrauen. Da das Rollenspiel auch den Zweck der Evaluation verfolgt, spielt das Hinterfragen und das Aufführen eines nachfolgenden Stückes eine wichtige Rolle. Wie dies gemacht wird, hängt vom spezifischen Kontext ab, in dem das Rollenspiel stattfindet.

Wie es funktionieren kann
In einer englischen Schule schlüpften die SchülerInnen abwechselnd in die Rolle ihrer Lehrerpersonen und spielten eine Reihe unterschiedlicher Zwischenfälle in der Klasse nach. Zum Beispiel:
- Zwei Schüler unterhalten sich, während der Lehrer redet.
- Ein Schüler, der etwas nicht verstanden hat.
- Eine Schülerin, die nicht tut, was ihr gesagt wurde.

Was einige der Lehrer taten und was sie tun könnten, um der Situation Herr zu werden, wurde von den SchülerInnen unterschiedlich interpretiert, was beiden Zwecken diente, der Evaluation und dem Entwicklungspotential.

Ein von einer griechischen Schule beschriebenes Rollenspiel scheint sowohl der Diagnose als auch erzieherischen Zwecken förderlich zu sein. Die Gruppe des Lehrers hat durch ein Rollenspiel, an dem zwanzig Schüler und drei Lehrer teilnahmen, festgestellt, dass Rassismus in der Schule und landesweit ein Problem ist. ‚Wir haben darstellerisch Vorstellungen herausgearbeitet, die uns selbst bestürzten‘, beschrieb ein Schüler das, was er durch diese Initiative gelernt hatte.

6.2 Geschichten erzählen

Was es ist
Eine andere Darstellungsform ist das Geschichtenerzählen. Das Geschichtenerzählen hat eine lange Tradition, die die Vergangenheit am Leben erhält, aber mehr mit der persönlichen Interpretation der erzählenden Person zu tun hat, als mit der exakten Wiedergabe der Ereignisse.

Wozu es dient
Da Geschichten mit tief verwurzelten Erfahrungen und Gefühlen verbunden sind, bringen sie wertvolle Daten auf persönlicher Ebene zum Vorschein. Geschichten werden gewöhnlich von Werten geleitet – sie haben eine implizite und explizite Moral. Geschichten, die für Evaluationszwecke verwendet werden, gehören nicht zu der Art Klatschgeschichten, die während Kaffeepausen erzählt

werden (obwohl diese aus analytischer Perspektive auch interessant sein könnten), sondern sind in einem formalen Rahmen strukturiert, welcher natürlich davon abhängt, wofür und wie die Geschichten verwendet werden.

Wie dabei verfahren wird

Geschichten können auf viele unterschiedliche Arten und von verschiedenen Personen erzählt werden – von LehrerInnen, SchülerInnen, Eltern oder anderen Personen. Sie können wahr oder fiktiv sein, sie haben aber einen bestimmten Zweck und eine hintergründige Moral. Nach der Erzählung folgt meistens eine Diskussion, bei der die Aussagen herausgearbeitet, alternative Enden vorgeschlagen oder kritische Stellen, an denen die Geschichte anders verlaufen hätte können, identifiziert werden. Ansagen vor der Aufführung können die Aufmerksamkeit der Zuhörer auf die Schlüsselthemen oder -charaktere richten. Zum Beispiel: ‚Es kommen sieben Charaktere in der Geschichte vor. Jeder spielt eine wichtige Rolle und beeinflusst den Ausgang. Wenn sie zuhören, denken sie nach, wer dafür am meisten verantwortlich war‘.

Wie es funktionieren kann

SchülerInnen bilden Dreier- oder Viergruppen. Jedes Gruppenmitglied erzählt eine ihm/ihr wichtige Lerngeschichte: ‚Erzähl den anderen eine Geschichte, bei der du wirklich etwas gelernt hast (innerhalb oder außerhalb des Unterrichts)!‘. Von den SchülerInnen jeder Gruppe wird abschließend ermittelt, was das Gemeinsame an den Lerngeschichten, die sie gehört haben, war. Die Gruppenergebnisse werden zusammengetragen und bilden die Grundlage für weitere Analysen und Beratungen.

Geschichten sind tief in Schulen oder anderen Organisationen eingebettet, weshalb sie Teil von jährlichen Evaluationsaktivitäten werden sollten. Ein gutes Beispiel dazu kommt aus Minneapolis, wo ein großer Sozialsprengel einen ‚Tag des Geschichtenerzählens‘ als ergänzende Aktivität im jährlichen Evaluationszyklus eingeführt hat. Dabei haben Teams ihre jeweiligen Geschichten vorgestellt, die beispielhaft für die Arbeit des letzten Jahres waren. Die Aufführung fand unter Anwesenheit von Hunderten Kolleginnen und Kollegen in einer großen Halle statt.

Aktivität 7 – Messen

Dieser Abschnitt widmet sich Methoden, die sich auf quantitative Belege stützen. Wir versuchen zunächst, den Begriff Indikatoren zu klären und zeigen dann auf, wie mit Hilfe von ‚*value added*‘ die Leistung von SchülerInnen individuell bewertet werden kann.

7.1. Indikatoren

Was sie sind

LehrerInnen beschweren sich: Unsere Rolle an der Schule wird ständig anspruchsvoller. Die Schulleiterin sagt: ‚Die Zahl der Aussteiger ist im letzten Jahr zum ersten Mal, seit ich an dieser Schule bin, gesunken'. Die Eltern hingegen meinen: ‚Ich habe in der Zeitung gelesen, dass sich die Leistung der Schule verschlechtert hat. Wird sich diese Lage verbessern oder soll ich meine Tochter in eine andere Schule schicken?' Die Argumentation mit derartigen Indikatoren für Schulen ist derzeit sehr gängig. Um welche Indikatoren handelt es sich hier eigentlich? Wie kann eine Schule jene auswählen, die für ihre Zwecke am relevantesten sind? Wie können sie für eine Selbstevaluation verwendet werden?

Wozu sie dienen

Indikatoren sind statistische Werte, die etwas über den Zustand der Schule aussagen und Entscheidungshilfen objektivierter Art darstellen. ‚Ähnlich einem Tachometer oder einer Benzinuhr im Auto, geben Bildungsindikatoren wichtige Informationen über das derzeitige Funktionieren des Bildungssystems und zeigen, ob Fortschritte gemacht werden, und warnen vor potentiellen Problemen' (vgl. Oakes 1986).

Sich auf getroffene Entscheidungen zu konzentrieren bedeutet, dass ein Indikator, egal ob einzeln oder gemeinsam mit anderen erstellt, in erster Linie dazu dienen sollte, zu bestimmen, ob eine Ausgangssituation den Anforderungen entspricht. Sollte sich diese als unzufriedenstellend erweisen, dann ist es wichtig, Indikatoren für jene Bereiche zu lokalisieren, in denen Entwicklungschancen bestehen.

Nicht alle Statistiken sind als Indikatoren zu gebrauchen. Der Durchschnittslohn der LehrerInnen ist eine statistische Größe, sie stellt aber keinen nützlichen Indikator für Qualität dar, da die Schulen (im allgemeinen) nicht die Möglichkeiten haben, die Gehälter oder die Arbeit entsprechend der Leistung zu ändern.

Wie sie verwendet werden

Der Wert der Indikatoren hängt von technischen, konzeptionellen und schulpolitischen Überlegungen ab.

Technische Überlegungen

Die erste technische Überlegung ist, dass Indikatoren einen ‚Referenzpunkt' haben müssen, auf Grund dessen sie bewertet werden können: Das kann ein Standard sein, auf den sich eine relevante Personengruppe geeinigt hat, oder eine gewisse Zielvorstellung, die von der Regierung oder einer Behörde vorgegeben wird, oder, auf einer weniger normativen Art, der Mittelwert der Indikatoren für ähnliche Schulen, oder der zuletzt gemessene Wert der Schule. Weiters sollten Standards folgende Hauptmerkmale aufweisen:

Sie sollen die nachhaltige Wirksamkeit der Schule messen und auf regelmäßiger Basis – zum Beispiel jedes Jahr – bewertet werden, da das Verständnis und die Identifikation von Trends für eine gültige Interpretation von größter Bedeutung sind. Ohne das Vorhandensein von periodischen Daten können Indikatoren mögliche Schwierigkeiten nicht früh genug anzeigen.

Indikatoren sollten für einen breiten Adressatenkreis leicht verständlich sein. Das muss aber nicht unbedingt bedeuten, dass sie einfach zu ermitteln sind. Manchmal ist ein anspruchsvoller Indikator leichter anwendbar als ein einfacher, aber insgesamt mehrdeutiger. Hoch entwickelte moderne Computer zum Beispiel sind leichter zu verwenden als jene, die vor ein paar Jahren üblich waren. ‚Die Repetentenrate' (eine Klasse zu wiederholen) ist ein Beispiel für einen einfachen, aber mehrdeutigen Indikator. Zugewinn-Indikatoren (*value added*) sind komplex, aber nicht sehr schwierig intuitiv verstehbar (zum Beispiel: Ist der Erfolg der Schule gemessen an ihrer Aufnahmequote besser als er sein sollte?)

Indikatoren sollten zuverlässig und gültig sein. ‚Zuverlässigkeit' ist ein technischer Ausdruck, der die Präzision des Messinstruments beschreibt. Eine Statistik über Schulschwänzer ist nicht zuverlässig, wenn einige Fälle des Fernbleibens von der Schule nicht registriert wurden. Sogar das Messen der Leistung durch Prüfungen ist nie ganz zuverlässig, da ein Schüler an einem Tag eine bessere Leistung bieten kann als an einem anderen, oder auch bei einem Test, der nur leicht von einem anderen abweicht, schlechter abschneiden kann. Glücklicherweise ist es bei guten Messdaten möglich, die Zuverlässigkeit zu überprüfen. Sollte das Ergebnis für die Zuverlässigkeit zu schwach sein, kann man es außer Betracht lassen; Es kann aber auch einen Vertrauensabstand anzeigen, der angibt, inwieweit wir den Daten Vertrauen schenken können.

Gültigkeit ist eher eine konzeptionelle Frage. Eine Messung ist gültig, wenn sie misst, was sie zu messen beabsichtigt. Die Erfolgsrate der Abschlussprüfung, zum Beispiel, ist kein absoluter Indikator für die Effektivität einer Schule, weil es andere Gründe, Erklärungen und Überlegungen gibt. Andererseits ist ein Thermometer ein gültiges Instrument, weil die Höhe der Quecksilbersäule, die als Indikator verwendet wird, nur von der Temperatur der Luft abhängig ist. Ein Indikator kann gültig sein, auch wenn er nur einen Teil einer Variablen misst, so lange er nützliche Informationen für den Indikator als Ganzes liefert. Zum Beispiel mag die Rate an Absenzen ein gültiges Maß von verlorener Unterrichtszeit sein, wenn wir die Tatsache akzeptieren, dass die anderen Variablen, die auch die

Unterrichtszeit beeinflussen (etwa Zeitverlust während eines Kurses) mit der Rate an Absenzen zu- oder abnehmen.

Konzeptionelle Überlegungen

Der Wert der Evaluation hängt von der Stimmigkeit des globalen Interpretationsmodells ab. Eine hohe Gewaltrate, zum Beispiel, könnte als Folge von Nachlässigkeit interpretiert werden, was aber in vielen Fällen nicht korrekt wäre. Hohe Wiederholungsraten könnten Zeichen von Ineffektivität sein, aber auch das wird nicht immer der Fall sein. Die Verwendung von quantitativen Indikatoren kann nicht garantieren, dass solche Fehlinterpretationen auftreten.

Im Allgemeinen schließt ein System von Indikatoren solche für Aufnahmen, Ressourcen, Prozesse und Ergebnisse mit ein. Was aber die relevanten Variablen für jede Kategorie sind, ist jeweils zu klären. Falsche Schlussfolgerungen über den Zusammenhang zwischen Ursachen und Wirkungen können zur Erstellung oder zur Verwendung von Indikatoren führen, die für den eigentlichen Zweck oder den Inhalt nicht passen. Indikatoren sind nichts anderes als Hilfsmittel. Sie bieten keine ‚wissenschaftlichen‘ Ergebnisse, sondern weisen eher auf Gebiete hin, die verbessert werden sollten, oder bieten Argumente für Diskussionen.

Um ein System von Indikatoren für ihre eigene Evaluation auszuarbeiten oder individuell zu gestalten, sollte eine Schule:
- ein Inventar der bestehenden Indikatoren erstellen (jene, die von Behörden oder anderen Stellen geliefert werden);
- eine Anfangsevaluation anfertigen (Selbstevaluationsprofil) um zu bestimmen, in welchen Bereichen sie am ehesten benötigt wird;
- die relevanten Indikatoren bestimmen und betrachten, wo noch Mängel bestehen;
- eine Vorgangsweise wählen (zum Beispiel: Auswählen einer Gruppe von einigen involvierten Anspruchsberechtigten; entscheiden, wie diese Gruppe ihre Folgerungen einem größeren Schulpublikum zugänglich macht; welche Art von Diskussionen stattfinden werden; und welche Maßnahmen am Ende der Diskussionen gesetzt werden sollen). Wenn diese Indikatoren erst einmal bestimmt wurden, ist die eigentliche Arbeit noch nicht zu Ende, sondern fängt erst an!

Politische Überlegungen

Um effektiv zu sein, muss ein System von Indikatoren von den jeweiligen Anspruchsberechtigten verstanden werden und darüber Übereinstimmung herrschen. Das bedeutet, dass Anspruchsberechtigte Zeit, Übung und Erfahrung benötigen, um Entscheidungen treffen zu können, welche Indikatoren außer Acht gelassen oder miteinbezogen werden sollen. Hier sollten VertreterInnen aller Gruppen von Anspruchsberechtigten teilnehmen. Wenn die Indikatoren nicht verstanden werden, können sie eine Art mysteriöse ‚Gültigkeit' haben und so die Menschen eher verunsichern, als ihnen den eigentlichen Vorgang näherzubringen.

Wie sie funktionieren können

Eine Schule, die Indikatoren für die weitere Laufbahn ihrer SchülerInnen verwendete, fand heraus, dass diese nach neun Monaten in der Berufsschule häufig nach dem Verlassen der Schule arbeitslos sind, während SchülerInnen desselben Ausbildungszweiges, die die Schule später verlassen hatten, eher leicht eine Arbeit fanden. Daraus schloss sie, dass die Bedeutsamkeit nicht im Ausbildungsgang selbst zu finden ist, sondern im Grad der Qualifizierung. Diese Erkenntnis bot einen wichtigen Grund, die Schulbehörden zu überzeugen, dass die Ausbildungsdauer verlängert werden sollte.

Eine andere Schule untersuchte die positiven und negativen Sanktionen, die den SchülerInnen auferlegt wurden, indem sie sowohl qualitative als auch quantitative Indikatoren verwendete. Eltern, LehrerInnen und SchülerInnen gaben ihre Meinung bezüglich der Ergebnisse ab, und ein neues System von Ordnungsregeln wurde erstellt. Der quantitative Teil der Untersuchung beinhaltete Indikatoren, die zum Kontrollieren und Evaluieren der Arbeit mit den neuen Regeln verwendet wurde.

Mathematiklehrer haben mit Hilfe einer sorgfältigen Analyse der Eingangstests in Mathematik Kurse und Tests mit mittlerem Schwierigkeitsgrad erstellt, dann formulierten sie Indikatoren bezüglich der Fähigkeiten, die von den SchülerInnen noch zu bewältigen waren.

7.2. Das Messen schulischer Leistungen

Was es ist

Was SchülerInnen wissen und nach Verlassen der Schule machen können, hängt nicht nur allein von der Qualität der Schule ab. Das Schaffen von Indikatoren zum Zugewinn (*value added*) ermöglicht den Vergleich zwischen Schulen mit ausschließlichem Bezug auf jene Schülerleistungen, für die die Schule selbst verantwortlich ist. Daher bieten sie eine brauchbarere Erfassung der Qualität der Schule, als es einmalige Leistungsmessungen schaffen.

Wozu es dient

Sehr häufig wird die Leistung einer Schule nach der Erfolgsrate einer Abschlussprüfung oder eines Testes am Ende des Jahres bewertet. Zum Beispiel, die Erfolgsrate im ‚Baccalauréat' in Frankreich, oder der Prozentanteil von SchülerInnen, die fünf oder mehr Noten zwischen A und C im General Certificate of Secondary Education in Großbritannien erreichen. Als Alternative konnte eine Schule auch auf Grund von Indizes wie zum Beispiel ‚Ich kenne einen Jungen dieser Schule, der ein sehr berühmter Chirurg geworden ist' Ansehen gewinnen. In beiden Fällen ist die Bewertung der Qualität der Schule fehlerhaft. Dafür gibt es zwei Gründe: Erstens berücksichtigt diese Art der Bewertung nicht die Lernausgangslage von SchülerInnen bei der Aufnahme in die jeweilige Schule. Wenn sehr gute SchülerInnen in eine Schule gehen, erreichen sogar ineffektive Schulen gute Ergebnisse.

Zweitens berücksichtigt dieses Verfahren nicht, dass es SchülerInnen gibt, die ihre Schule vor der Abschlussprüfung verlassen oder einfach nicht daran teilnehmen. Wenn alle schwachen SchülerInnen die Schule verlassen oder überzeugt werden, die Schule vor dem Abschlussjahr zu verlassen, kann eine Schule sehr beeindruckende Daten aufweisen, obwohl sie eigentlich sehr ineffektiv ist.

Dies ist ein wichtiger Grund, um *value added*-Indikatoren für die Leistungsmessung zu verwenden. Diese Indikatoren vergleichen gemessene Leistungen (z.B. Erfolgsrate im Bakkalaureat oder die Durchschnittsleistungen in Mathematiktests) mit der erwarteten Leistung. Wenn der gemessene Wert nicht mit dem erwarteten übereinstimmt, bedeutet dies, dass die SchülerInnen weniger Fortschritte in der Schule gemacht haben, als von ihnen erwartet werden konnte.

Der erwartete Wert wird unter der Berücksichtigung der Ausgangsleistungen oder möglicher anderer Charakteristika der SchülerInnen, die ihre Abschlussleistungen unabhängig vom Einfluss der Schule beeinträchtigen könnten, errechnet (z.B. Mädchen schneiden allgemein besser ab als Jungen, Kinder aus der Mittelschicht üblicherweise besser als Kinder aus der Arbeiterklasse). Von Schulen, die SchülerInnen aus einem sozial höheren Einzugsbereich aufnehmen, wird ein höherer Wert erwartet (siehe Abbildung 11.18).

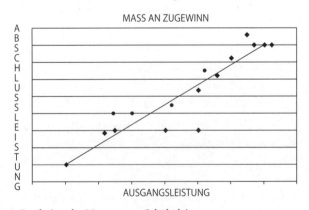

Abbildung 11.18: Ergebnisse der Messung von Schülerleistungen

Wie in dieser Abbildung gezeigt wird, haben SchülerInnen von verschiedenen Schulen zu Beginn und am Ende des Schuljahres einen Test geschrieben. Jede/r SchülerIn ist durch ein Symbol dargestellt. Insgesamt betrachtet, zeigen die Ergebnisse, dass es eine generelle Beziehung zwischen der Ausgangs- und der Abschlussleistung gibt: Je höher die Ausgangsleistung, desto höher wird auch die Abschlussleistung sein. Das ist weder für die LehrerInnen noch für die SchülerInnen ein überraschendes Ergebnis. Wenn eine Schülerin genauso, wie es auf Grund ihrer Ausgangsleistung von ihr erwartet wurde, abschneidet, dann befindet sich ihre Position genau auf der ‚Regressionslinie‘, die die Beziehung zwischen Ausgangs- und Abschlussleistung (vertikale Achse) aufzeigt. Wenn sie besser als erwartet abschneidet, liegt sie oberhalb der Linie, sind ihre Endleistungen schlechter als erwartet, unter der Linie.

Angenommen ihre Schule befindet sich in dieser Stichprobe. Ihre SchülerInnen sind jene, die durch einen schwarzen Punkt und nicht als Rhombus dargestellt sind. Da die meisten ihrer SchülerInnen oberhalb der Linie liegen, ist sie eine ‚effektive Schule‘ – oder zumindest effektiver als der Mittelwert im dargestellten Beispiel. Sie hat einen positiven Zugewinn (*value added*) in Bezug darauf, was getestet wurde, ausgedrückt in der Formel ‚Im Abschlusstest waren SchülerInnen dieser Schule X Prozent erfolgreicher als es auf Grund ihres Eingangstests von ihnen erwartet wurde‘.

Value added-Indikatoren können verwendet werden, um schulische Leistungen in einem spezifischen Fach zu testen, wie in unserem Beispiel, oder für einige Fächer zusammen, aber für einige Aspekte persönlicher und sozialer Entwicklung (z.B. die Punkteanzahl der SchülerInnen in ihrem Abschlusstest zur politischen Bildung ist Y Prozent mal höher als auf Grund ihrer Eingangstests, die diese Einstellung betreffend erwartet wurde).

Die statistischen Methoden, die für diese Berechnungen verwendet werden, ermöglichen die Verwendung von mehr als einer Vorannahme. Im obigen Beispiel ist die einzige Vorannahme die Ausgangsleistung. Aber es ist möglich, zu dieser Vorannahme noch einige andere hinzuzufügen, wie etwa den sozialen oder ethnischen Hintergrund der SchülerInnen. Das kann zur genaueren Vorhersage beitragen, da sie der *value added* näher zur tatsächlichen Effektivität der Schule bringt. Es hat sich jedoch herausgestellt, dass die Ausgangsleistung den besten Hinweis für die Abschlussleistung bietet.

Berechnungen des Lernzugewinns erfordern entweder, dass einige Schulen sich an derselben Überprüfung beteiligen, oder dass die Leistungsnormen bereits vorher existieren. Solche Normen können von lokalen, regionalen oder nationalen Behörden, von Testzentren, oder anderen Agenturen, die Daten sammeln und verwalten, bereitgestellt werden.

Wie dabei verfahren wird

Die Berechnung von *value added* kann von schulexternen Agenturen durchgeführt werden, da sie zeitaufwendig ist und außerdem Experten für deren Festlegung erfordert. Für die Schulen selbst ist es wichtiger, dass sie wissen, wie die Ergebnisse zu interpretieren sind.

- Daten aus Tests messen die Leistung mit einem gewissen Annäherungswert. Daher bieten gute Indikatorensysteme Toleranzdifferenzen an. Ist zum Beispiel der Wert X und der Toleranzabstand +/- 2, können wir sicher sein, dass der Wert des Indikators irgendwo zwischen X-2 und X+2 liegt.
- Schreibt nur eine geringe Anzahl von SchülerInnen den Test mit, so erweisen sich die Daten als weniger verlässlich, und der Toleranzabstand wird größer.
- Die Mobilität der SchülerInnen ist ein Problem, wenn die Ausgangs- und Abschlussleistungen in einem größeren Abstand als einem Jahr gemessen werden. Alle Schulen erleben durch den Abgang von SchülerInnen einen ‚Abrieb‘. Daher sollte der Leistungszugewinn an einer Gruppe von SchülerInnen, die sowohl den Ausgangs- als auch den Abschlusstest mitschreiben, berechnet werden.
- Wenn eine Schule einen positiven Zugewinn (*value added*) in einer Domäne aufweist, muss das in anderen Domänen nicht unbedingt auch der Fall sein. Es gibt zwar generell eine direkte positive Korrelation zwischen der Gesamtleistung in einem und einem anderen Unterrichtsfach, jedoch muss diese nicht immer sehr stark sein.
- *Value added*-Indikatoren sind immer nur so gut wie die Tests, Prüfungen oder Messverfahren, mittels derer sie erstellt wurden.
- *Value added*-Indikatoren sind machtvolle Instrumente, aber immer nur ein Teil des Evaluationsprozesses. Sie müssen durch qualitative Daten ergänzt werden, da sie keine Erklärungen dafür geben, warum eine Leistung gut oder schlecht ist. Daher sind andere Methoden erforderlich, die Klarheit darüber schaffen, was der Grund für steigende oder sinkende Standards ist.
- Obwohl diese Indikatoren nicht sehr schwer verständlich erscheinen, erfordern sie einige Erläuterungen, speziell für jene Personen, die mit statistischen Methoden und Präsentationen von Daten in graphischer Form nicht vertraut sind.

Wie es funktionieren kann

Value added-Indikatoren geben ein globales Bild von der Effektivität einer Schule und weisen kaum auf spezielle Maßnahmen hin, die gesetzt werden sollten. Genauere und detailliertere Informationen werden benötigt, um zu verstehen, wo die Ursachen für spezifische Probleme liegen. Für die Schulentwicklungsplanung bietet eine Kombination von quantitativen und qualitativen Daten die beste Basis, um weitere Schritte zu setzen.

Für Schulen und Lehrpersonen ist es nützlicher, individuelle *value added*-Daten für einzelne SchülerInnen zu haben. Da die Verfügbarkeit und der Entwicklungsstand moderner Technologien ständig steigt, können Schulen Testergebnisse oder Einstellungen von jedem Schüler bzw. jeder Schülerin festhalten und mit lokalen oder nationalen Daten vergleichen, wodurch im Laufe der Zeit eine Progression, eine Regression, ein Leistungszugewinn oder -abfall der Schule festgestellt werden kann. Mit solchen Daten ist leicht möglich, den relativen Leistungszugewinn der individuellen Lehrpersonen oder Abteilungen zu vergleichen. Solche Vergleiche müssen natürlich mit beträchtlicher Vorsicht angestellt werden und sollten nur dort Anwendung finden, wo eine entsprechende Atmosphäre des Vertrauens herrscht.

Aktivität 8 – Abbilden

8.1 Bild-Evaluation

Was sie ist
Bilder können als nonverbales Evaluationsinstrument verwendet werden. Diese können von TeilnehmerInnen an Evaluationsmaßnahmen gezeichnet werden (z.B. Kinderzeichnungen) oder es können professionell hergestellte Bilder sein (z.B. Abbildungen aus Zeitschriften).

Wozu sie dient
Bilder werden für Evaluationszwecke herangezogen, wenn es zu schwierig ist, die Sprache als Kommunikationsmittel zu verwenden. Zur Visualisierung werden andere Teile des Gehirns angesprochen als beim gesprochenen Wort. Wenn SchülerInnen aufgefordert werden, die Schule, ihre LehrerInnen oder die Beziehungen dazu aus ihrer Sicht zu zeichnen, haben sie die Möglichkeit, ihre Gefühle in einer Weise auszudrücken, wie es andere Medien nicht gestatten. Ebenso können Erwachsene zeichnen und so bestimmte Aspekte ihres privaten oder beruflichen Lebens reflektieren.

Wie dabei verfahren wird
Diese Methode kann verwendet werden, um etwas über Visionen oder Ideale zu erfahren, die SchülerInnen oder Lehrpersonen haben. Sie werden etwa gebeten,

ihre Traumschule zu zeichnen. Diese Zeichnungen können dann diskutiert werden, um zu Grunde liegende Bedürfnisse und Erwartungen zu identifizieren und herauszuarbeiten. Die Ergebnisse können interessante Erkenntnisse für weiterführende Schritte im Schulentwicklungsprozess bringen.

Wie sie funktionieren kann
Eine dänische Schule setzte die ‚Bild-Evaluation' mit SchülerInnen der niedrigen Klassen um, deren Zeichnungen den Ausgangspunkt für Diskussionen und Interviews bildeten. Das Bild, mit dem sie angefangen haben, wird in Abbildung 11.19 gezeigt.

Abbildung 11.19: Ausgangsbild für eine Bild-Evaluation

Die Bilder, die verwendet werden, können etwa Schülerzeichnungen sein, die Positives und Negatives in der Schule aufzeigen, oder die Persönlichkeit der Lehrpersonen oder der Schulleitung darstellen.

8.2 Foto- und Video-Evaluation

Was sie ist
Eine Foto- oder Videokamera wird verwendet, um Aspekte des Schullebens für Evaluationszwecke festzuhalten bzw. aufzuzeichnen. Die visuellen Produkte sind die Basis für weitere Diskussionen und daraus resultierende Entwicklungen. Da heute Digitalkameras schon überall verfügbar sind, kann die Foto-Evaluation mittels neuer Technologien rasch Resultate liefern.

Wozu sie dient

Die SchülerInnen erhalten eine Kamera als Evaluationsinstrument, um die Kultur ihrer Schule als lernende Organisation zu untersuchen. Die Fotos der SchülerInnen vermitteln eine andere Botschaft, als sie diese verbal oder in Beantwortung eines Fragebogens zum Ausdruck bringen könnten. Darüber hinaus sind die SchülerInnen angehalten, zu kooperieren und auf einen Konsens hinzuarbeiten, indem sie selbst entscheiden, was sich zu fotografieren lohnt. Dafür bilden sie kleine Forschungsteams, um ihren Schulalltag von einem anderen Blickwinkel aus mittels Objektiv zu erkunden.

Es gibt mehrere Gründe eine Kamera für die Evaluation von Schule und Unterricht zu benützen (etwa im Bereich ‚Schule als sozialer Ort‘):

- Die SchülerInnen sind nicht mit einem vorgefertigten Instrument konfrontiert, das ihnen nur eine Meinungsäußerung zu vorgegebenen Fragen abverlangt.
- Durch die Macht des visuellen Mediums werden sprachliche Schranken durchbrochen.
- Die Evaluation befasst sich mit unterschiedlichen Schichten der Realität, die der Schule zugeschrieben werden. So kann der Vordergrund oder der Hintergrund im Zentrum des Bildes stehen, es können unscharfe Fotos geschossen werden, das Zoomen Aspekte besonders hervorheben oder andere Techniken zur Anwendung kommen.
- Es werden die emotionalen Bedürfnisse der SchülerInnen mit berücksichtigt.
- Durch fotografisches Belegmaterial können die SchülerInnen ‚harte‘ Tatsachen zur Untermauerung ihrer Ansichten liefern, mit denen sich dann die Erwachsenenwelt befassen muss. Mündliche Äußerungen lassen sich leichter vom Tisch wischen.

Wie dabei verfahren wird

Diese Evaluationsmethode sieht vor, dass sich die SchülerInnen in der Schule frei bewegen können, weshalb eine klare Vorgehensweise ratsam ist. Folgende Ablauffolge hat sich (nach Schratz/Steiner-Löffler 2000) bewährt:

1. Es werden Teams aus selbst ausgewählten Gruppen von vier oder fünf SchülerInnen gebildet.
2. Zunächst wird von jedem Team besprochen, an welchen vier Orten in der Schule sie sich wohlfühlen und an welchen vier Orten sie sich am wenigsten wohl fühlen.
3. Die Teams entscheiden, welche Bildkomposition ihr Anliegen am besten vermitteln kann – etwa nur die Örtlichkeit selbst oder eine (gestellte) Szene mit Personen.

4. Die Teammitglieder nehmen ihre Fotos oder Videosequenzen gemäß den in drei gefassten Entscheidungen auf.

5. Wenn die Bilder entwickelt sind (falls Fotografien verwendet wurden), fertigt jedes Team ein Poster an, auf dem die Schnappschüsse angeordnet und Kommentare zu den Fotos geschrieben werden. Diese sollen erläutern ob und aus welchem Grund die Abbildungen für positive bzw. negative Einschätzungen stehen. Falls ein Videofilm gedreht wurde, könnte ein kurzer Vorspann gestaltet werden, der diese Funktion erfüllt.

6. Jedes Team präsentiert dann sein Poster oder Video dem Rest der Klasse, worauf eine Diskussion hinsichtlich weiterer Maßnahmen erfolgen sollte.

7. Schließlich wird eine Präsentation der Poster oder Videos für eine größere Adressatengruppe an der Schule vorbereitet und durchgeführt.

Wie sie funktionieren kann

Die Foto-Evaluation war unter den Pilotschulen eine beliebte Methode, mittels der SchülerInnen über eine Kamera verschiedene Aspekte des Schulalltags festhalten sollten, die für sie persönlich unter sozialen oder schulischen Gesichtspunkten wichtig waren. Es ist dies in gewissem Sinne eine bildliche Darstellung des Kraftfelds (siehe Seite 178).

In einigen Ländern wurden sowohl Videoaufnahmen als auch Fotos verwendet, um die Beobachtung und Tagesberichte zu ergänzen. Auf Grund der Ergebnisse wurden Empfehlungen erarbeitet, die umgesetzt werden könnten, um das Schulethos zu verbessern. Im dänischen Länderbericht werden die Vorteile der Foto-Evaluation wie folgt bewertet:

,Die Foto-Evaluation stellt eine Möglichkeit dar, einige der grundlegenden sozialen Normen an der Schule zum Ausdruck zu bringen, was als Grundlage für einen offenen und konstruktiven Dialog dienen kann, in dem auch die beteiligten Personenkreise genannt werden. Diese Methode eignet sich gut für den Einsatz elektronischer Medien, und die Bilder können einem internationalen Publikum – zum Beispiel mit Untertiteln – im Internet präsentiert werden.'

Aktivität 9 – Tagebuch schreiben

Was es ist

Ein Tagebuch ist ein persönlicher Bericht in schriftlicher Form, der sowohl berufliche als auch persönliche Erfahrungen der Lehrpersonen oder der Lernenden verbindet (vgl. Holly 1989). Deshalb ist das Tagebuch ein wertvolles Instrument für SchülerInnen und LehrerInnen, die regelmäßig Eintragungen über Beobachtungen, Erfahrungen, Gefühle und Gedanken vornehmen. Diese können von Zeit zu Zeit gemeinsam reflektiert werden.

Wozu es dient

SchülerInnen können gebeten werden, ein persönliches Tagebuch für unterschiedliche Zwecke zu führen: Es hilft ihnen, ihre Gefühle und Gedanken auszudrücken; es ermutigt sie, die Fähigkeit der Selbstreflexion und Selbstdarstellung zu erlernen; sie lernen wichtige Angelegenheiten in eigenen Worten auszudrücken; sie können bestimmten Aspekten besondere Aufmerksamkeit widmen, wenn sie von einer Lehrperson dazu aufgefordert werden. In dem Tagebuch sind Informationen persönlicher Art möglich, die von jedem Schüler bzw. jeder Schülerin privat aufgeschrieben werden (z.B. wie ein Schultag von ihnen erlebt wird, wie sie außerhalb des Unterrichts behandelt werden, wie sie Konfliktsituationen wie etwa aggressivem Verhalten oder Gewalttätigkeiten begegnen).

Ähnlich können auch LehrerInnen ein berufliches Tagebuch führen, um bestimmte Aspekte über einen Zeitraum zu beobachten. Tagebucheintragungen sind privat und für niemand anderen geschrieben. Die Lehrperson und ihr Tagebuch können Partner in der professionellen Entwicklung werden und Erfahrungen reflektieren, über die sie mit anderen nur zögernd offen sprechen würden. Aus diesem Grund ist im Tagebuch Platz für alles, was aus der Sicht der schreibenden Person wert ist, aufgezeichnet zu werden. Die Eintragungen können von abstrakten Ideen über detaillierte Beschreibungen von Unterrichtsbeobachtungen bis hin zu Interpretationen von Erfahrungen und Gefühlen in einer emotional geladenen Situation reichen.

Wie dabei verfahren wird

Die SchülerInnen werden gebeten, zu Hause und in der Schule ein Tagebuch zu führen, in dem von ihnen spezielle Informationen zu Schwierigkeiten bei der Bewältigung bestimmter Aufgaben, zu Problemen mit Lehrpersonen und zu sonstigen Schwierigkeiten bei der Arbeit in der Schule und zu Hause eingetragen werden. Wichtig ist jedoch, dass sie spezifische Angaben zu den von ihnen festgehaltenen Informationen machen, weshalb sie gebeten werden sollen, folgende Fragen zu klären: Wann trat das Problem genau auf? Welchen Hinderungsgrund gab es für eine erfolgreiche Durchführung der Aufgabe? Welche Informationen fehlten für eine rechtzeitige Fertigstellung der Aufgabe? Was hat der Schüler bzw. die Schülerin bisher zur Lösung des Problems unternommen? Wer und was hätte helfen können? Usw.

Die SchülerInnen erhalten von Zeit zu Zeit die Möglichkeit, zusammenzusitzen und über bestimmte Eintragungen in ihre Tagebücher zu diskutieren und mit ihren LehrerInnen (oder einer sonstigen Person wie SozialarbeiterIn oder PsychologIn) darüber zu sprechen. Die Führung eines Tagebuches beinhaltet ein wesentliches Element der Selbstreflexion, gleichwohl kann bei solchen Zusammenkünften die Beurteilung der persönlichen und sozialen Entwicklung der SchülerInnen anhand der diskutierten Aspekte erfolgen.

Wie es funktionieren kann

Der folgende Ausschnitt aus einem persönlich-beruflichen Tagebuch gibt einen Einblick in das Potential solcher Tagebucheintragungen, wenn sie in einer entwicklungsorientierten Weise genützt werden.

> Erst heute, während ich hier sitze und über die gestrige Sitzung nachdenke und meine Eindrücke niederschreibe, begreife ich, was es heißt, ein professionelles Tagebuch zu schreiben.
>
> Die erste Überraschung für mich war, als die strikte Sitzordnung aufgehoben wurde und wir uns plötzlich einander gegenüber saßen. Ich hatte das Gefühl, dass dadurch die Atmosphäre entspannter wurde, obwohl sich einige Kollegen dabei unsicher fühlten.
>
> Ich war nicht glücklich über den Ausgang: Die Diskussion erinnerte mich mehr an ein Kaffeehausgespräch als an eine seriöse Diskussion zu diesem Thema. Ich war enttäuscht über die Art, wie die Diskussion geführt wurde ...

Aktivität 10 – Profil erstellen

Was es ist

Ein Profil macht die Beziehung zwischen verschiedenen Faktoren, Personen oder Agenturen sichtbar. Es kann Nähe oder Distanz, Wichtigkeit oder relativen Status ausdrücken. Das Profil nimmt gewöhnlich die Form einer Darstellung oder einer Skizze an, wobei die Komplexität auf ein grafisches und daher leichter zugänglicheres Format reduziert wird.

Wozu es dient

Ein Profil wird verwendet, um in visueller Form die Ansichten von verschiedenen Gruppen von Anspruchsberechtigen sowie die Beziehungen untereinander hervorzuheben. Die verschiedenen Komponenten einer gegebenen Situation oder aus einer Reihe von zwischenmenschlichen Beziehungen werden auf einem Blatt Papier oder einer Flipp-Chart skizziert, wobei klar gemacht wird, wie sie miteinander verknüpft sind. Symbolische Markierungen werden ergänzt, um bestimmte Aspekte wie etwa Nähe und Distanz, Beziehungsstatus oder Grad der

Bedeutung herauszuarbeiten oder hervorzuheben. Ein Einzel- oder Gruppen-profil ist ein guter Ausgangspunkt für Diskussionen über persönliche und professionelle Entwicklung, entweder auf individueller oder institutioneller Ebene.

Wie dabei verfahren wird

Das Leben an der Schule reflektiert stets andere, größere soziale Systeme. Für eine effektive Schule sind die Beziehungen zu diesen wichtig. Ein Profil über das schulische Umfeld bietet einen Überblick darüber, wie diese Systeme zusammenhängen, und leistet einen Beitrag zur Erarbeitung differenzierter Entwicklungsstrategien.

- Zunächst wird eine Liste sämtlicher für die Schule relevanten Kontexte (Institutionen, Personengruppen, Einzelpersonen) erstellt.
- Anschließend erfolgt eine Differenzierung der relevanten Kontexte nach ihrer Bedeutung für die Schule (Darstellung: Größe des Kreises in der Zeichnung) und ihrer Entfernung zur Schule (Darstellung: Nähe oder Distanz in der Zeichnung)
- Dann werden die zwischen der Umgebung und der Schule bestehenden Beziehungen unter externen Gesichtspunkten beschrieben: Erwartungen und Befürchtungen (+ positiv, – negativ; +/- ambivalent, –* von besonderer Bedeutung für die Beziehung).

Abbildung 11.20 zeigt ein Beispiel für eine solches Profil.

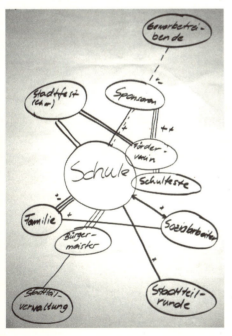

Abbildung 11.20:
Umfeldanalyse einer Schule

Wie es funktionieren kann

Profile können für verschiedene Entwicklungsanalysen verwendet werden. Die Abbildungen 11.21 und 11.22 zeigen zwei Beispiele, die bestimmte Aspekte der Mikropolitik der Schule und Beziehungen zwischen Personen oder Systemen aufzeigen.

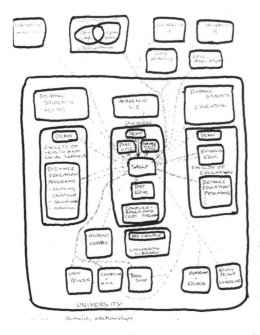 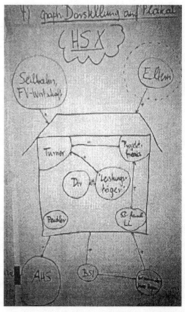

Abbildung 11.21:
Professionelles Profil
(aus Schratz/Walker 1995, 152)

Abbildung 11.22:
Zeichnung über die Beziehungen
zwischen Systempartnern
(aus Schratz/Steiner-Löffler 1998, 103)

Beide, das professionelle Profil, das die Arbeitsbeziehungen der Schulleiterin darstellt und die Zeichnung, die die Beziehungen zwischen den verschiedenen Partnern der Schule zeigt, bilden die Basis für eine eingehende Diskussion über mögliche weitere Schritte – auf individueller und institutioneller Ebene.

12
Die Arbeit des kritischen Freundes

Eines der zentralen Elemente des Pilotprojekts ‚Evaluation der Qualität von Schule und Unterricht' war der kritische Freund, der gemeinsam mit den Schulen an der Evaluation und den Verbesserungsstrategien arbeitete. Auch wenn die Idee des kritischen Freundes nicht neu ist und international unterschiedliche Anwendungen erfahren hat, gibt es bisher wenige empirische Befunde darüber, wie effektiv eine derartige Funktion ist oder was sie in unterschiedlichen Kontexten und Beziehungskonstellationen bewirkt.

Der internationale Charakter des Projekts bildete einen brauchbaren Rahmen für eine Überprüfung der Funktionsweise dieser Art der Unterstützung in Schulentwicklungsprozessen. Der kritische Freund war nicht neutral, sondern hatte eine unterstützende Aufgabe und fungierte als Advokat der Schule, der Schulleitung und Lehrpersonen bei Maßnahmen der Schulentwicklung zur Verfügung stand, indem er kritische Sichtweisen von außen beisteuerte. Es handelte sich dabei um ‚einen Außenstehenden, der aber dennoch mit den Eigenheiten der Schule vertraut war', charakterisierte eine Schule seine Rolle. Nach Costa und Kallick (1993, 22) ist ein kritischer Freund

> ‚eine vertrauenswürdige Person, die provokative Fragen stellt, Daten in einem anderen Blickwinkel darstellt und als Freund Kritik an der Arbeit vor Ort übt. Ein kritischer Freund nimmt sich Zeit, um den Kontext der betreffenden Arbeit und die Ziele, auf die die Person oder Gruppe hinarbeitet, gänzlich zu verstehen. Der kritische Freund ist ein Advokat für den Erfolg dieser Arbeit'.

Schulen brauchen Freunde. Es ist weitgehend anerkannt, dass Schulen schwer auf sich alleingestellt erfolgreich sein können und sich zu ‚Lernenden Schulen' entwickeln, wenn sich der Alltag immer schneller wandelt und das Wissen exponentiell wächst. Es ist für Schulen nützlich, eine Außenperspektive, einen Referenzpunkt und eine Verbindung zu einem weiteren Wissenshorizont zu haben. Eine externe Unterstützung und Vernetzung mit einem ‚aufgeklärten Auge' kann herausfordernd und motivierend sein. Die Idee des kritischen Freundes ist sehr wirkungsvoll, vielleicht gerade wegen seiner inhärenten Spannung: Freunde haben ein hohes Maß an vorbehaltloser positiver Achtung, Kritiker hingegen sind vorbehaltlich negativ und Fehlern gegenüber intolerant.

Diesen Januskopf zu vereinbaren hängt von einer erfolgreichen Verbindung von vorbehaltloser Unterstützung und vorbehaltloser Kritik ab. Es verlangt, was Sarason (1996, 12) als ‚außerordentliche Sensitivität' bezeichnet:

‚Als außenstehende Person auf Schulpersonal zuzugehen, ohne außerordentlich sensibel gegenüber ihren Gefühlen und Einstellungen zu sein, … ist eine Garantie dafür, dass die Chancen, den gewünschten Effekt zu erreichen, sehr klein sein werden'.

Der kritische Freund, der/die eine Beziehung mit der Schule aufbauen will, muss versuchen, nach ‚innen' zu gelangen und dem nahestehen, was Schule aus verschiedenen Perspektiven bedeutet und was Änderungen aus der Sicht der unterschiedlichen Standpunkte für die Schule bedeuten. Aus psychologischer Perspektive können wir sagen, dass es ohne Freunde schwierig ist, mit Kritikern zu leben. Das Konzept des kritischen Freundes beinhaltet, dass er oder sie jedes Hinterfragen der Schule in einen unterstützenden und wohlgesinnten Zusammenhang stellt. Es lebt von einer kollegialen Beziehung, in welcher Menschen einander zuhören, Ideen offen abwägen und kritisch, ohne Furcht vor Zensur, sprechen können.

Dementsprechend basiert das Konzept des kritischen Freundes auf dem inhärenten Spannungsfeld zwischen einer kritischen Haltung gegenüber der Schule, um deren Praxis zu hinterfragen, und der bedingungslosen Unterstützung der Beteiligten, um akzeptiert zu werden und Gehör zu finden. Diese Spannung wird vom kritischen Freund kontrolliert, in dem er/sie sich auf ein Repertoire an Kompetenzen bezieht, wie sie etwa in Abbildung 12.1 aufgelistet sind.

Offenheit	Hat der kritische Freund heimliche Absichten oder ist er offen?
Zuhören	Ist der kritische Freund ein guter Zuhörer in Bezug auf sensible Bedürfnisse verschiedener Personen und Gruppen von Anspruchsberechtigen in der Schule?
Verstehen	Versteht der kritische Freund den Kontext der Schule (Struktur und Kultur?)
Ratschläge	Ist der kritische Freund in der Lage, hilfreiche Vorschläge zu machen?
Beziehung zu LehrerInnen	Kommt der kritische Freund mit den Lehrpersonen, die die treibenden Kräfte in Sachen Qualitätsentwicklung sind, zurecht?
Kommunikation	Wie gut kann der kritische Freund seine Ideen vermitteln?
Herausfordern	Fordert der kritische Freund die Schulen in einer Weise heraus, dass seine Kritik einen Anstoß für die Entwicklung der Schule darstellt?
Ressource	Ist der kritische Freund eine nützliche Ressource für die Schule?

Abbildung 12.1: Schlüsselkompetenzen für die Arbeit des kritischen Freundes

Natürlich konnten nicht alle Personen, welche die Rolle des kritischen Freundes übernahmen, den von den teilnehmenden Schulen erwünschten Kompetenzen entsprechen. Sie können auch leicht in die Rolle gedrängt werden, Projektionssubjekt für die bisher nicht erfüllten Entwicklungen an der Schule zu werden. Derartige Erwartungen können sich natürlich nicht erfüllen, denn die kritischen Freunde bringen ihre persönlichen und beruflichen Erfahrungen, ihre Geschichte von anderen Schulen und ihre Erfolge und Misserfolge aus der Vergangenheit mit. Die Beziehung, die sie in den ersten Tagen mit der Schule aufbauen, ist daher von entscheidender Bedeutung.

Die Arbeit der kritischen Freunde wird erheblich von der Dauer der Beziehung mit der Schule – lang- oder kurzfristig – und vom Formalitätsgrad ihrer Rolle beeinflusst. Dies ist in Abbildung 12.2 dargestellt.

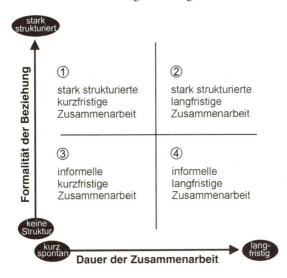

Abbildung 12.2: Formen der Beziehung zwischen kritischem Freund und Schule

Die vertikale Achse bezieht sich auf die Formalität der Beziehung und die horizontale Achse auf die Dauer der Kooperation mit der Schule. Durch das Schneiden der Achsen entstehen vier Quadrate, die jeweils eine unterschiedliche Beziehungsform zwischen kritischem Freund und Schule beschreiben.

Eine sehr hoch strukturierte, kurzfristige Beziehung kommt meist dann zustande, wenn die Schule der Unterstützung in einer kritischen Phase bedarf. Benötigt die Schule beispielsweise eine außenstehende Meinung zu einer bestimmten Angelegenheit, können die Schulleitung oder Lehrpersonen, Eltern u.a. um externe Unterstützung bitten. Dies kann für einen gewissen Zeitraum im Zuge einer Selbstevaluation der Fall sein, wenn die Schule spezifische Informationen zu ‚blinden Flecken' in ihren Ergebnissen haben möchte. Feedback von einem kritischen

Freund, der mitfühlend und doch kritisch ist, kann nützlich sein, um einige der Komplexitäten und Mehrdeutigkeiten in den Ergebnissen genauer zu erkunden. Die ‚Rekrutierung' eines kritischen Freundes verläuft gewöhnlich formell durch die Miteinbeziehung der Entscheidungsträger an der Schule, die sich auf eine Person einigen, die sich zum gegenwärtigen Zeitpunkt für diese Aufgabe eignet.

Informelles, kurzfristiges Eingreifen durch einen kritischen Freund ist meistens dann notwendig, wenn eine Schule mit einem unmittelbaren Problem konfrontiert wird, das sie nicht alleine bewältigen kann. Etwa wenn eine Schule beispielsweise in der Presse mit einer Behauptung konfrontiert wird, kann die Schulleitung eine Person kontaktieren, die sie persönlich kennt und einige Erfahrung mit Medien hat, so dass die Schule rasch und professionell reagieren kann. Der Zeitdruck macht es oft schwierig, jemanden durch ein langdauerndes Auswahlverfahren zu engagieren; hier wird sich auch nur eine informelle, kurzfristige Beziehung ergeben. Eine Schule berichtete, dass sie für die Analyse von Daten, die aus einem Fragebogen gewonnen wurden, Unterstützung benötigte. Ein Mitglied des Kollegiums kannte jemanden an der Universität, den es bat, in dieser Angelegenheit auszuhelfen.

Eine informelle, langfristige Beziehung entwickelt sich häufig, wenn es eine lose Zusammenarbeit zwischen einer Schule und einem Universitätsinstitut gibt. Ein Beispiel dazu: Eine Hochschullehrerin baut eine Beziehung mit den Lehrpersonen einer Schule auf, in der ihre LehramtsstudentInnen regelmäßig ihr Schulpraktikum absolvieren. Von Zeit zu Zeit bitten die LehrerInnen anlässlich der Anwesenheit der Professorin bei ihren Studentenvisiten sie, noch zu bleiben, um mit ihnen jüngste Entwicklungen zu diskutieren. Die Hochschullehrerin ist erfreut, diesen direkten Kontakt mit der Schulpraxis zu haben und möchte weitere Studien durchführen. Kritische Freunde in einer solchen informellen, langfristigen Beziehung sind normalerweise gut über die Kultur der Schule, ihre Geschichte und ihre Mikropolitik informiert. In dieser langfristigen Beziehung entsteht unter den Partnern gegenseitiges Vertrauen, was den kritischen Freund längerfristig zu einer wertvollen Ressource zur Unterstützung der Schule macht.

Eine hoch strukturierte, langfristige Beziehung kann dort gefunden werden, wo Schulen eine externe Beratungsagentur kontaktieren. In solchen Fällen wird meistens ein Vertrag abgeschlossen, der die Basis der Zusammenarbeit bildet und die Arbeitsweisen für eine formelle Beziehung zwischen den Beratern und der Schule beinhaltet. Wo ein solcher Vertrag besteht, ist es gewöhnlich schwierig, nach spontaner Intervention zu fragen, da die Planungsphasen über längere Perioden ausgearbeitet werden. Der Vorteil dieser Beziehung ist die Distanz zwischen dem kritischen Freund und den verschiedenen Akteuren, während in informellen Beziehungen oft eine engere Vertrautheit zwischen den Personen oder einzelnen Gruppen herrscht.

Wie auch immer die Form der Beziehung des kritischen Freundes mit der Schule aussieht, als Außenstehender hat der kritische Freund nur begrenzt Zeit für die Schule zur Verfügung. Daher ist der Umfang des Einbeziehens von Personens beschränkt, so dass er nur mit bestimmten Einzelpersonen oder Gruppen kommunizieren kann. Die Art der Arbeit, auf die sich der kritische Freund konzentrieren muss, lässt sich daher als von den Anspruchsberechtigen ‚segmentiert' bezeichnen (vgl. Abbildung 12.3).

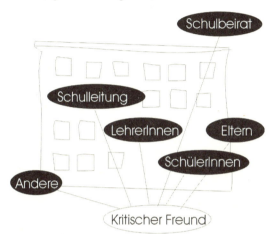

Abbildung 12.3: Segmentierte Partnerbeziehungen des kritischen Freundes

Kritische Freunde stehen meistens mit Schulleitung, LehrerInnen und anderem Personal in Kontakt. Manchmal arbeiten sie auch mit SchülerInnen und Eltern, wodurch ihr Engagement an der Schule um eine zusätzliche Dimension bereichert wird.

Es gibt aber auch externe Faktoren, welche die Arbeit des kritischen Freundes beeinflussen, wie die Beziehung zur Schulaufsicht und anderen relevanten Agenturen. Auch Druck von außen kann eine wichtige Rolle spielen.

Rollen und Kompetenzen kritischer Freunde

Auf Grund der Komplexität dieser Arbeit muss ein kritischer Freund, wenn er an die Schule gerufen wird oder sie besucht, auf das Hier und Jetzt reagieren, was die Kompetenz erfordert, auf jede Situation eingehen zu können. Im Pilotprojekt haben die Schulen dem kritischen Freund eine Reihe von Kompetenzen beigemessen, die in der Arbeit wichtig waren. Sie sind in Abbildung 12.4 zusammengefasst.

Natürlich konnten die als kritische Freunde agierenden Personen nicht alle die von den teilnehmenden Schulen genannten Kompetenzen abdecken. Ganz entscheidenden Einfluss hatte ihr jeweiliger Hintergrund und die Art ihrer jeweiligen Intervention im europäischen Projekt. Die kritischen Freunde hatten sehr unterschiedliche Hintergründe bzw. Berufszweige: FortbildnerInnen, ForscherInnen, HochschullehrerInnen, UniversitätsprofessorInnen (aus unterschiedlichen Forschungsdisziplinen von Pädagogik bis Philosophie), Mitglieder des Stadtrats bzw. Gemeinderats, Eltern, BeraterInnen, EvaluatorInnen, GeschäftsführerInnen, PsychoanalytikerInnen, ein Armeeoffizier sowie ein Schulleiter (einer anderen Schule; im Ruhestand). Es überrascht deshalb nicht, dass sich eine Schule über ihre kritische Freundin wie folgt äußerte: „Sie war freundlich und wohlmeinend, ließ aber viel zu wünschen übrig, wenn es sich um Fragen der Methodik handelte oder wenn es darum ging, mit den inhaltlichen Fragen ihrer Beteiligung und Leistung klar zu kommen." Jedoch auch die kritischen Freunde selbst äußerten sich zu der inhärenten Spannung, gleichzeitig kritisch und verständnisvoll sein zu müssen. Abbildung 12.4 zeigt sechs individuelle Rollen und das jeweils dazugehörige Verhalten, welche die Pilotschulen in ihren Erfahrungen mit kritischen Freunden gemacht haben.

Wissenschaftliche BeraterIn	• Erteilt nützliche Ratschläge • Vermittelt ein deutliches Bild von den Stärken und Schwächen der Schule • Stellt Informationen und Materialien zum Thema Selbstevaluation und Schulentwicklung bereit • Bietet Methoden und andere Ressourcen an • Steuert klare Leitlinien für die Umsetzung von Vorschlägen bei • Teilt sein Wissen mit anderen • Schafft Qualität durch Reflexion und leistet methodologische Hilfestellung • Macht die Arbeit „professioneller" • Hilft bei der Vorbereitung von Seminaren und Workshops
OrganisatorIn	• Moderiert Sitzungen • Sorgt dafür, dass die Zeit eingehalten wird • Strukturiert den Prozess • Hilft bei der Organisation der SEP-Arbeit • Liefert Aktionsleitlinien • Bereitet Sitzungen oder Aktivitäten der ganzen Schule vor • Bezieht zu Strategiediskussionen Stellung • Steckt klare Ziele • Leitet Arbeitsgruppen effektiv
MotivatorIn	• Bestätigt und Ermutigt • Ist ein/e gute/r ZuhörerIn • Verleiht dem Projekt in der Schule eine gewisse Bedeutung • Fordert von der Schule (mehr) • Inspiriert und ermutigt • Holt von zu ehrgeizigen Bestrebungen zurück • Macht Selbstevaluation verständlich • Hilft bei der Ideensuche

	• Hält die Arbeit am Laufen • Fördert kleinschrittige Vorgangsweise • Leitet zu zielgerichteten Vorgangsweisen • Fördert laufende Aktivitäten • Hilft, Differenzen zu überbrücken • Hilft bei der Schwerpunktsuche • Fördert kooperatives Arbeiten • Trägt dazu bei, SchülerInnen und Eltern zu einer Mitarbeit in dem Projekt zu motivieren • Veranlasst die Aktionsgruppen, ihr Arbeitsinstrumentarium neu zu überdenken
ModeratorIn	• Kann mit Emotionen umgehen • Wahrt das Gleichgewicht zwischen persönlichen und beruflichen Angelegenheiten • Setzt neue Akzente in Bezug auf die kontextbezogenen Aspekte des schulischen Lernprozesses • Stellt Fragen über zwischenmenschliche Beziehungen
NetzwerkerIn	• Baut Netzwerke auf • Schlägt mögliche Partner von außerhalb/von anderen Schulen vor • Hilft bei der Teambildung und stärkt die Kooperation zwischen Schule und Arbeitswelt • Fungiert als AnsprechpartnerIn für LehramtsstudentInnen und der Hochschule
Außenstehende	• Bringt einen Standpunkt von außen ein und steht dem 'Üblichen' kritisch gegenüber • Bringt gelegentlich Gegenargumente vor • Ermöglicht vielfältige Perspektiven, die als Spiegel der eigenen Wahrnehmungen dienen • Fördert die Kohärenz verschiedener Standpunkte • Hinterfragt organisatorische Aspekte der Schule • Analysiert die Schule vom Blickwinkel eines Unternehmens

Abbildung 12.4: Vielfalt an Kompetenzen eines kritischen Freundes

Was ein kritischer Freund tun und unterlassen soll

Abbildung 12.5 beinhaltet Vorschläge von Schulen, was ein kritischer Freund tun und was er unterlassen soll.

Ein kritischer Freund soll	Ein kritischer Freund soll nicht
• sich seiner Rolle bewusst sein • eine positive Haltung gegenüber der Schule zeigen • zuhören und verhandeln • gemeinsame Entscheidungsfindung • fördern und unterstützen • den Austausch von Ideen fördern	• rasch ein Urteil fällen • eine führende Rolle einnehmen • unmittelbare Lösungen anbieten oder schnell Regelungen treffen • Partei ergreifen

Abbildung 12.5: Was ein kritischer Freund tun und unterlassen soll

Wie man als kritischer Freund erfolgreich ist

Mit Hilfe der Erfahrungen der Projektschulen wurden allgemeine Erfolgskriterien für die Arbeit eines kritischen Freundes erstellt. Diese sind in Abbildung 12.6 festgehalten.

Innerhalb dieses breiten Spektrums von Rollen und Fertigkeiten müssen kritische Freunde die geeignetste Mischung zwischen dem, was sie mitbringen (Kompetenz) und dem, was die Aufgabe und der Kontext von ihnen verlangen, (Fertigkeiten) finden. Diese Mischung oder Übereinstimmung zu treffen und sie zur Zufriedenheit der Anspruchsberechtigten umzusetzen, ist die Herausforderung, der sich kritische Freunde stellen müssen.

Erfolgskriterien für kritische Freunde

Je eindeutiger die Beziehung zwischen den Schulvertretern und dem kritischen Freund definiert ist, desto einfacher wird die Zusammenarbeit langfristig sein.
Ist der kritische Freund eher unterstützend tätig als dominierend (steuernd), hat die Schule mehr Chancen für eine selbstbestimmte Entwicklung.

Obwohl die Schulen die Fachkenntnis des kritischen Freundes schätzten, hatte er auf gewissen Gebieten mehr Erfolg als Generalist denn als Spezialist. Es gab jedoch auch Fälle, in denen er gebeten wurde, stärker die Rolle eines Spezialisten zu übernehmen.

Wichtig ist, mit wem der kritische Freund zusammenarbeitet. Arbeitet er mit den Eltern und SchülerInnen (statt nur mit der Schulleitung oder der Steuergruppe), wird dies möglicherweise zu einer stärkeren Beteiligung an den Selbstevaluationsaktivitäten führen.

Der Einfluss des kritischen Freundes ist weniger wirksam, wenn er sich nicht genug mit der Arbeit der Schule identifiziert oder nicht verfügbar ist, wenn die Schule Unterstützung benötigt.

Der kritische Freund scheint in den Fällen weniger Einfluss zu haben, in denen es ein intensives Engagement der Schulaufsicht gibt. Es ist daher wichtig, für ein gesundes Verhältnis von kritischem Freund und Schulaufsicht zu sorgen.

Herrscht innerhalb der Schule eine Kultur positiver Kritik, hat der kritische Freund mehr Gelegenheit, die Rolle eines Kritikers zu spielen. In jedem Fall ist aber Sensibilität erforderlich, denn Kritik kann kränkend sein!

Abbildung 12.6: Wie man als kritischer Freund erfolgreich ist

13
Die Schulen

Wir können den Erfolg des europäischen Projekts auf verschiedene Art messen. Wir können fragen:

- Um wie viel hat das Projekt den Wissensstand über Selbstevaluation bereichert?
- Welche Strategien und Instrumente hat das Projekt über die bereits vorhandenen geliefert?
- In welcher Weise hat das Projekt das Denken auf höchster politischer Ebene europaweit beeinflusst?
- In welcher Weise hat das Projekt die politische Arbeit auf nationaler Ebene geprägt?
- Welche Auswirkungen hat das Projekt auf der Ebene der einzelnen Schulen gehabt?
- Welche positiven Effekte hat das Projekt auf die Arbeit der LehrerInnen und SchülerInnen gehabt?

Im letzten Kapitel werden wir einige Antworten zu den weiterreichenden Fragen geben. In diesem vorletzten Kapitel befassen wir uns mit den Auswirkungen auf der Ebene der einzelnen Schulen und ihren LehrerInnen und SchülerInnen. Die Darstellung dessen, was Schulen in verschiedenen Ländern taten, womit sie konfrontiert wurden und welche Auswirkungen das auf ihre Programme und die praktische Arbeit hatte, steht hier exemplarisch für die vielfältigen Erfahrungen der 101 Schulen.

Die ersten zwei Beispiele stammen von Schulen in Belgien und Schottland. Beide sind nach dem vorgeschlagenen Ablauf vorgegangen, haben das Selbstevaluationsprofil ausgefüllt und fünf Bereiche für weitere Evaluationen und Entwicklungen gewählt. In beiden Fällen waren die für weitere Analysen ausgewählten Bereiche eng mit dem Schulprogramm verbunden und wurden hilfreich in zukünftige vorrangige Entwicklungsmaßnahmen eingebettet. Beide Schulen drücken ihre Überraschung über die Reife und Einsichtigkeit der SchülerInnen aus und beide berichten über die Auswirkungen des Prozesses. In der belgischen Schule entschloss sich die Schulleiterin, bei nahezu allen Treffen anwesend zu sein, und konnte so viele Einblicke aus diesen Erfahrungen gewinnen. In der schottischen Schule entschloss sich der Schulleiter nicht teilzunehmen, um die Ergebnisse des Diskussionsprozesses nicht zu beeinflussen. Die jeweilige Vorgangsweise erfordert eine individuell abgewogene Entscheidung mit dem bestmöglichen Szenario darüber, wann anwesend zu sein und wann zurückgezogen zu bleiben. Mit ihrer Teilnahme haben beide Schulen ähnliche Schlussfolgerungen gezogen und bieten folgende Ratschläge für andere an:

- Den Evaluationsprozess vorwärts treiben, bis handfeste Ergebnisse herausgearbeitet werden.
- Die Bereiche, die für eine eingehendere Evaluation vorgesehen sind, sorgfältig auswählen und sich über die Gründe der Wahl im Klaren sein.
- Vom Beginn an Klarheit über die Vorgehensweise bei der Datensammlung, -analyse und -verwendung schaffen.
- Evaluationsmethoden gezielt einsetzen und sie in das laufende Schulleben integrieren.

Die schottische Schule entschied sich dafür, ihren richtigen Namen zu verwenden. Die belgische Schule wurde von der neuen Schulleiterin aus Rücksicht auf ihren Vorgänger anonymisiert. Die dritte Fallstudie erläutert Evaluationsprozesse mittels Fotoevaluation, die in einer großen Anzahl von Schulen Verwendung fand. Die Fotoevaluation war praktisch für alle Schulen im Projekt neu, hat sich aber als eine sehr populäre Methode erwiesen. Bei der ersten Projektkonferenz in Luxemburg wurde die Fotoevaluation in Form eines partizipativen Ansatzes vorgestellt. Dabei evaluierten die Delegierten die Konferenz durch das fotografische Festhalten der positiven und negativen Aspekte. Ein Jahr später, bei der zweiten Konferenz in Wien, präsentierten die Schulen die Erfahrungen aus ihrer Arbeit mit Fotoevaluation, um zu vergleichen, zu diskutieren und darauf aufbauend neue Anwendungsformen zu planen.

Den Abschluss bildet eine kurze grafische Skizze einer Gruppe von SchülerInnen aus einer schwedischen Schule, die den Prozess der Selbstevaluation an der Schule aus der Sicht der SchülerInnen illustriert.

All diese Fallstudien legen Zeugnis über die Dynamik und Inklusivität des Prozesses ab.

Fallstudie 1 – „Fiacre"

Fiacre – so wollen wir die Schule nennen – hatte noch keine Kultur der Selbstevaluation, bevor sie an diesem Projekt teilnahm. Dies hinderte sie nicht daran, eine imposante und kohärente Reihe von Evaluationsmaßnahmen durchzuführen. Da dies zu einem Zeitpunkt erfolgte, als die Schule ein Schulprogramm zu erstellen hatte, ergriff die Schule die Möglichkeit, die Ergebnisse für die weitere Planung zu verwenden.

Vom technischen Standpunkt aus gesehen war die Evaluation nicht besonders innovativ: Sie basierte primär auf der Verwendung von Fragebögen und war auf jene Bereiche fokussiert, bei denen Entscheidungen mehr auf Schulebene als auf Unterrichtsebene getroffen werden. Obwohl die verschiedenen Gruppen von Anspruchsberechtigten die Notwendigkeit einer externen Unterstützung zur Anwendung der Evaluationsinstrumente bekräftigten, hatten sie nicht wirklich Erfolg jemanden zu finden, der/die ihren Bedürfnissen annähernd entsprach. Auch der zweimalige Besuch durch einen außenstehenden Experten wurde als nicht hilfreich angesehen. Kurz gesagt, die Evaluation war insgesamt nicht ganz einfach, aber gerade wenn unberechenbare Einflüsse auftreten, lässt sich ein realistischer Einblick in das Funktionieren von Evaluation erhalten.

Der Hintergrund

Die Schule unterrichtet ungefähr 500 Schüler zwischen 11 und 18 Jahren aus einem ländlichen Einzugsgebiet in Belgien. Es ist eine katholische Schule, aber beinahe alle Schüler kommen von den umliegenden Dörfern und wählten die Schule auf Grund ihrer Nähe, wie eine Umfrage unter den Eltern während des Pilotprojekts bestätigt. In Belgien werden Privatschulen vom Staat subventioniert, so dass Eltern praktisch nichts bezahlen.

Als das Selbstevaluationsprojekt im September 1997 begann, hatte die Schule in der jetzigen Form gerade erst ein Jahr lang bestanden. Sie entstand aus der Zusammenlegung zweier Schulen; ein Vorgang, der von beträchtlichen Änderungen in der Schulkultur begleitet war und unter Führung einer neuen Direktorin stattfand.

Die Schule stieg erst spät und in einer eher orthodoxen Weise in das Pilotprojekt ein. Anstatt sich Zeit zu nehmen, um das Projekt zu studieren und sich dann für eine Bewerbung zu entschließen – so wurde es vorgeschlagen, und so sollte es in der Theorie ablaufen, wurde die Schulleiterin von der ‚Katholischen Bildungsföderation‘ gebeten daran teilzunehmen. Die Föderation wurde selbst erst kurz vorher eingeladen, eine Schule im ländlichen Raum zur Teilnahme am Projekt auszuwählen. Die Schulleiterin erzählt die Geschichte folgendermaßen:

Ich ging in die Cafeteria hinunter und sprach mit einigen Lehrern über das Projekt. Ich hatte das Gefühl, dass sie es als Wertschätzung empfanden, von der Föderation ausgewählt worden zu sein, und dass es eine Form der Anerkennung nach der schwierigen Zeit, die wir durchschritten hatten, war. Deshalb habe ich zugesagt. Aber wir betraten unbekanntes Territorium –

wir hatten die Dokumente, die das Projekt vorstellten, nicht gesehen und wussten eigentlich nicht, worauf wir uns da einlassen würden.

Das Ergebnis dieses späten Starts war, dass die Schule nur ein bis zwei Wochen Zeit hatte, eine Steuergruppe zusammenzustellen und das Selbstevaluationsprofil auszufüllen. Die Steuergruppe, die das Projekt koordinierte, bestand aus der Direktorin, zwei Lehrern, einem Schüler und einem Elternteil. Diese Gruppe traf sich monatlich über den ganzen Zeitraum des Projekts.

Die Vervollständigung des SEP fand in zwei Stufen statt: Zuerst trafen sich sechs Gruppen bestehend aus je sechs Personen zweimal für eine Stunde, um durch das Selbstevaluationsprofil zu gehen und die Einschätzung zu machen. Jede Gruppe wählte dann eine/n VertreterIn, der/die Mitglied einer übergeordneten Gruppe wurde, die schlussendlich die Bereiche für eine eingehendere Evaluation auswählte. Die 36 Personen waren alles Freiwillige, aber es war nicht schwierig, sie zu finden. Da einer der zwei vorherigen Schulleiter sehr autoritär war, wurde die Möglichkeit für Einzelne, ihre Meinungen offen auszusprechen, sehr begrüßt. In der Tat war es das erste Mal, dass die SchülerInnen und auch die LehrerInnen über ihre Ansichten zur Schulleitung befragt wurden.

Beinahe zwei Jahre später kann sich die Schulleiterin noch klar daran erinnern, was in den Gruppen, die sie regelmäßig besuchte, vorgegangen ist. Sie war überrascht von der Reife der SchülerInnen und deren beträchtlichem Interesse an dieser Evaluation. Die Schulleiterin fand, dass sie überschätzte, was die Eltern über die Schule tatsächlich wussten, und sie war überrascht über die Schwierigkeiten, auf die sie bei der Suche nach gemeinsamen, grundsätzlichen Übereinstimmungen gestoßen sind.

‚Da die Schule in nur einem Jahr viel verändert hat‘, so bemerkte sie, ‚bezogen sich einige Kommentare mehr auf die alte Situation vor dem Zusammenschluss, während sich andere Personen auf die neue Schule bezogen. Einige der Diskrepanzen können auf diese Weise erklärt werden‘.

Heute, im nachhinein, glaubt sie immer noch, dass der Prozess, den sie durchschritten, wirklich geholfen hat, die Beziehungen innerhalb der Schule zu verbessern. Der SEP-Prozess war herausfordernd und hilfreich, obwohl, als es zur Auswahl der fünf Bereiche für eine eingehendere Evaluation kam, die Wahl in gewisser Weise bereits vorherbestimmt war: ‚Wir entschieden uns für jene Bereiche, in denen Veränderungen bereits einzutreten begannen. Grundsätzlich haben wir das Projekt dazu verwendet, das fortzuführen, was wir schon begonnen hatten‘.

Jene, die mit dem Leitfaden der Kommission vertraut sind, könnten dies gut und gern als vergeudete Möglichkeit betrachten, doch ein solches Urteil wäre unangebracht. Was die Schule tat, war, auf ihre Erfahrung aufzubauen anstatt sich in ein völlig neues Territorium zu wagen. Die fünf Bereiche, die zur weiteren Evaluation gewählt wurden, waren nicht unbedingt die problematischsten, sondern vielmehr jene, bei denen die vielversprechendsten Erfolge und Entwicklungen zu erwarten waren. Diese waren:

- Weitere Laufbahn der SchülerInnen
- Zeit als Lernressource
- Unterstützung bei Lernschwierigkeiten
- Schule als sozialer Ort
- Schule und Elternhaus

Nicht nur eine, sondern mehrere Evaluationen wurden in jedem dieser Bereiche durchgeführt. Diese sind in einem detaillierten und ausführlichen 180-Seiten-Bericht beschrieben, der den Mitgliedern des Schulbeirates ausgehändigt wurde. Die Ergebnisse wurden mit den LehrerInnen in einer zwei Stunden dauernden Lehrerkonferenz diskutiert, bei der 70 Prozent des Kollegiums anwesend waren, und eine Kopie des Berichts wurde im Lehrerzimmer aufgelegt.

Weitere Laufbahn der SchülerInnen

In der Fiacre Schule müssen SchülerInnen des letzten Jahrgangs ein spezielles Projekt machen (*travail de fin d'études* or *TFE*), welches, trotz seines Namens keine Schularbeit ist. Sein intendiertes Ziel für SchülerInnen ist es, durch Selbsteinschätzung ihre Entwicklung während ihrer Schulkarriere in zwei Bereichen nachzuvollziehen, nämlich ‚Selbsterkenntnis‘ und ‚persönliche und professionelle Entwicklung‘.

An die SchülerInnen, die gerade die Schule verlassen hatten, wurde ein Fragebogen über die Nützlichkeit und Qualität der Arbeit, die im Kontext des TFE geleistet wurde, gesandt. Der Bericht vermerkte, dass sehr wenige SchülerInnen in den technischen Berufszweigen geantwortet haben, möglicherweise da die Beantwortung der Fragen ein hohes Niveau an Selbsterkenntnis sowie analytische Fertigkeiten und Schreibfertigkeiten voraussetzte, was es für sie schwierig machte. Ihre Antwortquote war zu niedrig, um sie für die Ergebnisse zu berücksichtigen, was für die wenigen, die sich die Mühe zu antworten gemacht hatten, bedauerlich ist.

Andererseits war die Befragung für SchülerInnen im allgemeinbildenden Zweig produktiver. LehrerInnen, die für das TFE verantwortlich sind, hatten im September 1997 ihre eigene Evaluation gemacht. SchülerInnen und LehrerInnen hatten sich auf mehrere Verfahrensprinzipien geeinigt, wie zum Beispiel, dass die SchülerInnen von Beginn an über die Kriterien, nach denen TFE beurteilt wird, Bescheid wissen sollten.

Zusätzlich wurde für SchulabgängerInnen der Jahre 1991 und 1994 eine Befragung durchgeführt, um herauszufinden, was mit ihnen seit dem Abgang geschehen ist und wie sie über die Art der Vorbereitung ihrer ehemaligen Schule auf das Leben nach der Schule denken. Obwohl die Befragten meinten, dass die verschiedenen Fächer als Ganzes gut unterrichtet wurden, hegte die Umfragepopulation Zweifel an der Wirksamkeit, die Mittelschulbildung auf der Basis rigider Fächer zu organisieren. Einige glaubten, dass sich der Lehrplan mehr in Richtung persönliche Entwicklung und Kultur orientieren sollte, während andere mehr Wert auf verfahrenstechnische Fertigkeiten legten, die für die Weiterbildung benötigt werden, wie etwa das Notizenmachen oder zu lernen, die eigene Arbeit zu organisieren.

Zeit als Lernressource

Ein zweiteiliger Fragebogen über Zeitmanagement wurde an die SchülerInnen verteilt. Zuerst mussten sie den Zeitaufwand für verschiedene Aktivitäten während der Woche ausmachen und dann hatten sie anzugeben, ob sie mit der Zeit, die sie für jede Aktivität aufgewendet haben, zufrieden sind, wobei sie die Zweckmäßigkeit und den ‚Wert‘ der Zeit berücksichtigen sollten. Da die Befragung auf die Zeitaufteilung zwischen Schulaufgaben und anderen Tätigkeiten gerichtet war und nicht zwischen verschiedenen Schulaktivitäten differenzierte, war die Brauchbarkeit der Daten begrenzt, weshalb eine detailliertere Befragung in nächster Zeit geplant ist. Die Schule hat auch gelernt, dass das Planen und Durchführen des qualitativen Teils der Befragung zukünftig sorgfältiger durchdacht werden müsste und dass mehr Wert auf die Frage gelegt wird, warum die Befragung durchgeführt wurde.

Die LehrerInnen wurden über Unterrichtsstunden befragt, welche auf Grund von Abwesenheit nicht gehalten wurden, wobei die Häufigkeit ihrer Abwesenheit nicht beachtet wurde. Die Antwortquote lag bei nur 52 Prozent. Nichtsdestoweniger hat die Umfrage gezeigt, dass viele Schulstunden wegen der Lehrerfortbildung ausfallen. Dies hat folgende Fragen aufgeworfen: Wäre es eine gute Idee, die Anzahl der Lehrerfortbildungskurse zu kürzen? So viele Stunden zu opfern? Lehrer zu fragen, Fortbildung vermehrt in ihrer Freizeit zu betreiben? Als Folge der Umfrage wurden diese Punkte im Personalrat debattiert, ein Gremium, das aus Mitgliedern der Schulleitung und der Lehrpersonen besteht. Es wurde beschlossen, dass die Anzahl der Fortbildungstage, welche an normalen Unterrichtstagen stattfinden, von sechs auf vier gekürzt werden sollen.

Unterstützung bei Lernschwierigkeiten

Unter dieser Überschrift bewertet der Bericht den Förderunterricht der Schule und die Tests, die am Beginn und am Ende des Schuljahres von allen Erstklässlern abgelegt wurden. SchülerInnen des ersten und zweiten Jahrgangs, die Lernschwierigkeiten haben, erhalten einmal pro Woche eine Nachhilfestunde. Diese werden von den Lehrenden in der Schule gehalten, jedoch nicht notwendigerweise von den KlassenlehrerInnen der SchülerInnen. Dieses System wurde bereits 1996-97 evaluiert, was zu beachtlichen Verbesserungen geführt hatte. Die Tests im Schuljahr 1997-98 brachten jedoch ähnliche Ergebnisse der vorherigen Evaluation – SchülerInnen waren zufrieden und LehrerInnen meinten, dass der Förderunterricht zwar das Verhalten der Schüler verbessert hätte, die Schülerleistungen jedoch nicht signifikant gestiegen wären.

Die Ergebnisse ließen das Kollegium bezüglich der Schlussfolgerungen, die daraus zu ziehen waren, geteilt. Einige glaubten, dass der Förderunterricht sich mehr auf Arbeitsmethoden, Lerntechniken und so weiter konzentrieren sollte, während andere meinten, dass er sich mehr auf die Unterrichtsfächer selbst konzentrieren sollte.

Alle ErstklasslerInnen, nicht nur jene, die Schwierigkeiten haben, werden in Französisch und Mathematik geprüft. In der Tat werden diese Tests allen belgischen Schülern am Beginn des Schuljahres gegeben, um ihre Schlüsselfertigkeiten zu überprüfen, die sie in der Grundschule bereits erworben haben sollten. Der Bericht präsentiert die Ergebnisse für jede der sechs Klassen in diesem Jahrgang, aber er liefert keine allgemeinen Angaben über die ganze Schule oder Informationen über den Abstand zwischen den besten und den schwächsten SchülerInnen, zwischen Jungen und Mädchen oder das Verhältnis von SchülerInnen mit Schwierigkeiten sowohl in Französisch als auch Mathematik. In anderen Worten, das volle Auswertungspotential der Testergebnisse muss noch ausgenützt werden.

Dennoch konnten aus der Untersuchung zwei wichtige Informationen herausgelesen werden: Erstens wurde festgestellt, dass jene SchülerInnen, die am Beginn des Schuljahres Schwierigkeiten haben, diese in der Regel auch am Ende haben. Die Tests sind für die Identifizierung von Lernschwierigkeiten effektiv, weshalb beschlossen wurde, dass sie zusammen mit den LehrerInnen-Einschätzungen die Grundlage für die Entscheidung bilden, welche SchülerInnen Förderunterricht erhalten sollen.

Zweitens hat kaum eine Klasse am Ende des Schuljahres Ergebnisse erzielt, die gegenüber denen am Schulanfang eine wirkliche Verbesserung darstellen würden. (Da kein Signifikanztest über die Diskrepanz zwischen dem Test am Beginn des Schuljahres und dem am Ende durchgeführt wurde, ist es schwierig zu sagen, ob die Ergebnisse stimmen oder rein zufällig sind). In drei Fällen (zwei Mathematikklassen und eine Französischklasse) waren die Ergebnisse eindeutig schlechter. Mit anderen Worten, am Übergang von der Grundschule zur Mittelschule haben Schüler wichtige Fertigkeiten verloren, wie zum Beispiel das Multiplizieren. Ein Grund dafür kann die Annahme sein, dass sie diese Fertigkeiten bereits beherrschen würden. SchülerInnen mit den größten Schwierigkeiten, die beim Eintritt in die Schule nicht über diese Fertigkeiten verfügten, konnte diese, so hat der Bericht gezeigt, auch während des Schuljahres nicht verbessern. Das Schulprogramm für 1999-2002 beinhaltet eine neue Aktivität, die ausschließlich auf den Testergebnissen basiert: ‚Austausch von Dokumenten und Praktiken zwischen GrundschullehrerInnen und jenen, die die erste Schulstufe der Sekundarschule unterrichten‘.

Schule als sozialer Ort

Alle Schüler wurden über das Schulleben befragt, nämlich das physische Umfeld, die Schulressourcen, die Schulordnung, ihre Beziehungen zu den LehrerInnen und außerschulische Aktivitäten. Die SchülerInnen halfen bei der Gestaltung des Fragebogens und bei der Analyse der Antworten. Die Erfahrung hat gezeigt, was künftig anderes und besser gemacht werden könnte. Zum Beispiel: Da der Fragebogen von den Befragten nur Antworten auf ihre Ausbildung suchte, waren Informationen über Alter, Geschlecht oder vorherige Schulkarriere nicht verfügbar, weshalb das Ziehen von Vergleichen zwischen verschiedenen Schülerkategorien – was sehr nützlich hätte sein können – nicht möglich war. Die Kategorien, die für Multiple Choice Fragen ausgewählt wurden, erwiesen sich als unzureichend, da sie zum Beispiel nur zwischen drei Antwortkategorien (‚alle‘, ‚einige‘ oder ‚keine‘) bei Fragen wie folgender unterschieden: ‚Waren deine Kurse interessant?‘

Die SchülerInnen beurteilen ihre Schule entsprechend ihrer eigenen Erfahrung, wobei die Beurteilung hinsichtlich der Breite ihrer Erfahrung und in Bezug auf ihre Referenzen limitiert wird. Dies macht den Fragebogen jedoch nicht weniger nützlich, aber hat Auswirkungen auf das Design und die Formulierung der Fragen.

Die Ergebnisse haben geholfen, die Schule auf jene Bereiche aufmerksam zu machen, mit denen die SchülerInnen unzufrieden sind: Toiletten, Schulordnung, LehrerInnen, ‚die als einzige Maßnahme nur die Bestrafung kennen‘. Es gab Beschwerden und Vorschläge von Seiten der Schüler, die zu einer offen Antwortkategorie gegeben wurden. Diese waren es wert, näher betrachtet zu werden, da sie LehrerInnen auf Dinge aufmerksam machten, an die sie sich schon derart gewöhnt hatten, dass sie von ihnen nicht mehr bemerkt wurden. Zum Beispiel, dass ‚die Blumen, die am Ende des Spielplatzes an die Wände gemalt wurden, für einen Kindergarten geeigneter wären‘ oder ihr Ersuchen, Bänke auf dem Spielplatz aufzustellen.

Dieser Evaluation folgten auch Maßnahmen. Die Schulleitung ‚versuchte, einen neuen Weg für eine bessere Beziehung zwischen SchülerInnen und ihren LehrerInnen zu finden‘, gestanden aber, dass ‚es nicht leicht sei‘.

Der Entwicklungsplan sieht Bänke für den Spielplatz vor, die nach Aussage der Direktorin während des folgenden Schuljahrs errichtet werden sollen. Die Schulordnung wird mittelfristig nicht geändert werden. ‚Sogar wenn wir es schaffen würden, alle Parteien an einen Tisch zu bringen,‘ so meint die Schulleiterin, ‚wäre es schwierig, irgendetwas zu erreichen, ohne vorher Demokratie zu lehren‘.

Und tatsächlich zeigt ein neues Vorhaben, das in den Schulentwicklungsplan aufgenommen wurde – ‚Die Gründung eines Schülerrats: lernen, wie man als Vertreter einer Klasse agiert und Besprechungen führt', dass ernsthafte Bemühungen gemacht werden, den SchülerInnen demokratische Prinzipien beizubringen.

Schule und Elternhaus

Als eine Privatschule, in der kürzlich beträchtliche Veränderungen vollzogen wurden, war Fiacre um ihr Image bei den Eltern besorgt. In der Tat war die Beziehung zwischen Elternhaus und Schule ziemlich schwach, und die Schule hatte nur wenige informelle Möglichkeiten, um etwas über ihr Image zu erfahren. Ein Elternverband wurde erst kürzlich gegründet, und schon hört man LehrerInnen zu SchülerInnen, deren Eltern Mitglieder dieses Verbandes sind, sagen: ‚Du brauchst nicht zu glauben, dass du mit allem davon kommst, nur weil deine Eltern im Verband sind!'

Ein Fragebogen wurde an 450 Familien gesandt, um herauszufinden, aus welchen Gründen die Eltern die Schule ausgewählt haben, wie sie die Schulqualität ihres Kindes (ihrer Kinder) einschätzen und welche Meinung sie zu bestimmten Aktivitäten haben. Die Antwortquote lag bei 50 Prozent. Eltern von SchülerInnen des wirtschaftlichen und technischen Zweigs – das hat ein signifikantes Ergebnis aus dieser Befragung gezeigt – waren, im Gegensatz zu Eltern von Kindern des allgemeinbildenden Zweigs, weit mehr geneigt zu glauben, dass das Klima, das ihre Kinder in der Schule genießen, schlecht wäre.

Die Schlussfolgerungen bezüglich der Evaluation waren auf drei Aspekte gerichtet: das Umfeld der Schule, den Förderunterricht und die Schülerbeteiligung am Schulleben. Diese Angelegenheiten sind im Schulprogramm klar ausgewiesen. Die Selbstevaluation erwies sich als sehr hilfreich bei der Entscheidung, in welche Richtung die Schule künftig gehen sollte, nicht nur da sie die Beziehungen zwischen den verschiedenen Anspruchsberechtigten verbesserte, sondern auch, da sie ihnen geholfen hat, besser mit der Schule vertraut zu werden und besser vorauszuplanen.

Ausblick

Zum Schluss dieser Fallstudie lassen sich einige der Lehren, die aus ihr gezogen werden können, zusammenfassen:

- Mitglieder einer Schulgemeinschaft sind im Allgemeinen bereit, bei einer Evaluation dieser Art teilzunehmen. Sie schafft aber eine moralische Verpflichtung, die Ergebnisse auch tatsächlich zu verwenden, um gezielte Entscheidungen zu treffen und die Anspruchsberechtigten am

Prozess der Entscheidungsfindung zu einem bestimmten Grade zu beteiligen. Es ist deshalb wichtig, Evaluation und Entwicklungsplanung zu verbinden, wie dies in diesem Fall geschehen ist.

- Für das Setzen von Evaluationsmaßnahmen ist es wichtig, eine kleine Anzahl an Bereichen sorgfältig auszuwählen und sich die Zeit zu nehmen, über die Ziele der Untersuchung und die geeignetesten Instrumente nachzudenken.

- Es sollte bereits am Beginn entschieden werden, wie die Daten analysiert werden und wie Entscheidungen für die weitere Arbeit auf Basis dieser Daten getroffen werden. Die Evaluation ist in der Tat für alle ein Prozess der Entscheidungsfindung: für die Schulleitung, die LehrerInnen und andere Anspruchsberechtigte.

- Dieser Ansatz ist nur dann lohnend, wenn langfristig an ihm weiter gearbeitet wird. Es kann manchmal eine gute Idee sein, eine Evaluation zu verschiedenen Zeitpunkten durchzuführen, wie es die Schule beim Förderkurs getan hat. Dort war eine graduelle Verbesserung nach mehreren von einander unabhängigen Evaluationen erkennbar. In der Regel muss ein einzelner Bereich jedoch nicht jedes Jahr eingehend evaluiert werden, so dass es mit der Zeit möglich sein wird, alle relevanten Bereiche nacheinander zu bewerten.

Fallstudie 2 – „St. Kentigern"

St. Kentigern Academy war eine der zwei schottischen Schulen, die an diesem Projekt teilnahmen. Sie hatte schon Erfahrung mit Selbstevaluation, da diese für alle Schulen Teil der ministeriellen Vorgaben ist. Für die Schule war deshalb das EU-Projekt eine Möglichkeit, ihren Ansatz zur Selbstevaluation zu erweitern und zu verbessern und alle Gruppen von Anspruchsberechtigten – LehrerInnen, SchülerInnen und Eltern – besser miteinzubeziehen. Das Projekt bot die Gelegenheit, rigoroser zu untersuchen und die Frage ‚Wie gut ist unsere Schule?' zu vertiefen. Mit dieser Frage beginnt in Schottland die Hinterfragung der Qualität und Effektivität von Schule.

Die St. Kentigern Academy befindet sich mehr oder weniger auf halbem Weg zwischen Glasgow und Edinburgh. Die Schüler kommen aus dem nahegelegenen Dorf Blackburn und aus einem größeren umliegenden ländlichen Gebiet, das traditionellerweise von Kohlebergbau und Schwerindustrie abhängig ist, gegenwärtig aber einen großen sozialen Wandel durchmacht. Der Strukturwandel brachte hohe Arbeitslosigkeit und folglich beträchtliche Entbehrungen für die Bevölkerung. Die für die Schule zuständige Bildungsbehörde West Lothian weist die niedrigste Quote von SchülerInnen an höheren Schulen auf und hat auch die niedrigsten Akademikeranteile von ganz Schottland. In diesem Kontext sind für die Schule zwei Schlüsselaufgaben von Bedeutung:

1. Wie können wir unseren SchülerInnen helfen, unabhängige Lerner/Denker zu werden, sie fähig zu machen, eine wertvolle Rolle in der Gesellschaft zu spielen?
2. Wie bereiten wir unsere Schüler vor, unternehmensorientiert, zuversichtlich und selbstständig zu sein?

Jedes Jahr nimmt St. Kentigern 200 SchülerInnen in den ersten Jahrgang der Mittelschule auf. Sie kommen aus zehn Grundschulen, wobei der sozio-ökonomische Hintergrund der einzelnen Schulen stark variiert. Nach dem Ende der Schulpflicht sucht die Mehrzahl Arbeit in der nahen Umgebung und lässt sich dort dann nieder. In ihrem Bericht zum Projekt fügt die Schule folgendes hinzu:

„Die Möglichkeit am EU-Projekt teilzunehmen, bereitete der Schule eine aufregende zusätzliche Dimension im Bereich der Qualitätssicherung, da es unserem Kollegium Ideen aus ganz Europa lieferte und wir die Möglichkeit begrüßten, von anderen während des Projekts zu lernen. Außerdem war die Möglichkeit, ein aktives Netzwerk mit europäischen KollegInnen aufzubauen, besonders mit jenen, die dieselben Entwicklungsprioritäten bestimmten wie wir, eine wichtige Besonderheit des Projekts."

In Anbetracht dessen wollte die Schule im Anschluss an die Arbeit mit dem SEP Lernaspekten nachgehen. Im Folgenden wird das, was sie getan hat, beschrieben.

Das Selbstevaluationsprofil

Drei getrennte Gruppen – Eltern, LehrerInnen und SchülerInnen – wurden gebildet, die das Selbstevaluationsprofil ausfüllten. Die Schulleitung hat in diesem Prozess keinen Beitrag geleistet, um die Beurteilung der Gruppen nicht zu beeinflussen. Die drei Gruppen kamen dann zusammen, um zu einer gemeinsamen Bewertung ihrer Schule zu kommen und waren überrascht, auf eine sehr hohe Zustimmungsrate bezüglich ihrer Einschätzungen zu stoßen. Die Entscheidungen, welche Bereiche genauer betrachtet werden sollen, fielen auf Grund dieses Prozesses ziemlich leicht. Diese Bereiche wurden nicht nur als signifikant für alle drei Gruppen betrachtet, sondern als spiegelbildliche in den Schulentwicklungsplan integrierte Prioritäten identifiziert. Drei waren eng zusammenhängend und speziell auf Lernen ausgerichtet. Diese waren:

- Schülerleistungen
- Qualität des Lehrens und Lernens
- Unterstützung bei Lernschwierigkeiten

Die zwei anderen gewählten Bereiche waren:
- Schule als Arbeitsplatz
- Schule und Elternhaus

In den Worten der Schulleiterin, Kath Gibbons:

> Es war eine ausgezeichnete Art zu beginnen. Das Selbstevaluationsprofil bot von Beginn an die Möglichkeit, die Schüler miteinzubeziehen und unter den LehrerInnen und Eltern ein Gefühl der Teilhabe zu entwickeln.

Festlegung von Evaluationsbereichen

Im Bericht, den die Schule für die Wiener Konferenz erstellte, werden die Gründe für die Wahl dieser Bereiche in folgender Weise erläutert:

> „Vor drei Jahren, war ‚Passivität' das kennzeichnende Charakteristikum für die Annäherung der Schule an das Thema ‚Lehren und Lernen', es herrschte eine aus niedrigen Erwartungen von SchülerInnen und LehrerInnen getragene Kultur. In Bezug auf Leistung war der Plafond erreicht. Der sozio-ökonomische Hintergrund des Einzugsbereichs der Schule hat das Konzept der ‚Herausforderung' nicht unterstützt."

Das Kollegium glaubte, dass mit konsequenterem Herausfordern der Selbstzufriedenheit und niedrigen Erwartungen das Niveau der Schülerleistungen signifikant erhöht werden könnte. Dies, so wurde angenommen, würde nicht einfach nur von gutem oder besserem Unterrichten abhängen. Die Schulkultur war bereits durch guten Unterricht gekennzeichnet. Was sie brauchte, war die Konzentration auf effektives Lernen und eine Untersuchung der verschiedenen Kontexte, in welchen dieses stattfindet. Der Fokus könnte auf Lernen im Unterricht, Lernen bei Schulaktivitäten (Klubs, Spiele, Projekte), Hausaufgaben, Lernen mit einem Mentor oder auf den Förderunterricht (Unterrichtseinheiten, die während der Mittagspause und nach der Schule gehalten werden und sich auf Lernfertigkeiten konzentrieren) gerichtet werden.

Die Entscheidung, aus den 12 Bereichen ‚Qualität des Lehrens und Lernens' zu wählen, brachte diese ungleichen Aktivitäten in einem gemeinsamen Fokus zusammen. SchülerInnen und Eltern am Evaluationsprozess zu beteiligen, war für die Schule ein neuer Aufbruch. Während die Konzentration des Schulprogramms bereits auf die Evaluation von Lernen und Lehren gerichtet wurde, hatte dieser Prozess bis zu jenem Zeitpunkt die Schlüsselpersonen noch nicht einbezogen. In den Worten der Direktorin:

,Der bahnbrechende Aspekt des ganzen Prozesses war das Zusammenbringen dieser verschiedenen Gruppen, um ihre Perspektiven zu den Schlüsselpunkten auszutauschen. Vor allem waren die gemeinsamen Diskussionen und Untersuchungen zwischen den SchülerInnen und LehrerInnen revolutionär für uns in St. Kentigern.'

Nach Feststellung des Ausmaßes an Fortschritt, der in den fünf gewählten Bereichen nach einem Jahr gemacht worden war, bemerkte die Schule Folgendes:

,Eine ständige Fortentwicklung in den fünf gewählten Bereichen konnte festgestellt werden. Es muss daran erinnert werden, dass Fortschritte in Anbetracht des Schulkontexts evaluiert werden müssen – die vorherrschende Kultur und Sichtweise von dem, was durch die Organisation erreicht werden kann. Evaluationen, die Verbesserungen ausweisen, müssen sich nachweislich an Verbesserungen im Unterricht auswirken. Hier sind wir ganz rigoros.'

Im Folgenden werden einige der Initiativen beschrieben, die innerhalb jeder dieser fünf Bereiche getätigt wurden:

1. Schülerleistungen

Der Lehrplan der ersten Schulstufe wurde neu strukturiert, um die Unterrichtszeit für Lesen, Schreiben, Rechnen und das Unterrichten von ICT (Informations- und Kommunikationstechnologien) in diesen Fächern zu verlängern. Einem Haupttutor wurde die Verantwortung übertragen, diese Fächer zu unterrichten und sich primär verantwortungsvoll für diese Gruppe von SchülerInnen zu kümmern. Dieser Haupttutor ist auch für die Lernförderung zuständig, die den jungen Menschen außerhalb der Schulstunden (während der Mittagspause und nach der Schule) angeboten wird.

2. Tutorensystem

Um die Entwicklung der Lesefertigkeiten zu unterstützen, wird allen SchülerInnen der ersten Klassen mit Leseschwierigkeiten ein/e ältere/r SchülerIn zugeteilt, der/die ihnen im Leseclub, der während der Mittagspause organisiert wird, Hilfe leistet. Eltern sind bei der Initiative, die Lesefertigkeiten zu verbessern, auch beteiligt und arbeiten mit dem Bereich Lernförderung zusammen. Auch gute LeserInnen haben Zutritt zum Leseclub, um das Lesen in ihrer Freizeit zu fördern.

3. Bewertung der Hausarbeiten und Lernzeiten

Ein weiterer Vorschlag war die Evaluation von Hausarbeiten und der Lernzeit außerhalb von Schulstunden. Fragebögen wurden an SchülerInnen, Eltern und LehrerInnen verteilt, um ihre Meinung über Hausarbeiten zu erhalten (Zeit, die dafür aufgebracht wird, Erwartungen der Eltern, Entwurf und Verwendung eines Hausaufgaben-/Lernplaners). Der Planer, der von den Eltern erstellt, von den Schülern mit einem Umschlag gestaltet wurde, ist seit September 1998 in Verwendung.

4. Analyse von Prüfungen

In jedem einzelnen Fachbereich wurde eine Evaluation von Prüfungsergebnissen durchgeführt. Die Resultate daraus wurden auf die relative Leistung im Hinblick auf die ‚Standard Grade‘ (externe Leistungsfeststellung am Ende des vierten Jahres in der Mittelstufe) bezogen und Entwicklungsverläufe über die letzten drei Jahre (1995, 1996, 1997) illustriert. Dann wurden gezielt Maßnahmen für Schwachstellen getroffen, so etwa die Bereitstellung von weiteren Ressourcen, verbesserten Lehrmaterialien und fachdidaktischen Methoden sowie das Angebot einer konzentrierten Lehrerfortbildung. Wenngleich dies keine neue Initiative im EU-Projekt war, wurde die Einführung der Selbstevaluation als ein sehr wichtiger Impulsgeber angesehen.

5. Professionelle Entwicklung

Als Teil des EU-Projekts wurde eine Entwicklungsgruppe aus LehrerInnen verschiedener Fachrichtungen zusammengestellt, die sich speziell auf Qualitätssicherungsaspekte konzentrierte. Das Kollegium diskutierte Leistungsindikatoren, die vom ‚Her Majesty's Inspectorate‘ (Schulinspektorat) verwendet werden, und die Entwicklungsgruppe erstellte als Grundlage zur Feststellung von Stärken und Schwächen im Unterricht eine Liste für Qualitätsmerkmale. Zusätzlich wurden Foren eingerichtet, um gemeinsame Diskussionen zwischen LehrerInnen und älteren SchülerInnen zu ermöglichen, wobei die Diskussion auf ‚Zeit als Lernressource‘ fokussiert wurde und dieser Bereich aus verschiedenen Perspektiven bewertet wurde.

Ein Jahr nach Beendigung des Projekts hat St. Kentigern die Auswirkungen folgendermaßen beurteilt:

- Die Qualität des Schüler-Lehrer-Gesprächs hat sich verbessert.
- SchülerInnen haben Einfluss auf Schulberichte.
- SchülerInnen werden routinemäßig gebeten, Kurse und Lerneinheiten zu evaluieren.
- Die Art der Lernförderung ist auf das Feedback von SchülerInnen und deren Wünsche abgestimmt.
- SchülerInnen arbeiten kreativ in Teams.
- SchülerInnen leiten Workshops für Eltern.
- SchülerInnen haben nunmehr klarere Vorstellungen darüber, was die Zielsetzung in Sachen Leistungssteigerung betrifft.
- Die Schule hat nun einen Schülerrat.

Bezüglich Fortschritte schreibt die Schulleiterin zusammenfassend: ‚Wir haben ein Jahr später noch nicht zurückgeblickt. Da Schüler an der Selbstevaluation beteiligt waren, betrachten wir es nun als selbstverständlich, dass sie eine aktive Rolle bei der Planung und Evaluation unseres Programms für Unterrichtsqualität in St. Kentigern spielen werden‘.

Fallstudie 3 – SchülerInnen sprechen durch die Linse einer Kamera

Wie SchülerInnen dazu kommen, selbst eine aktive Rolle in ihrem Lernprozess zu spielen, wird in der dritten Fallstudie erläutert. Fotoevaluation gibt SchülerInnen im wahrsten Sinne des Wortes die Evaluationsinstrumente in die Hände. Über ein objektives Medium werden ihre subjektiven Eindrücke eingefangen. Ein sichtbares Zeichen, dass die Schule ihre SchülerInnen hören will und dass sie aktive Beteiligte einer Schule als lernende Organisation sind.

Bilder Sagen mehr ...

Eine Gruppe von SchülerInnen schlendert durch das Schulgebäude und achtet auf verschiedene Objekte, erörtert verschiedene Positionen, argumentiert, wechselt Positionen, geht zurück und wieder nach vor, als ob sie von einem unsichtbaren Dirigenten geführt würde, bis sie einen zufriedenstellenden Standort gefunden hat: Silke platziert eine Kamera vor ihr Auge, nimmt sie wieder runter, streicht ihr Haar zurück und stellt wieder scharf; dann sagt sie ‚cheese‘ und macht ein Foto von ihren KollegInnen vor den Toiletten – die Türen offen. Dann gehen sie weg und beginnen mit dem selben Verfahren von vorne: Orte suchen, passende Positionen finden, den richtigen Blickwinkel erörtern und den Knopf drücken ...

Abbildung 13.1: Schülerfoto

Alles in allem waren in einer Wiener Mittelschule 14 Gruppen, bestehend aus je drei SchülerInnen von den Jahrgängen 5 bis 11, im Schulgebäude unterwegs, die jeden Winkel durchleuchteten, um passende Motive für ihre Fotos zu finden. Manchmal klopften sie sogar an Klassenzimmertüren und fragten den anwesenden Lehrer, ob sie schnell ein Foto schießen dürften – und ließen einen verdutzten Lehrer zurück, der sich manchmal über die unerwartete Störung beschwerte.

Die Aktivitäten, die hier beschrieben werden, sind Teil eines Selbstevaluationsprozesses, den mehrere Schulen umsetzten, als sie versuchten, eine Methode zu finden, welche den SchülerInnen die verstärkte Teilhabe am Prozess der Evaluation von Schule als sozialem Ort ermöglichte. Für diesen Zweck wählten sie die Methode der Fotoevaluation (vgl. Aktivität 8 in Kapitel 11 und Schratz/Steiner-Löffler 2000), da SchülerInnen, besonders jüngere, es schwierig finden, mit konventionelleren oder standardisierteren Formen des Feedbacks umzugehen, und es ihnen nicht leicht fällt, Berichte in schriftlicher Form auszuarbeiten. Außerdem ist das Machtverhältnis meistens zu sehr zugunsten der Erwachsenen gewichtet, wenn SchülerInnen ihre Argumente verbal vorbringen müssen. Die Verwendung der Fotografie ‚berührt die Begrenzung des sprachlichen Ausdrucks, besonders für beschreibende Zwecke. Der Einsatz der Fotografie ermöglicht es auch schwer in Worte zu fassende Sichtweisen über soziale Zusammenhänge festzuhalten, welche sich der sprachlichen Formulierung entziehen.‘ (Walker 1993, 72). Daher war für viele Schüler das Finden einer eigenen Ausdrucksform durch den Einsatz der Fotografie eine attraktive Art, ihre Schule zu evaluieren.

Fotos bauen eine Brücke zum täglichen Leben der SchülerInnen, besonders zu den Gefühlen von jungen Menschen, da sie gewöhnlich eine Kluft zwischen ihren eigenen Prioritäten und denen der Erwachsenen wahrnehmen. Sie erfahren oft eine Diskrepanz zwischen dem, was sie selbst schätzen, und dem, was die Schule als wichtig betrachtet. Die Fotoevaluation hat sich als eine wertvolle Methode erwiesen, diese Kluft zu überbrücken, da durch das Fotografieren von signifikanten Brennpunkten in der Schule viele Bereiche eine neue Bedeutung erhalten, wenn sie aus der Sicht eines Schülerauges auf Kamera eingefangen und gesehen werden.

LehrerInnen lernen

LehrerInnen unterrichten oft so, wie sie selbst unterrichtet wurden, anstatt wie ihnen beigebracht wurde, dass sie unterrichten sollten. Bei der Konferenz in Luxemburg wurde in einem Workshop die Fotoevaluation vorgestellt, um das Methodenrepertoire der LehrerInnen zu vergrößern und neue Einblicke in die Möglichkeiten und Grenzen schulischer Evaluation anzubieten. TeilnehmerInnen aus 18 Ländern machten sich selbst mit der ungewöhnlichen Methode der Fotoevaluation bekannt, indem sie die Konferenz fotografisch evaluierten. Nach einer kurzen Einführung erhielten sie eine Polaroid-Kamera, und sie wurden aufgefordert, diesen Ansatz im Sinne von learning by doing zu verwenden. Das meiste von dem, was SchülerInnen erfahren, wenn sie diese Methode verwenden, spiegelte sich in der Art, wie die Erwachsenen es angingen, wider: Sie beschrieben die Arbeit mittels Fotoevaluation als eine ganzheitliche Erfahrung, die alle Sinne erfordert, die Vorstellungskraft ausnützt, Bedeutungen im Prozess aushandeln lässt und zu guter letzt auch noch Spaß bereitet (siehe Abbildungen 13.2 und 13.3).

Abbildung 13.2: Ein zentrales Thema: Die Zeit in den Griff bekommen ...

Abbildung 13.3:
EU-Konferenz-Qualitäts-Poster

Bei der Fotoevaluation stellen die Schüler normalerweise die Schule als einen Ort des Lernens und gemeinsamen Lebens dar. Sie fotografieren Orte, an denen sie sich wohl und entspannt fühlen, und Orte, an denen sie sich entschieden unwohl fühlen. Die Fotos werden dann auf Postern zusammen mit erklärenden Texten präsentiert. Die SchülerInnen erklären, warum sie sich an bestimmten Orten besonders wohlfühlen und was bei den ‚unangenehmen' Orten der Schule verbessert werden könnte (Näheres zum Ablauf siehe Aktivität 8.2 in Kapitel 11).

Die Art, in welcher Schulen die Ergebnisse der Fotoevaluation umsetzten, hing in hohem Maße von der Vorstellungskraft der involvierten Personen und der jeweiligen Situationen ab. Das folgende Beispiel (von der Hauptschule Pabneukirchen in Oberösterreich) ist ein zielführender Weg, das Potential dieses Ansatzes zu nutzen.

Bei der Planung der Fotoevaluation wurde sichergestellt, dass zumindest eine Gruppe eines jeden Jahrgangs daran beteiligt war, da SchülerInnen unterschiedlichen Alters verschiedene Vorstellungen darüber haben dürften, was sie an der Schule zufrieden oder unzufrieden macht. Jede Gruppe bestand aus etwa fünf SchülerInnen und wählte vier Orte aus, wo sie sich wohl fühlten, und weitere vier Orte, wo sie sich entschieden unwohl fühlten. Dann überlegten sie, was sie auf ihren Fotos hervorheben wollten und wie dies am besten auf dem Film festgehalten werden sollte (zum Beispiel, indem man in einem ‚kaltem' Zimmer sehr eng beisammen sitzt). Mit Hilfe einer Sofortbildkamera wurden die Objekte schließlich festgehalten. Die belichteten Fotos wurden auf ein Poster geklebt und mit Grafiken und/oder Text unterstützt (zum Beispiel: ein ‚heiterer‘ Ort – Sonnenschein; ein ‚unangenehmer‘ Ort – Regenwolken). Nach Fertigstellung der Plakate wurden sie – mit einer kurzen Erklärung – den anderen SchülerInnen, die am Projekt teilnahmen, gezeigt und anschließend diskutiert.

Im Verlauf der Arbeit wurden zwölf Poster produziert. Sie wurden in der Aula der Schule für acht Wochen aufgehängt, so dass andere SchülerInnen, die nicht teilnehmen konnten, die Möglichkeit hatten, zu sehen, was andere in ihrer Fotoevaluation gemacht hatten. Die SchülerInnen waren extrem fleißig und arbeiteten sogar während der Pausen ohne sich zu beschweren. Sie genossen es, dass ihnen erlaubt wurde, ihre Gefühle durch Fotos auszudrücken, und die artikulationsschwächsten Schüler waren dabei besonders aktiv. Mit dieser Evaluationsmethode war es den SchülerInnen möglich, ihre Meinungen in visueller Form auszudrücken. Verglichen mit mehr konventionellen Selbstevaluationsmethoden, die sprachlich gewandtere SchülerInnen bevorzugen, erlaubt die Fotoevaluation eine stärkere Einbeziehung aller.

Am Ende des Schuljahrs wurde der Diskussionsprozess auf Schülerebene zusammengefasst. Die Schülersprecherin forderte die RepräsentantInnen von jeder Klasse auf, ihre drei wichtigsten Prioritäten in Hinblick auf eine Verbesserung des Schulgebäudes zu nennen. Diese Vorschläge – im Ganzen waren es 24 – bildeten die Grundlage für einen ‚Wunschkatalog‘ der SchülerInnen, welchen die Schülersprecherin dann der Schulleitung übergab. SchülerInnen hatten auch Gelegenheit, ihre Vorschläge bei einer Lehrerkonferenz zu präsentieren. In einer gemeinsamen Diskussionsrunde zwischen Schüler- und Lehrervertreten wurde ausverhandelt, welche Wünsche innerhalb einer festgesetzten Zeit realisierbar sind, zumal einige das Gebäude und bauliche Maßnahmen betrafen, die eine Rücksprache mit den Behörden erforderte.

Die Schulleitung und die involvierten Lehrpersonen waren sich natürlich der Tatsache vollkommen bewusst, dass sie mit der Zustimmung zur Fotoevaluation auch ihre Bereitschaft geäußert hatten, Änderungsvorschläge durchzuführen. Sie hatten auch die Erwartungen unter den Schülern geweckt, dass die LehrerInnen ihren Teil dazu beitragen würden, um die Schule attraktiver zu machen. Einige Vorstellungen, die im Zuge der Fotoevaluation geäußert wurden, konnten kostengünstig und ohne viel Aufwand in Gemeinschaftsarbeit von LehrerInnen und SchülerInnen realisiert werden (zum Beispiel das Umgestalten und Ausmalen der Klassenzimmer). Wenn ein Vorschlag abgelehnt wird, ist es wichtig, den SchülerInnen zu erklären, was der Grund dafür ist. Die Art, wie LehrerInnen auf getroffene Entscheidungen und gemeinsame Verbesserungsversuche reagieren, kann ein positiver Schritt im Entwicklungsprozess der Schule sein, wenn mit Bedacht gehandelt wird.

Orte, die von SchülerInnen gewählt wurden

Die Fotomontagen in Abbildung 13.4 geben einen exemplarischen Einblick in das, was sich Schüler beim Prozess des Erstellens der Posters mit ihren Fotografien alles einfallen ließen.

Abbildung 13.4: Poster von Foto-Evaluationen der SchülerInnen

Fotos in die Tat umsetzen

Eine Wiener Schule wertete die Fotos, die von 13 Fototeams unterschiedlicher Altersgruppen gemacht wurden, aus und erstellte eine Tabelle, um die Balance zwischen positiven und negativen Merkmalen numerisch aufzuzeigen (siehe Abbildung 13.5).

Evaluation (Fotoevaluation): Schule als Arbeitsplatz / 14 Gruppen zu je 3 SchülerInnen / 1998 / BRG WIEN 19

NENNUNGEN GESAMT		1	2	3	4	5	6	7	8	9	10	11	12	13	14
Bibliothek	13	+	+	+	+	+	+	+	+	+	+		~	~	
Hof/Sportplatz	12	+	+	+	+	+	+	+	+	+	+		~		
Buffet	11	+	+	+	+	+	+	+	+		~				
Turnsaal	8	+	+	+	+	+	+	+	+						
Toiletten	7														
Musiksaal (gr.)	6	+													
Physiksaal	5					~									
Gänge	4	+													
Klassenzimmer	4	+	+	+											
Lift	4	+			~										
Biologiesaal	3	+	+												
EDV Saal	3	+	+												
Arztraum	2														
Chemiesaal	2	+													
Musiksaal (kl.)	2														
Kopierer (-standort)	2														
Raucherhof	2														
Spint	2	+	+												
Telefon	2														
Werkraum (techn.)	2	+													
Werkraum (text.)	2														
Eingangsbereich	1														
Gang v. Konferenzzi.	1	+													
Kletterwandklasse	1	+													
Konferenzzimmer	1	+													
Schülertische	1														
Schulwartzimmer	1														
Speiseraum	1														
Sprechzimmer	1														
Stiegenhaus (Hof)	1														
Stiegenhaus (links)	1														
Teilungsraum	1														
Turngarderobe	1														
Turnsaal (kl.)	1														
Zubauten	1	~													
Gesamt:	112														

Abbildung 13.5: Auswertung mehrerer Foto-Evaluationen

Bei Lehrerkonferenzen wurden die Ergebnisse diskutiert und in gemeinsamer Beratung mit den SchülerInnen Lösungen vorgeschlagen: Auf Grund der negativen Einschätzung der Korridore, arrangierte die Schule beispielsweise mit der Stadt Wien, dass die Pflanzen, die nur bei besondere Festakten verwendet wurden, in der Schule bleiben, wodurch die Gänge insgesamt zu einem gemütlicheren Ort wurden.

LehrerInnen reflektieren

Bei der Abschlusskonferenz in Wien fand ein weiterer Workshop statt, um herauszufinden, wie Schulen die Fotoevaluation in ihren jeweiligen Ländern umsetzten. Präsentationen aus verschiedenen Ländern zeigten die Vielfalt der unterschiedlichen Erfahrungen beim Umgang mit dieser Evaluationsmethode. Der Workshop diente auch dem Zweck, ein neues Verständnis von Methodologie zu erhalten und innovative Ansätze für künftige Fotoevaluationen vorzuschlagen. Neue Ideen für die Verwendung dieser Evaluationsmethode wurden präsentiert, wie zum Beispiel:

- Indikatoren dafür, ob sich die Schüler an ihrer Schule wohlfühlen.
- Die Qualität der Kommunikation unter SchülerInnen, zwischen SchülerInnen und LehrerInnen und zwischen Schule und Gemeinde.
- Indikatoren für den Grad der Demokratie an der Schule.
- Unterrichtsstile, die den Lernprozess der SchülerInnen unterstützen oder behindern.
- Die Akzeptanz einer neuen Kultur der Neugier und des Lernens unter den Lehrpersonen.
- Die baulichen Bedingungen der Schule.
- Die Umgebung der Schule.

Abbildung 13.6: LehrerInnen verschiedener Länder tauschen ihre Erfahrungen über den Einsatz der Foto-Evaluation aus

Evaluationsbericht in graphischer Darstellung

Die Sequenz der graphischen Darstellung ihrer Evaluationserfahrungen durch SchülerInnen einer schwedischen Schule, die in Abbildung 13.7 vorgestellt wird, beschreibt nicht nur den Prozess in einer einfachen, zugänglichen Form, sondern veranschaulicht auch, dass das Medium die Botschaft ist – das heißt, ein visuelles Medium kann oft Ideen und Konzepte mit viel mehr Gefühl ausdrücken als Wörter alleine dies vermochten.

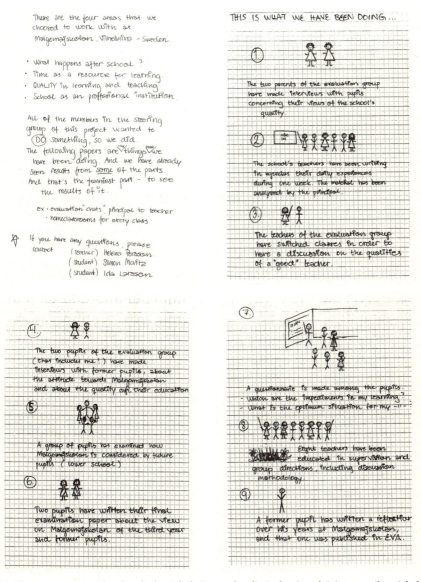

Abbildung 13.7: Kurzbericht schwedischer SchülerInnen über die Evaluationsaktivitäten an ihrer Schule

14
Was wir gelernt haben

Das europäische Pilotprojekt ‚Evaluation der Qualität von Schule und Unterricht‘ kann aus mehreren Gründen als gelungenes Projekt bezeichnet werden. Das Projektdesign war einfach, die Reichweite aber unbegrenzt. Das Einstiegsinstrument, das Selbstevaluationsprofil, entsprach den sich bedingenden Kriterien von Machbarkeit und Wirksamkeit. Die Beschränkung des Instruments auf eine einzige DIN A4-Seite, die für alle Anspruchsberechtigten sofort zugänglich war, barg ein mächtiges Entwicklungspotential. Das Selbstevaluationsprofil wurde als ‚Türöffner‘ beschrieben, da es in viele miteinander verbundene Wege zur Schulentwicklung führte.

Innerhalb dieses gemeinsamen Rahmens genossen die Schulen ein großes Maß an Freiheit, um Initiativen umzusetzen, neue Ansätze auszuprobieren, Ideen durchzuspielen, zu experimentieren, Risiken auf sich zu nehmen und in einigen Fällen Wege einzuschlagen, auf denen sie vorher noch nie gegangen waren. Sie stellten fest, dass das Einbeziehen von SchülerInnen in einen offenen Dialog, in Diskussionen über Durchführungsmodalitäten und in Unterrichtsbeobachtung nicht bedrohend, sondern für SchülerInnen als auch für LehrerInnen befreiend wirken kann. Müsste der Nutzen des Projekts in einem Wort (oder zwei) umschrieben werden, kämen ‚sehr wertvoll‘, ‚höchst erfolgreich‘, ‚ausgezeichnete Initiative‘, ‚enormer Nutzen‘ oder ‚ein reichhaltiger Prozess‘ vor. Während es sehr typische Vorbehalte gegenüber Zeit, Ressourcen, Unterstützung und Möglichkeiten zur Kooperation gab, hatte die Teilnahme am Projekt praktisch für jede Schule Auswirkungen gehabt. 98 der 101 Schulen sagten, sie hätten starkes Interesse, über das Ende des Projekts hinaus weiterzuarbeiten.

Unter den von den Schulen beschriebenen spezifischen Gewinnen wurde eine erhöhte Selbsterkenntnis angeführt. Die Aussage ‚Wir verstehen nun die Schule besser‘ war ein wiederkehrendes Thema. Das Projekt hat die erfolgreichen Aspekte der Schulen bestätigt, indem Elemente des Schullebens, die vorher unbemerkt blieben, erkannt und gefeiert wurden, oder, wie es eine Schule ausdrückte, indem ‚eine Reihe von Leistungen positiv bewertet wurde‘. Zusätzlich zur Anerkennung von bestehenden Stärken hat das Projekt auch zu einer Wissenserweiterung geführt, mit der Schulen Vertrauen gewannen, sich Problemen ohne Umschweife zu stellen und abenteuerlustiger zu sein: ‚Es hat uns Schulen zusätzlichen Anreiz gegeben, weiterzugehen und neue Dinge auszuprobieren, mehr Risiken auf uns zu nehmen‘.

Für eine englische Schule hat das Projekt den LehrerInnen mehr Selbstvertrauen gegeben, sich externen Beurteilungen zu stellen. Dies bezog sich ausdrücklich auf externe Inspektionen und auf den zunehmenden Druck der Rechenschaftslegung auf die Schule. Selbstevaluation half der Schule zu erkennen, wie viel sie bereits wusste und dass sie eine gute Geschichte über ihre eigene Leistung zu erzählen hatte. Das Thema ‚Rechenschaftslegung‘ wurde auch erwähnt, und zwar als Forderung nach Professionalität – in den Worten einer irischen Schule: ‚Wir müssen unsere eigene Leistung als Teil dessen, was heutzutage unter Professionalität verstanden wird, kritisch untersuchen‘.

Das häufigste Thema jedoch, das in den Berichten aller Länder vorkommt, war, davon besonders profitiert zu haben, dass man einander zuhörte, wodurch neue Perspektiven gewonnen werden konnten. Viele Schulen drückten ihre Überraschung und Freude über die wertvollen Beiträge der SchülerInnen aus, wenn sie die Möglichkeit hatten, sich selbst einzubringen. In den Worten einer italienischen Schule: ‚Wir waren über die Offenheit und Integrität der SchülerInnen hocherfreut‘.

Es waren nicht nur die Äußerungen der SchülerInnen, sondern auch die Gegenüberstellung unterschiedlicher Perspektiven, die herausforderte und neue Wege des Sehens und Verstehens eröffnete. Es war, wie eine Schule es beschrieb, ‚kein Instrument um anzugreifen oder zu verteidigen, sondern ein Anreiz, um einen Dialog zu eröffnen‘, ein Prozess der dazu diente, Beziehungen zu stärken und neue Allianzen zu schmieden. Die folgenden Kommentare sind typisch für die vielen positiven Rückmeldungen der teilnehmenden Schulen:

> ‚Es hat uns geholfen, verschiedene Gesichtspunkte kennenzulernen.‘
> ‚Es bietet für unterschiedliche Gruppierungen in der Gemeinschaft eine Vielzahl an Möglichkeiten, ihre eigenen Ansichten auszudrücken.‘
> ‚Das Projekt war ein Meilenstein. Es war der erste Anlass, bei dem alle Partner, inklusive ehemalige SchülerInnen, unsere Leistung als Schule untersuchten.‘

Diese Worte einer Madrider Schule sprachen für viele andere:

> ‚Das Projekt hat ein Evaluationsbewusstsein geweckt. LehrerInnen und SchülerInnen ziehen nun die breite positive Wirkung der restlichen Schulgemeinschaft in Betracht. Sie verstehen, dass es durch das Evaluieren der Arbeit effektiver und besser für alle wird.‘

Es gab sichtbare Anzeichen für Entwicklungen im Zeitraum zwischen der Eröffnungskonferenz in Luxemburg und der Abschlusskonferenz in Wien. SchülerInnen haben an Reife und Selbstvertrauen gewonnen. Ihre LehrerInnen haben viele

Zweifel und Befürchtungen, die sie vorher gehegt hatten, abgelegt. Die SchulleiterInnen sprachen vom Nutzen, das ihnen das Projekt persönlich und beruflich
gebracht habe. Sie alle haben vielseitig profitiert.

Analyse von Erfolgsbedingungen

Durch das Vergleichen von Schulen, in denen das Projekt am erfolgreichsten verlief, mit jenen, die wenig Erfolgreiches berichteten, ist es uns möglich, die Erfolgsbedingungen genauer zu untersuchen. Wir haben herausgefunden, dass
Schulen mit dem höchsten Zufriedenheitsgrad der Anspruchsberechtigen cha-
rakterisiert waren durch:

- Auswirkungen des kritischen Freundes auf die Arbeit des Kollegiums
- sorgfältige Auswahl der Bereiche im Selbstevaluationsprofil
- eine hohe Beteilungsrate bei den Anspruchsberechtigen
- positive Veränderungen auf Schülerebene

Diese Merkmale wurden auch in Schulen gefunden, die über Entwicklungen zur
Fähigkeit gemeinsamen Lernens und Effektivität bei der Arbeit berichteten. Eine
Anzahl von anderen Merkmalen kamen auch in Bezug auf das Effektivitätskri-
terium vor. Diese waren:

- Verfügbarkeit von adäquaten Daten
- Auswahl einer geringen Anzahl von Bereichen für Evaluationszwecke
- Adäquate Zeitressourcen
- Positive Einstellung zu Selbstevaluation

Die Analyse von Erfolgsbedingungen führte zu einer Reihe von nützlichen Hinweisen für die Praxis:

- Ein zufriedenstellender Beteiligungsgrad am Selbstevaluationsprozess
  lässt sich eher erreichen, wenn die Anspruchsberechtigen nicht nur in
  der operativen Phase, sondern auch in die Konzeption, Begleitung und
  Evaluation miteinbezogen sind.
- Ein hoher Beteiligungsgrad an sich ist keine ausreichende, aber eine
  unabdingbare Voraussetzung dafür, dass der Prozess tatsächlich starke
  Auswirkungen auf die Schule hat und ein hoher Grad der Zufriedenheit gewährleistet werden kann.
- Damit der partizipatorische Prozess zufriedenstellend verläuft, muss
  er auch auf Schul- und Unterrichtsebene Auswirkungen haben.
- Ein hoher Grad der Beteiligung und des Engagements von LehrerIn-
  nen und SchülerInnen ist eine weitere Voraussetzung dafür, dass ein

partizipatorischer Prozess eine Verbesserung der Schule zur Folge haben kann.

- Zufriedenheit mit dem Prozess allein reicht nicht aus, um eine positive Einstellung zur Selbstevaluation zu bewirken. Die Schule muss darüber hinaus daran glauben, dass die Selbstevaluation Auswirkungen auf die Effektivität und Entwicklung der Schule haben wird und die Lernbereitschaft der SchülerInnen erhöht. Dies entspricht auch der Erkenntnis, dass die Zufriedenheit der LehrerInnen im Zusammenhang damit steht, inwieweit die Auswirkungen auf die Effektivität der Schule und deren Fähigkeit, Verbesserungen zu realisieren, tatsächlich auch wahrgenommen werden.
- Der Prozess, in dessen Verlauf Evaluations- oder Aktionsbereiche festgelegt werden, ist von entscheidender Bedeutung. In diesem Prozess muss eine optimale Anzahl an Anspruchsberechtigten beteiligt sein, er muss sich auf adäquate Daten stützen und zu Evaluationen (oder Aktionen) in einigen wenigen, sorgfältig ausgewählten Bereichen führen.

Weiterreichendere Auswirkungen

Nicht nur die unmittelbar Beteiligten haben von dem Projekt gelernt. Kritische Freunde und Berater auf Regierungsebene haben auch wertvolle Erfahrungen gesammelt. Die Besprechungen in Brüssel, an denen VertreterInnen aus den 18 Ländern teilnahmen, wurden zunehmend positiver, sogar überschwänglich, als sich die Auswirkungen des Projekts an ihren Schulen bestätigten.

Eine Reihe von Ländern veröffentlichten beeindruckende nationale Berichte. In einigen Fällen wurden diese dazu verwendet, um nationale Programme für Selbstevaluation zu schaffen oder bestehende zu erweitern. Folgendes Beispiel ist ein Ausschnitt aus dem deutschen Bericht:

‚In vielen Schulen half das Projekt den Qualitätsdiskurs zu stärken, Selbstreflexion unter LehrerInnen auf ein neues Niveau zu heben, für eine größere Sensibilität gegenüber Veränderungen zu werben und ein generell freundliches Klima für Innovation zu fördern. In allen Fällen sind die Fertigkeiten der Lehrpersonen, die Schule zu entwickeln, gestiegen'.

Viele der Schulen haben den durch das Projekt gesetzten Impuls aufrechterhalten und verstärkt. In Portugal zum Beispiel bildeten die vier Projektschulen die Basis für eine viel größere Initiative. Zwischen 1998-99 wuchsen die vier auf 22 an, und ein Jahr später hatte sich die Anzahl mehr als verdoppelt, womit nun 50

Schulen teilnehmen. In einer internationalen Konferenz in Lissabon im September 1999 trafen sich die portugiesischen Schulen zusammen mit LehrerInnen aus Belgien, Frankreich und Deutschland.

Und was ist für die Europäische Kommission und ihre ‚Experten‘, die als das Projektteam galten, geblieben? Wir betraten mit der Selbstevaluation kein Neuland, das Pilotprojekt als solches war aber für alle von uns neu und hat uns vieles gelehrt. Das Pilotprojekt war eine europäische Initiative, in deren Mittelpunkt Vernetzungsaktivitäten auf europäischer Ebene standen. Die teilnehmenden Schulen trafen sich nicht nur für Konferenzen und gegenseitige Besuche, sondern waren Teil von etwas Größerem. Alle Schulen schätzten die europäische Dimension des Projekts und deren Einfluss auf ihre Teilnahme und ihr Engagement. Diesbezüglich meinten sie, dass ‚man dadurch mehr Bedeutung gewonnen habe‘, dass ihnen die Beteiligung einen „Kick“ gegeben habe, dass die Moral gestiegen sei oder die ganze Schule eine wichtige Bestätigung erfahren habe. Das Interesse der Schulen an der europäischen Dimension kam deutlich auf den beiden von der Europäischen Kommission sowie unter dem luxemburgischen bzw. österreichischen EU Ratsvorsitz veranstalteten Konferenzen zum Ausdruck. Die Tatsache, dass 98 der 101 Schulen erklärt haben, auf europäischer Ebene zu diesem Thema weiterarbeiten zu wollen, legt es nahe, dass die europäische Dimension dem Prozess der Selbstevaluation ein prägnantes und kreatives Element hinzufügte.

Es gibt nur wenige Schulen, die selbstständig genug sind, sie alleine durchzuführen. Sie benötigen methodologische Unterstützung und Ermutigung nicht nur auf europäischer Ebene, sondern auch auf nationaler und regionaler Ebene. Während dem Erfolg des Pilotprojekts mehrere Faktoren zugeschrieben werden können, war ein Faktor besonders wichtig, nämlich das große Interesse an den teilnehmenden Schulen von Seiten des nationalen Gremiums. Die meisten nationalen Komitees hielten regelmäßige Treffen mit allen teilnehmenden Schulen ab. Während dieser Veranstaltungen hatten die Schulen Gelegenheit zum Informations- und Erfahrungsaustausch. Sie wurden ermutigt, mit anderen Schulen zusammenzuarbeiten und erhielten weitere Unterstützung in methodischen und logistischen Angelegenheiten. Für eine erfolgreiche Durchführung der Selbstevaluation durch die Schulen scheint eine derartige Unterstützung und Ermutigung von allergrößter Bedeutung zu sein.

Das Konzept des kritischen Freundes als eine Form der Unterstützung (außerhalb der unmittelbaren Schulhierarchie) hat sich als einer der am meisten geschätzten Aspekte des Projektes herausgestellt. Der kritische Freund kann, wie das Projekt gezeigt hat, einem breiten Spektrum unterschiedlichster beruflicher Hintergründe entstammen, was jeweils andere Stärken und Chancen für die betreffende Schule mit sich bringt. Zwar handelt es sich dabei in allererster Linie um einen Freund und Verbündeten der Schule, der aber dennoch bereit sein sollte, die Praxis der Schule zu kritisieren und zu hinterfragen. Die Fähigkeit, diese Hinterfragung effektiv durchzuführen, gehört zu den wertvollsten Fertigkeiten im Repertoire eines kritischen Freundes, und die ‚außerordentliche Sensitivität' dieser Rolle kann nicht unterschätzt werden. Weitere Untersuchungen auf nationaler und internationaler Ebene über die Rolle des kritischen Freundes bei der Selbstevaluation der Schule werden das Potential dieser externen Perspektive in Bezug auf die Arbeit und Organisation der Schulen noch zu vergrößern vermögen.

Das Selbstevaluationsprofil stellte eine äußerst stimulierende Eingangsaktivität dar, die den Schulen Gelegenheit bot, von Beginn an eine Reihe von Anspruchsberechtigten zu beteiligen. Es ermöglichte Schulen ihren aktuellen „Gesundheitszustand" anhand von zwölf Kriterien zu überprüfen, die von den TeilnehmerInnen als treffend und hinterfragend empfanden wurden. Das SEP hat sich auch für Schulen mit keiner Vorerfahrung in Selbstevaluation als eine ausgezeichnete Starthilfe erwiesen. Zwei Aspekte scheinen von besonderer Wichtigkeit zu sein. Es hat sich gezeigt, dass die Verwendung des SEP die Beziehungen zwischen allen Gruppen von Anspruchsberechtigten verbessert und darüber hinaus, den Fokus auf spezifische Bereiche des Schullebens legt, die genauer evaluiert werden sollen. Das SEP soll nicht beschwerlich oder zeitlich anspruchsvoll wirken. Es kann von mehreren Richtungen her angegangen und unterschiedlich verwendet werden. Es kann den verschiedenen Kontexten und Kulturen von Schulen ohne augenscheinliche Schwierigkeiten angepasst werden.

Die Einbeziehung aller Anspruchsberechtigten innerhalb und außerhalb der Schule war ein ganz wichtiger Grundsatz des Pilotprojekts. Die Verbesserung der Schulqualität ist ein Prozess, der dadurch bereichert wird, die Schule auf eine nicht defensive Weise für verschiedene Perspektiven und neue Einblicke zu öffnen. Viel vom Erlernten und vom Reichtum des Projekts ergab sich aus dem Prozess des Analysierens von Unterschieden in den Perspektiven. Der Dialog hat seinen eigenen immanenten Wert, aber auch längerfristige Konsequenzen, da er die Qualitätsfrage unwiderruflich auf die Tagesordnung setzt. Er ist ein Sprungbrett für einen nuancierten und ausgewogenen Ansatz für die Qualitätsverbesserung. Die Einbeziehung aller Anspruchsberechtigen bedeutet auch Teilhabe und Mitverantwortung, was die Richtung und den Prozess der schulischen Entwicklung anbelangt.

Ein erster Schritt zu einer effektiven Selbstevaluation besteht darin, den Boden zu bereiten und ein Klima zu schaffen, das einer ehrlichen Reflexion dienlich ist. Der Prozess der Selbstevaluation ist jedoch nicht Selbstzweck. Selbstevaluation ist ein Instrument und wird von den Schulen dahingehend bewertet, inwieweit sie ihre Effektivität und Entwicklungsfähigkeit beeinflusst. Wurde auf Grund der Selbstevaluation eine Maßnahme ergriffen, waren die Schulen für das

Projekt offensichtlich empfänglicher. Daher sollte die Selbstevaluation unter dem Gesichtspunkt von darauffolgenden Maßnahmen betrachtet und entsprechend der erwarteten Ergebnisse durchgeführt werden.

Während es Schulen geben wird, die selbstsicher und autonom in ihrer Selbstevaluation sind, wird es immer die Notwendigkeit für irgendeine Art externer Überprüfung oder Qualitätssicherung geben. Ihre primäre Rolle wird es sein, Selbstevaluation so zu fördern, dass sie zunehmend rigoroser und selbstkritischer wird. Da sich Schulen in Richtung echter lernender Organisationen bewegen, ist ein entsprechender Wandel in der Rolle und Funktion externer Gremien, wie etwa der Schulinspektorate, notwendig. Ausgewogene Rahmenbedingungen zu schaffen, die sowohl Selbstevaluation der Schulen als auch externe Überprüfungen und Rechenschaftslegung herausfordern, ist die Aufgabe auf nationaler und europäischer Ebene.

Diese Aspekte sind in der Deklaration der Wiener Konferenz (20.-21. November 1998) festgehalten und hervorgehoben, die nach Zustimmung von allen TeilnehmerInnen der Schulen aus den 18 Ländern stellvertretend anerkannt und unterschrieben wurde.

Erklärung der Wiener Konferenz

**Europäisches Pilotprojekt
‚Evaluation der Qualität von Schule und Unterricht'**

Das Pilotprojekt zur Qualitätsevaluation wurde mit Zustimmung und Unterstützung des Rates der BildungsministerInnen zu Beginn des Schuljahres 1997/98 gestartet. 101 Sekundarschulen in 18 Ländern, die am SOKRATES-Programm teilnahmen, waren in das Projekt eingebunden. EntscheidungsträgerInnen nationaler Behörden, WissenschaftlerInnen und schulische Interessengruppen (Schulleitungen, Lehrpersonen, SchülerInnen, Eltern, Schulbehörden etc.) haben aktiv am Projekt mitgearbeitet.
Wir, die TeilnehmerInnen der Abschlusskonferenz in Wien, haben am Europäischen Pilotprojekt zur Evaluation der Qualität von Schule und Unterricht mitgewirkt.
Das Pilotprojekt hat uns für Qualitätsaspekte in unseren Schulen sensibilisiert und an fast allen Schulen während der Projektphase eine Qualitätssteigerung bewirkt. Ausgehend von unseren Projekterfahrungen,

... möchten wir Schulen auffordern:

· Selbstevaluation in der Schulentwicklung und bei der Erstellung des Schulprogramms einzusetzen.
· den Zweck der Selbstevaluation abzuklären und die entsprechenden Rahmenbedingungen zu schaffen.

- allen Betroffenen den Zugang zu einschlägigen Fortbildungsveranstaltungen und entsprechender Unterstützung zu ermöglichen, damit sie sich am Prozess der Selbstevaluation beteiligen können.
- Selbstevaluation zu nutzen, um sich fundiert und kritisch mit der eigenen Praxis auseinanderzusetzen.
- alle maßgeblichen Akteure – innerhalb und außerhalb der Schule – an der Evaluation zu beteiligen und sich deren Erfahrungen und Einsichten zunutze zu machen.
- aktiv Möglichkeiten der Vernetzung aller schulischen Interessengruppen auf nationaler und europäischer Ebene zu schaffen, um Informationen und Erfahrungen auszutauschen und voneinander zu lernen.
- Studienbesuche an anderen sich selbst evaluierenden Schulen auf nationaler und EU-Ebene durchzuführen.
- anzuerkennen, dass Schulen Informationen zur Qualität ihres Angebots transparent machen müssen.
- die Ergebnisse von Evaluierungen allen Betroffenen zugänglich zu machen.

... möchten wir Akteure außerhalb der Schule auffordern:

- sich aktiv am Prozess der Evaluierung der Schule zu beteiligen, um so kritisch und kreativ zu Verbesserungen beizutragen.
- sich auf Lehren, Lernen und den Lernerfolg zu konzentrieren.
- Schulen bei diesem Unterfangen und bei der Schaffung der Rahmenbedingungen für Qualitätsentwicklung zu unterstützen und zu beraten.
- Schulen durch gezielte Fragen zum Überdenken ihrer Arbeits- und Funktionsweise anzuregen.
- Schulen dabei zu helfen, ihre Beziehungen zum jeweiligen Umfeld zu verbessern.

... möchten wir die nationalen Regierungen auffordern:

- Selbstevaluation als eine Strategie der Schulentwicklung zu fördern.
- die Einbindung aller Betroffenen in die Selbstevaluation zu fördern.
- die Vernetzung und den Erfahrungsaustausch zwischen Akteuren an verschiedenen Schulen zu unterstützen und dafür zu sorgen, dass die Schulen über die entsprechenden Kompetenzen und finanziellen Mittel verfügen, um sich daran beteiligen zu können.
- dafür zu sorgen, dass die Selbstevaluation in den nationalen schulrechtlichen Bestimmungen entsprechende Berücksichtigung findet und mit ihnen vereinbar ist.
- den Zweck der Selbstevaluation abzuklären und in den Schulen die entsprechenden Rahmenbedingungen zu schaffen sowie für einen ausgewogenen Ansatz zwischen internen Evaluierungen und jeder Form von externer Bewertung zu sorgen, um die Weiterentwicklung der Schulen zu unterstützen.
- den Schulen einen klaren und tragfähigen Rahmen zu bieten, innerhalb dessen sie selbst den Ansatz für die Selbstevaluation wählen können.

- Schulungen für den Umgang mit Methoden der Selbstevaluierung und deren Anwendung anzubieten, um die Selbstevaluation zu einem wirksamen Instrument auszubauen, das das Potential der Schulen für positive Entwicklungen stärkt.
- Schulen durch das Angebot von Verfahren, Methoden und Instrumenten für die Selbstevaluation zu unterstützen.
- die Ergebnisse und die methodischen Vorgangsweisen des Pilotprojektes an andere Schulen zu verbreiten.

... möchten wir die Europäische Kommission auffordern:

- die Mitgliedstaaten bei der Förderung der Selbstevaluation als einer Strategie der Schulentwicklung auf europäischer Ebene zu unterstützen.
- Evaluation und Schulentwicklung zu einem prioritären Thema im Rahmen des zukünftigen SOKRATES-Programms zu machen, damit Schulen auf europäischer Ebene voneinander lernen können.
- die Verbreitung von bewährten Modellen und Praxiserfahrungen zwischen Ländern zu fördern, z.B. mit einer Datenbank, bewährte Instrumente und Verfahren sowie über den Austausch über das Internet.
- regelmäßig über den neuesten Stand im Bereich der Selbstevaluation in den Mitgliedstaaten zu informieren.
- in diesem Bereich Besuche und den Austausch von Akteuren zwischen den Mitgliedstaaten zu fördern.
- Informationen zur Auf- und Fortbildung auszutauschen.
- europäische Veranstaltungen wie Konferenzen und Workshops zum Thema Evaluation und Schulentwicklung vorzubereiten.
- das Pilotprojekt weiterzuverfolgen und dafür zu sorgen, dass die Konferenz in Wien keinen Schlusspunkt setzt.

Literatur

Argyris, C./Schön, D: Organizational Learning: A Theory of Action Perspective. Reading, Mass: Addison Wesley, 1978.

Ball, C : Fitness for purpose. Guilford: SRHE and NFER-Nelson, 1985. Zitiert nach: Gestion de la qualité et assurance qualité dans l'enseignement supérieur européenne. A report for the European Commission, 1993.

Battistich, V. (Hg.): School communities, poverty levels of student populations and student attitudes, motives and performances : a multilevel analysis. In: American Educational Research Journal, 32 (1995) 3.

Caldwell, B./Spinks, J.M.: Leading the Self-managing School. London:The Falmer Press 1992.

Coleman, P.: Parent, Student and Teacher Collaboration: the power of three. London: Paul Chapman, 1998.

Cornog, G.: To Care and not to care. In: Ryan, K (Hg.): Don't Smile until Christmas. Chicago: University of Chicago Press, 1970, S. 1-24.

Costa, A.L./Kallick, B.: Through the lens of the critical friend. In: Educational Leadership 51 (1993) 2, S. 49-51.

Cousin, O./Guillemet, JP.: Variations des performances scolaires et effet Etablissement. Education et Formations, No 31, 1992.

Covey, S.: Die sieben Wege zur Effektivität. Frankfurt/M.: Campus, 1989.

Csikszentmihalyi, M.: Das Geheimnis des Glücks. Stuttgart: Klett-Cotta, 1990.

Dubet, F.: Sentiments et jugements de justice dans l'expérience scolaire. In: Meuret, D. (Hg.): La justice du système éducatif. Louvain: De Boeck Université, 1999.

Duru-Bellat, M./Mingat, A.: La gestion de l'hétérogénéité des publics d'élèves au collège. In: Cahiers de l'Iredu, No 59: Dijon, 1997.

Emin, J C.: Les indicateurs pour le pilotage des établissements du second degré. In: Vogler, J (Hg.): L'évaluation. Paris: Hachette Éducation, 1996, S. 237-259.

Fullan, M.: Change Forces. London: The Falmer Press, 1993.

Gardner, H.: Frames of Mind. New York: Basic Books, 1983.

Gillborn, D./Gipps, C.: Recent Research on the Achievements of Ethnic Minority Pupils. London University Institute of Education, London: OFSTED, 1996.

Glatter, R. (Hg.): Choice and diversity in schooling. London: Routledge, 1997.

Goldstein, H./Myers, K.: Freedom of information: towards a code of ethics for performance indicators. In: Cambridge Journal of Education 26 (1996).

Goldstein, H./Thomas, S.: School effectiveness and value added analysis. In: Forum 37 (1995) 2, S. 36-38.

Gray, J./Goldstein, H./Jesson, D.: Changes and Improvements in Schools' Effectiveness: Trends over five years. In: Research Papers in Education 11 (1996) 1, S. 35-51.

Grisay A.: Le fonctionnement des collèges et ses effets sur les élèves de sixième et cinquième. Dossiers Education et Formations No 32. Paris: Ministère de l'éducation nationale, 1993.

Grisay, A.: Evolution des acquis cognitifs et socio affectifs au collège. In: Dossiers Education et Formations No 88. Paris: Ministère de l'éducation nationale, 1997.

Grisay, A.: Comment mesurer l'efficacité du système scolaire sur les inégalités entre élèves? In: Meuret 1999.

Hampden-Turner, C./Trompenaars, L.: The Seven Cultures of Capitalism, New York: Doubleday, 1993.

Haq, K./Kirdar, M.: (Hg.) Human development: the neglected dimension. Islamabad: North South Roundtable, 1986.

Highett, N.: Outcomes and Student Evaluation. Vortragsmanuskript von der Principals' Conference. Surfer's Paradise: Manuskript, 2000.

Hill, P. W./Rowe, K. J./Holmes-Smith, P.: Factors affecting students' educational progress. Paper delivered at the 8th International Congress of School Effectiveness and School Improvement, Leeuwarden, 1995.

Holly, M. L.: Writing to Grow: Keeping a Personal-professional Journal. Portsmouth, NH: Heinemann, 1989.

House, E. R.: Putting Things Together Coherently: Logic and Justice. In: New Directions for Evaluation 68 (1995) Winter, S. 33-48.

Jakobsen, L./MacBeath, J./Meuret, D./Schratz, M.: Evaluating Quality in 101 Schools. Paper presented at the American Educational Research Association, San Diego, April 1998.

Joyce, B. R.: The doors to school improvement. In: Educational Leadership 48 (1991) 8, S. 59-62.

Knuver, A. W./Brandsma, H. P.: Pupils' sense of well being and classroom educational factors. In: School Effectiveness and School Improvement (1989).

Kotulak, R.: Inside the Brain. Kansas City: Andrews McMeel, 1996.

Lee, V./Smith, J. B.: Effects of high school restructuring and size on early gains in achievement and engagement. In: Sociology of Education 68 (1995).

Lezotte, L. W.: School improvement based on the effective schools research. In: Creemers, B./Scheerens, J. (Hg.): Developments in school effectiveness research. In: International Journal of Educational Research 13 (1989) 7.

Luyten, H./de Jong, R.: Parallel classes: differences and similarities. Teacher effects and school effects in secondary schools. In: School Effectiveness and School Improvement 9 (1998) 4.

MacBeath, J./Mortimore, P.: Improving School Effectiveness: A Scottish Approach. Paper presented at British Educational Research Association, Oxford, 1994.

MacBeath, J.: Schools Must Speak for Themselves: The case for school self evaluation. London: Routledge, 1999.

MacBeath, J./Mortimore, P.: Improving School Effectiveness. Buckingham: Open University Press, 2001.

Macdonald, J. P.: When Outsiders try to change schools from the inside. In: Phi Delta Kappan 71 (1989) 3.

MacGilchrist, B./Myers, K./Reid, J.: The Intelligent School. London: Paul Chapman, 1998.

Meuret, D./Marivain, T.: Inégalités de bien être au collège. Dossiers Education et Formations, No 89. Paris: Ministère de l'éducation nationale, 1997.

Myers, K./Goldstein, H.: Get it in context. In: Education 16 (1996) February, S. 30-51.

Oakes, J.: Educational indicators, A guide for policy makers. Center for Policy Research in Education, University of Wisconsin-Madison, 1986.

OECD/CERI: Education at a Glance (Volume 3). Paris: Organisation for Economic Co-operation and Development, 1995.

Ornstein, R.: The Evolution of consciousness. New York: Touchstone, 1992.

Porter, A. C.: Creating a system of school process indicators. In: Educational Evaluation and Policy analysis, 13 (1991) 1.

Robertson, P. J./Briggs, K. L.: Improving schools through school based management: an examination of the process of change. In: School Effectiveness and School Improvement 9 (1998) 1.

Sammons, P. u.a.: Understanding differences in school effectiveness: practitioners' views. In: School Effectiveness and School Improvement 9 (1998) 3.

Sammons, P./Hillman, J./Mortimore, P.: Key characteristics of effective schools: a review of school effectiveness research. London: Office for Standards in Education, 1995.

Sanger, J.: The Compleat Observer? A field research guide to observation. London: Routledge, 1988. Deutsch: Der vollkommene Beobachter. Ein Leitfaden zur Beobachtung im Bildungs- und Sozialbereich. Innsbruck: Studienverlag, 1996.

Sarason, S. B.: The Culture of the School and the Problem of Change. Boston: Allyn und Bacon, 1986.

Scheerens, J.: Effective Schooling. London: Cassell, 1992.

Scheerens, J.: Theories on effective schooling. In: School Effectiveness and School Improvement 8 (1997) 3.

Scheerens, J./Bosker, R.: The Foundations of Educational Effectiveness. London: Pergamon, 1997.

Schratz, M.: Initiating Change Through Self-evaluation: Methodological Implications for School Development. Dundee: CIDREE-SCCC, 1997.

Schratz, M./Löffler-Anzböck, U.: Fotoevaluation als Chance. Zur Beteiligung von Schüler/innen an Schulentwicklung. In: W. Böttcher/Philipp E. (Hg.): Mit Schülern Unterricht und Schule entwickeln. Weinheim: Beltz, 2000, S. 134-150.

Schratz, M./Steiner-Löffler, U.: Die Lernende Schule. Arbeitsbuch pädagogische Schulentwicklung. Weinheim: Beltz, 1998.

Schratz, M./Steiner-Löffler, U.: Pupils Using Photographs in School Self-Evaluation. In Prosser, J. (Hg.) Image-based Research – A Sourcebook for Qualitative Researchers. London: The Falmer Press 1998, S. 235-251.

Schratz, M./Walker, R.: Research as Social Change. London: Routledge, 1995.

Schratz, M./Iby, M./Radnitzky, E.: Qualitätsentwicklung: Verfahren, Methoden, Instrumente. Weinheim: Beltz, 2000.

Sizer, T.: Horace's Compromise. The Dilemma of the American Highschool Today. Boston: Hougthon Mifflin, 1984.

Starck, M.: No slow fixes either: How failing schools in England are restored to Health. In: Stoll, L. /Myers, K. (Hg.): No quick fixes, Perspectives on schools with difficulties. London: The Falmer Press, 1998.

Stiggins, R. J.: Pupil-Centered Classroom Assessment. Upper Saddle River, N.J: Merrill, 1997.

Stoll, L./Fink, D.: Changing our schools. Buckingham: Open University Press, 1995.

Sylwester, R.: A Celebration of Neurons. New York: Prentice-Hall, 1996.

Thomas, S. u. a.: Differential secondary school effectiveness. Paper presented at the Annual Conference of the British Educational Research Association, Bath, September 1995.

Thomas, S. u. a.: Stability and consistency in secondary school effects on students' GCSE outcomes over three years. In: School Effectiveness and School Improvement 8 (1997) 2.

Tymms, P.: Paper at the Evidence-based Politics and Indicators Systems Conference, Durham, July 1997.

Voelkl, KE.: School warmth, student participation and achievement. In: Journal of Experimental Achievement 63 (1994) 2.

Walker, R.: Finding a Silent Voice for the Researcher: Using Photographs in Evaluation and Research. In: Schratz, M. (Hg.) Qualitative Voices in Educational Research. London: The Falmer Press 1993, S. 72-92.

Webb, N. M.: Equity issues in collaborative group assessment: group composition and performance. In: American Educational Research Journal 35 (1998) 4.

Wheatley, M.: Leadership and the New Science. New York: Berrett-Koehler, 1994.